KB209032

근본불교

근본불교

붓다의 원음

이중표 지음

불광출판사

머리말

이 책은 필자가 2002년에 '민족사'에서 출간한 『근본불교』를 불광출판사로 옮겨서 같은 이름으로 다시 출판한 것이다. 수년 전에 필자의 모든 저술을 출판하기로 불광출판사와 약속한 바가 있어서 이번에 출판사를 옮기게 되었다. 새로 출간하면서 용어의 사용이나 표현을 약간 수정하였을 뿐 크게 달라진 내용은 없다.

'근본불교(Fundamental Buddhism)'는 석가모니 붓다의 가르침을 일컫는 것으로서, '원시불교(Primitive Buddhism)' 또는 '초기불교(Early Buddhism)'라고도 불린다. '원시불교'는 일본학자들이 사용했던 이름이고, '초기불교'는 서양 불교학자들이 사용한 이름이다. 우리나라에서는 근본불교에 대한 연구가 부족했던 1980년대까지 일본 학자들이 저술한 책을 통해 근본불교를 이해했기 때문에 '원시불교'라는 이름이 사용되었지만, 요즈음은 서양 학자들의 영향을 받아서 '초기불교'라는 이름이 주로 사용되고 있다.

필자가 '초기불교'라는 이름 대신에 '근본불교'라는 이름을 택한 까닭은 석가모니 붓다의 가르침이 불교 역사 속에서 단순히 초기에 해당하는 불교가 아니라, 불교의 전 역사를 통해서 전개된 모든 불교의 근본이라고 생각하기 때문이다.

현대의 불교학자들은 대부분 초기불교와 아비달마불교, 그리고 대승불교를 각기 독자적인 문헌을 가지고 있는 서로 다른 사상체계로 본다. 초기불교는 한역(漢譯) 『아함경(阿含經)』과 빨리(Pāli) 『니까야(Nikāya)』를 통해 전승되고 있는 석가모니 붓다의 사상이고, 아비달마불교는 후대의 논사(論師)들이 저술한 아비달마(Abhidharma) 논서(論書)의 사상이며, 대승불교는 대승불교 운동가들이 만든 대승경전(大乘經典)과 대승 논서의 사상으로서, 이들은 각기 다른 체계를 가지고 있다는 것이다. 예를 들면, 붓다는 무아(無我)를 가르쳤는데 힌두교의 영향을 받은 대승불교에서는 진아(眞我)를 이야기하고, 붓다는 실체를 부정했는데 대승불교에서는 불성(佛性)을 주장하는 등, 서로 모순된 사상이라는 것이다. 그래서 어떤 학자는 "대승불교는 불교가 아니다"라고 주장하기도 한다.

그러나 이러한 불교 이해는 크게 잘못된 것이다, 대승불교는 아비달마불교에 의해 왜곡된 불교 이해를 바로잡고, 불교를 사회적으로 실천하려는 의도에서 나타난 것으로 석가모니 붓다의 사상을 잘 계승하고 있다. 이 점은 이 책을 통해 독자들이 확인할 수 있을 것이다. 따라서 대승불교는 석가모니 붓다의 가르침을 잘 계승하여 발전시킨 불교사상이라는 것이 필자의 견해이다. 그러므로 2,600여 년의 긴 불교 역사 속에서 석가모니 붓다의 가르침을 초기의 사상으로 국한하는 '초기불교'라는 이름은 적절치 않다고 생각한다. 필자는 『아함경』과 『니까야』를 통해 전승되고 있는 붓다의 가르침이, 시대와 지역을 불문하고, 모든 불교의 근본이라는 의미에서 '근본불교'라고 부른다.

그동안 근본불교는 붓다의 소박한 실천적 가르침을 담고 있다고 알려졌다. 필자의 은사이신 고익진 박사는 1971년 동국대학교 대학원 석사학위 논문인 「아함법상의 체계성 연구」를 통해 이러한 통설을 물리치고 근본불교가 일관된 철학 체계를 이루고 있음을 밝혀 근본불교 연구에 새로운 길을 열었다. 필자는 전남대학교 철학과에 재학 중이던 1973년 고익진 선생님으로부터 근본불교에 대한 강의를 듣고 불교 연구에 뜻을 세워 선생님을 10여 년간 모시면서 가르침을 받았다. 선생님은 불교의 이해는 『아함경』에서 시작되어야 한다고 강조하면서 후학들에게 근본불교의 중요성을 역설하였고, 그 결과 우리나라에서 그

동안 소승불교라고 경시하던 풍조가 사라지고 근본불교에 대한 관심과 연구가 고조되었다.

고익진 선생님 이전의 근본불교 연구는 김동화 박사에 의해 이루어졌는데, 김동화 박사는 일본 불교학자들의 연구 방법과 성과를 한국에 소개한 정도라고 할 수 있다. 따라서 한국의 독창적인 근본불교 연구는 고익진 선생님이 효시라고 할 수 있다. 고익진 선생님의 연구는 일본 학자들의 연구와 크게 다른 특징을 지닌다. 일본 학자들은 12연기, 4성제, 8정도, 5온, 12처, 18계와 같은 개념의 의미를 해석하는 데 주력하고 있다. 그러나 고익진 선생님은 붓다의 깨달음이 어떤 구조와 체계로 우리에게 설해지고 있는지에 주목했다. 즉, 12처, 18계, 5온, 12연기 등은 낱낱의 개별적인 교설이 아니라 긴밀한 관계를 가지고 하나의 체계를 이루고 있다는 것이다. 근본불교에 대한 이러한 관점은 일본뿐만 아니라 세계 어디에서도 찾아볼 수 없는 독창적인 것이며, 이후 근본불교 연구에서 한국불교의 특징이 되었다.

필자는 고익진 선생님의 가르침에 힘입어 1990년 동국대학교 대학원에서 「아함의 중도체계 연구」라는 논문으로 박사학위를 취득하였다. 이 논문에서 필자는 근본불교가 서양철학에서 문제 삼고 있는 인식의 문제, 존재의 문제, 가치의 문제에 체계적이고 일관된 해답을 주고 있음을 밝혔다. 그리고 붓다의 가르침의 특징이 유무(有無), 일이(一異)의 모순을 떠난 중도(中道)에 있음을 주목하여 중도의 의미와 내용을 밝혔다. 이 논문은 다음 해에 불광출판사에서 『아함의 중도체계』라는 책으로 출간되었으며, 2018년에 개정 증보하여 『붓다의 철학』이라는 이름으로 출간되었다. 이 책은 근본불교를 공부하는 사람들에게 상당한 호평을 받았다. 그러나 학위논문인 까닭에 일반인들이 이해하는 데는 어려움이 있었다. 이에 좀 더 이해하기 쉬운 책을 써야겠다고 생각하던 차에, 1995년 불교방송으로부터 교리 강좌를 맡아달라는 부탁을 받고 강좌를 진행하면서 원고를 모아 『불교의 이해와 실천』이라는 이름으로 '대원정사'에서 두 권의 책으로 출간하였다. 이 책은 방송원고인 까닭에 문체도 구어체인 데다 내용도 만족스럽지 못하였다. 그 후에 1999년 동국대 사회교육원으로부터 TV불교아카데미 강의를 청탁받고, 이 기회에 그동안의 연구 성과를 정리하여 근본불교를 전공하는 사람뿐만이 아니라 일반인들도 어렵지 않게 읽을 수 있는 책을 내기로 마음먹고 원고를 작성하였다. 강의를 마치고 원고를 책으로 출판하기 위하여 정리하던 중에 '민족사'로부터 『불교입문총서』 '원시불교' 부분의 원고를 청탁받고 좋은 인연이라고 생각되어 책을 내게 되었다.

필자는 이 책에서 근본불교에 대한 기존의 해석과는 다른 해석을 하였다. 세계의 유한성과 무한성, 영혼의 존재 유무 등에 대한 붓다의 침묵, 즉 무기(無記)에 대한 기존의 해석은 대부분 붓다가 그런 형이상학적인 문제에 무관심했다는 것이었다. 그러나 필자는 무기를 불교의 특징인 중도(中道)를 드러낸 것으로서 불교 이해의 출발점으로 이해했다. 붓다는 형이상학에 무관심했던 것이 아니라 그릇된 형이상학, 즉 사견(邪見)을 비판하고, 중도와 연기(緣起)라는 형이상학을 정견(正見)으로 제시했다는 것이 필자의 생각이다. 그리고 아비달마불교 이래로 6입처(六入處)와 6근(六根)은 동일한 개념으로 이해되어 왔는데, 이 책에서는 이 두 개념이 결코 같은 의미일 수 없음을 밝혔다. 나아가 지금까지 서로 모순된 사상으로 이해되고 있는 무아설과 윤회설, 연기설과 업설이 결코 모순된 것이 아니라 동일한 사상 체계임을 밝힌 것도 이 책의 특징 가운데 하나이다.

필자는 대승불교를 부파불교에 의해 왜곡된 근본불교의 사상을 되살린 것으로 본다. 이 책을 통해서 필자는 근본불교가 대승불교와 그 근본에서 차이가 없음을 보여주고자 했다. 즉, 대승불교를 대표하는 중관(中觀), 유식(唯識), 화엄(華嚴) 등의 대승 사상이 근본불교와 같은 맥락임을 드러내고자 했다. 이 책을 통해 독자들은 근본불교의 이해가 곧 대승불교의 이해로 이어질 수 있음을 알 수 있을 것이다.

2021년 11월
장주선실(壯宙禪室)에서
이중표 합장

차 례

머리말 ∘ 4

1장_ 근본불교란 무엇인가

1 근본불교는 소승불교가 아니다 ∘ 16

2장_ 근본불교의 이해를 위한 기초

1 불교의 목적 ∘ 26

2 인간의 근원적 괴로움 ∘ 30

3 불교의 진리-4성제(四聖諦) ∘ 35

4 올바른 세계관-정견(正見) ∘ 39

5 붓다의 침묵과 중도(中道) ∘ 44

3장_ 붓다 당시의 사회와 사상

1 당시의 인도 사회 ∘ 50

2 육사외도(六師外道)의 사상 ∘ 56

3 자이나교의 사상 ∘ 62

4장_ 근본불교의 중도설(中道說)

1 사견의 근원과 멸진 ◦ 68
2 자작타작중도(自作他作中道) ◦ 72
3 단상중도(斷常中道) ◦ 77
4 일이중도(一異中道) ◦ 81
5 유무중도(有無中道) ◦ 86
6 고락중도(苦樂中道) ◦ 93
7 수정주의(修定主義)와 8정도(八正道) ◦ 97

5장_ 업설(業說)과 연기설(緣起說)

1 업보(業報)와 연기(緣起) ◦ 102
2 무상(無常)·고(苦)·무아(無我) ◦ 106
3 무아(無我)와 업보(業報) ◦ 109
4 중생의 세계 ◦ 113
5 업설(業說)과 연기설(緣起說) ◦ 116
6 삼종외도(三種外道) 비판 ◦ 120
7 업보(業報)와 마음 ◦ 126

6장_ 12입처(十二入處)

1 참된 나 ◦ 132
2 거짓된 나 ◦ 140
3 6입처(六入處)와 6근(六根) ◦ 145
4 6입처(六入處)와 6근(六根)의 관계 ◦ 154

7장_ **18계(十八界)**

1 18계(十八界)와 촉(觸)의 발생 ◦ 160

2 식(識)과 명색(名色) ◦ 165

3 18계(十八界)와 6계(六界) ◦ 170

8장_ **5온(五蘊)**

1 근본불교의 존재론적 입장 ◦ 178

2 5온(五蘊)의 근원 ◦ 182

3 5온(五蘊)의 발생과 성립 ◦ 188

4 5온(五蘊)의 의미 ◦ 209

9장_ **12연기(十二緣起)와 4성제(四聖諦)**

1 유전문(流轉門)과 5온(五蘊) ◦ 248

2 환멸문(還滅門)과 8정도(八正道) ◦ 260

3 연기(緣起)의 의미 ◦ 266

10장_ **열반(涅槃)의 세계**

1 법(法)과 법계(法界)의 의미 ◦ 272

2 중생의 5취온(五取蘊)과 여래의 5분법신(五分法身) ◦ 277

3 3독심(三毒心)과 보리심(菩提心) ◦ 283

4 무아(無我)와 열반(涅槃) ◦ 289

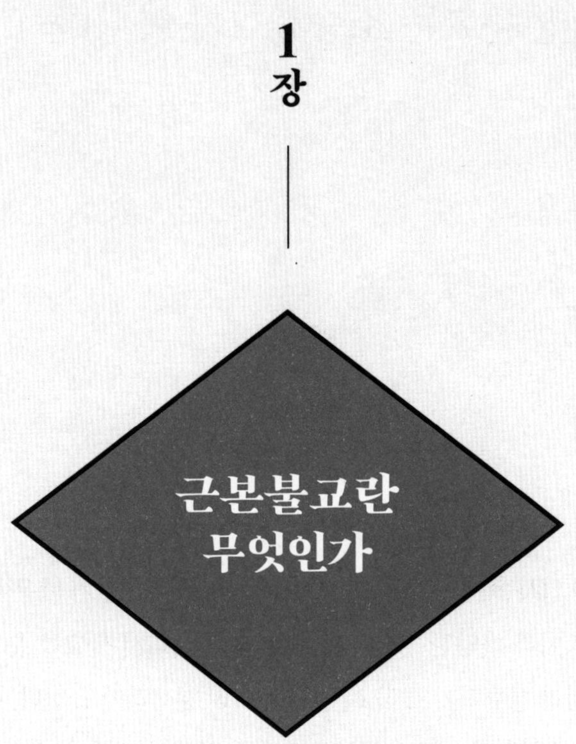
1
장
근본불교란
무엇인가

1

◆

근본불교는 소승불교가 아니다

불교는 오랜 역사를 지니고 있고, 또 여러 지역에 전해졌기 때문에 시대와 지역에 따라 다양한 모습을 보이고 있다. 따라서 불교를 분류할 때 시대에 따라 분류하기도 하고, 지역에 따라 분류하기도 한다. 불교를 시대적으로 분류하면 크게 근본불교 시대, 부파불교 시대, 대승불교 시대로 나눌 수 있고, 지역에 따라 분류하면 인도불교, 남방불교, 티베트불교, 중국불교, 한국불교, 일본불교 등으로 나눌 수 있다. 또 각 지역의 불교를 시대적으로 다시 분류할 수도 있다.

근본불교는 시대에 따른 분류이다. 그러나 이러한 시대적 분류는 단순히 시간의 경과에 따른 것이 아니고 시간의 경과에 따른 사상의 변화에 의한 것이다. 붓다가 처음 깨달음을 이루어 세상에 가르침을 펌으로써 불교는 시작된다. 붓다의 생존 시에는 그의 가르침에 의심이나 논란이 있어도 붓다를 통해 의심과 논란을 해소할 수 있었고, 교단은 통일과 화합을 유지할 수 있었다. 그러나 붓다가 열반한 후 불교가 여러 지역으로 확산되고 승려와 신자들의 수가 양적으로 성장함에 따라 그의 가르침에 대하여 서로 다른 이해를 하게 되었고, 그 결과 교단이 분열하게 되었다. 교단의 지도자들은 분열을 막기 위해 수차의 결집 회의를 하였지만, 교단의 분열을 막지는 못했다.

공식적으로 교단이 처음 분열된 것은 붓다의 계율을 충실히 지키고자 했던 보수적인 장로(長老)들을 중심으로 한 상좌부(上座部)와 융통성을 허용하고자 했던 진보적인 대중부(大衆部)의 분열이었다. 이 시기는 스리랑카의 남방불교 전통에 의하면 불멸(佛滅) 후 약 100여 년이 지나고 나서 소위 10사(十事)에 대한 계율 해석을 위하여 바이샬리에서 모인 제2차 결집 때였다고 한다. 10사의 내용은 다음과 같다.

① 각염정(角鹽淨): 전날 받은 소금을 저축했다가 써도 된다.
② 이지정(二指淨): 일중식(一中食) 후에 그림자가 손가락 두 개가 될 때까지는 식사할 수 있다.
③ 수희정(隨喜淨): 식사 후에도 음식을 먹을 수 있다.
④ 도행정(道行淨): 도량을 떠나서는 식사 후에 다시 식사할 수 있다.
⑤ 낙장정(酪漿淨): 꿀 등을 우유에 타서 밥을 먹지 않을 때 마실 수 있다.
⑥ 치병정(治病淨): 병의 치료를 위해서 술을 마실 수 있다.
⑦ 좌구정(坐具淨): 몸의 크기에 따라 좌구의 크기를 정할 수 있다.
⑧ 구사정(舊事淨): 전 사람이 하던 일을 따르면 율에 어긋나지 않는다.
⑨ 고성정(高聲淨): 따로 갈마법을 짓고 나중에 억지로 다른 이의 용

서를 구해도 된다.

⑩ 금은정(金銀淨): 금, 은, 화폐 등의 보시를 받아도 된다.

이상과 같은 10사는 붓다 당시에는 허용되지 않았으나 시간이 흘러감에 따라 승단의 일부에서 허용되었던 것 같다. 이것을 옳지 않다고 바로잡으려 함으로써 교단이 분열하게 된 것이다. 이렇게 촉발된 교단의 분열은 더욱 세분되어 18~20개의 부파로 분열된다.

교단의 분열은 계율 해석상의 차이에서 시작되었지만, 교단이 분열되자 경의 해석도 부파마다 다르게 되었고, 그 결과 각 부파는 자신들의 철학적 입장에 따라 아비달마(abhidhamma)라고 불리는 독자적인 교리해설서, 즉 논(論)을 편찬하였다. 아비달마란 붓다가 설한 '법(dhamma)에 대한(abhi) 해석'이라는 의미이다. 이들 논서(論書)를 통해 각 부파는 자신들의 해석이 진정한 붓다의 뜻이라고 주장함으로써 불교는 사상적으로도 분열 대립하게 되었다. 이렇게 부파에 의해 분열 대립하게 된 불교를 부파불교 또는 아비달마불교라고 부른다.

불교가 이렇게 분열된 것은 불교의 본질에 대한 이해의 부족에 그 원인이 있다. 붓다는 모든 대립과 모순을 떠난 중도(中道)에서 연기법(緣起法)을 설했다. 모든 존재 현상은 연기하고 있으므로 그 실체가 없다는 것이며, 철학적이고 이론적인 모든 대립은 존재 현상의 실체가 없음[空]을 알지 못하고 실체를 찾으려 하기 때문에 나타난다는 것이다. 그런데 아비달마불교는 중도와 공에 대한 이해가 부족하여 대립하게 된 것이다. 대승불교(大乘佛教)는 이들 부파불교의 대립을 소승(小乘)이라고 비판하고 불교의 본질이 중도와 공이라는 것을 천명하였다. 대승불교의 초기 경전인 반야부(般若部) 경전의 공사상(空思想)은 바로 이러한 입장을 보여준 것이다.

근본불교는 불교가 분열하기 전의 불교를 의미한다. 따라서 대승불교에 의해 소승불교로 비판받았던 부파불교와 근본불교는 엄연히 구별된다. 그럼에도 불구하고 많은 사람들이 근본불교를 소승불교로 오해하고 있다. 이러한 오해는 대승불교가 전해진 중국과 우리나라를 포함한 북방불교권에 보편화되어 있는데 그 원인은 『아함경』과 같은 근본경전을 아비달마불교와 동일시하는 데 있다.

불경에는 붓다의 가르침을 전하는 근본경전과 대승불교의 발흥과 함께 나타난 대승경전이 있다. 근본경전은 북방불교권에 전해져서 한역(漢譯)된 『아함경(阿含經)』과 남방불교권에 전해진 상좌부 전승의 『빨리 니까야(Pāli Nikāya)』를 가리킨다. '아함(阿含)'이란 범어(梵語) 'Āgama'의 음역(音譯)으로서, 본뜻은 '전승(傳承)'인데, 절대적 권위를 지니고 전승되어 오는 성스러운 가르침을 의미한다. 그리고 '빨리(Pāli)'는 성전(聖典)을 의미하고 '니까야(Nikāya)'는 수집(收集)을 의미하므로 『빨리 니까야(Pāli Nikāya)』는 '성전을 모아놓은 것'이라는 뜻이다. '빨리어'란 '니까야'에 사용된 고대 인도어로서 성전을 기록하고 있는 언어를 뜻한다.

『아함경』은 4부로 되어 있고, 『니까야』는 5부로 되어 있는데 그 구성은 다음과 같다.

■ **한역 4부 아함경**

『장아함경(長阿含經)』

- 22권 분량에 30개의 경이 수록됨.
- 장편의 경이 수록되어 '장아함(長阿含)'이라고 부름.

- 412~413년 후진(後秦)에서 불타야사(佛陀耶舍, Buddhayaśas)·축불념(竺佛念) 공역.
- 외도(外道)와의 대화와 그에 대한 비판이 많아서 당시의 인도 사상을 살펴볼 수 있음.
- 법장부(法藏部)의 전승으로 알려져 있음.

『중아함경(中阿含經)』

- 60권 분량에 222개의 경이 수록됨. 중편의 경이 수록되어 '중아함(中阿含)'이라고 부름.
- 397~398년 동진(東晉)의 구담승가제바(瞿曇僧伽提婆, Saṁghadeva) 역.
- 붓다와 제자 또는 제자 간의 문답과 대화가 수록되어 교리의 체계를 살펴볼 수 있음.
- 설 일체유부(說一切有部)의 전승으로 알려져 있음.

『잡아함경(雜阿含經)』

- 50권 분량에 1,362개의 경이 수록됨. 소편의 경이 수록됨.
- 435~443년 송(宋)에서 구나발타라(求那跋陀羅, Guṇabhadra) 역.
- 5온송(五蘊誦), 6입송(六入誦), 잡인송(雜因誦), 제자소설(弟子所說), 도송(道誦) 게송(偈誦)의 순서로 각각의 교설을 종류별로 분류하여 수록하고 있음.
- 설일체유부(說一切有部) 계의 전승으로 알려져 있음.

『별역잡아함경(別譯雜阿含經)』

• 16권 분량에 364개의 경이 수록됨.

• 『잡아함경』의 이역(異譯)으로 역자(譯者)를 알 수 없음.

『증일아함경(增壹阿含經)』

• 51권 분량에 471개의 경이 수록됨.

• 397년에 동진(東晉)의 구담승가제바(瞿曇僧伽提婆, Saṁgha-deva) 역.

• 1법(法)에서 10법까지 법수(法數)의 순차에 따라 분류하여 수록하고 있음.

• 대중부(大衆部)의 전승으로 알려져 있음.

이 밖에도 이역(異譯) 『아함경』과 『아함경』에 속한 수많은 개개의 경이 단행본으로 번역 출간되었다.

■ **빨리 5부 니까야**

『디가 니까야(Dīgha-Nkāya)』(長部)

• 3 vagga(編) 34 sutta(經)로 이루어졌음.

• 『장아함경』에 상응함.

『맛지마 니까야(Majjhma-Nkāya)』(中部)

• 3 paṇṇāsaka 152 sutta로 이루어졌음.

• 『중아함경』에 상응함.

『쌍윳따 니까야(Saṁyutta-Nkāya)』(相應部)

• 5 vagga 56 saṁyutta 2875 sutta로 이루어졌음.

• 『잡아함경』에 상응함.

『앙굿따라 니까야(Aṅguttara-Nkāya)』(增支部)

• 11 nipāta 170 vagga 2198 sutta로 이루어졌음.
• 『증일아함경』에 상응함.

『쿳다까 니까야(Khuddaka-Nkāya)』(小部)

• 15 sutta로 이루어졌음.
• 한역 『아함경』에 섞여 있음.

이들 근본경전은 부파불교의 소의경전이기 때문에 대승불교권에서는 소승경전으로 생각하고 무시하거나 가볍게 취급해 왔다. 혹자는 『아함경』과 같은 근본경전을 부파불교에 의해 전승된 것이기 때문에 붓다의 가르침이 그대로 전해진 것이라고 보기 어렵다는 견해를 가지고 있기도 하다. 물론 부파불교의 영향으로 변질된 것도 없지는 않을 것이다. 그러나 부파불교에서는 자신들의 입장을 논서를 통해 드러내려 했지 불경을 변조하면서까지 대립했다고는 생각하지 않는다. 만약 이런 부파가 있었다면 다른 부파들로부터 불경을 변조했다는 비판을 면할 수 없었을 것이다. 지금 전해지고 있는 『아함경』과 『니까야』는 서로 다른 부파에서 전승된 것이다. 그러나 그 내용을 보면 크게 차이가 나지 않는다. 따라서 근본경전을 부파불교에 의해 변질된 것으로 보거나 소승경전이라고 부르는 것은 옳지 않다.

이 책에서 살펴보고자 하는 근본불교 사상은 이러한 근본경전의 사상이다. 근본불교는 문자 그대로 대소승을 포함한 모든 불교의 뿌리이다. 후대의 불교는 모두 근본불교에 뿌리를 두고 있다. 흔히들 『아함경』과 같은 근본경전은 근기가 낮은 중생들을 위해 설한 소승경전이기 때문에 붓다의 깨달음을 완전히 전하지 못하고 있다고 이야기한다. 그러나 붓다는 근본경전을 통해 아껴두거나 감추어두지 않고 남김없이 다 이야기했다. 다만 중생들의 근기가 낮아 바르게 이해하지 못했을 뿐이다. 주지하듯이 대승경전은 붓다가 직접 설한 경전이 아니다. 그렇다고 해서 대승경전이 불경이 아니라는 것은 아니다. 대승경전은 결코 근본경전을 부정하지 않으며, 근본경전에 나타난 붓다의 가르침을 바르게 드러내기 위한 것이기 때문에 불경이라고 할 수 있다. 따라서 대승불교의 이해를 위해서도 근본불교의 바른 이해는 필수적이다. 이 책은 근본불교를 설명하면서 대승불교가 근본불교에 토대를 두고 있음을 보여줄 것이다.

2장

근본불교의 이해를 위한 기초

1

◆

불교의 목적

불교를 바르게 이해하기 위해서는 먼저 불교의 목적을 알아야 한다. 그리고 불교의 목적을 알기 위해서는 붓다가 왜 출가했는가를 생각해보아야 한다. 붓다는 인간의 근원적인 괴로움, 즉 생로병사(生老病死)의 문제를 해결하기 위하여 출가했다고 알려져 있다. 이러한 출가 동기는 세속의 생활이 싫어서 출가했다는 의미로 이해될 수도 있다. 그러나 출가 동기가 생사 문제의 해결에 있었다는 이야기는 붓다의 깨달음이 시대와 지역을 초월한 인류의 근원적 고뇌를 해결하는 보편적 진리임을 나타내기 위한 것일 뿐 붓다가 당시의 사회 현실에 관심이 없었거나 무책임했다는 것을 의미하지는 않는다.

당시의 인도 사회는 정치적으로는 강대국이 주변의 약소국들을 병합하기 위해 전쟁이 끊이지 않았고, 사상적으로는 정통 바라문 사상에 도전하는 새로운 사상들이 대거 출현하여 서로 대립하고 있었다. 사람들은 불안하고 고통스러운 삶 속에서 사상의 혼란으로 말미암아 삶의 길을 잃고 방황하고 있었다. 특히 새로 출현한 사상들은 대부분 유물론적 쾌락주의였으며, 전쟁으로 언제 죽을지 몰라 불안해하는 사람들에게 세속적인 쾌락을 진정한 행복으로 가르치고 있었다.

붓다는 출가하기 이전에 이와 같은 현실을 크게 우려하면서도 한편으로 관심을 보였다. 싯다르타가 탄생했을 때 아시타 선인이 했다는 예언, 즉 자라서 출가하면 진리를 깨달아 부처가 되고, 왕위를 물려받으면 천하를 통일하는 전륜성왕이 될 것이라는 예언은 어쩌면 어린 고타마 싯다르타(Gautama Siddhārtha)가 가슴에 품었던 생각을 표현한 것인지도 모른다. 싯다르타는 당시의 혼란에서 사람들을 구원하기 위해 정치적으로 여러 국가를 통일하여 전쟁을 끝내야 할 것인지, 아니면 참된 진리를 깨달아 사람들에게 안정되고 행복한 삶의 길을 가르쳐야 할 것인지를 숙고했던 것이다. 싯다르타가 무예를 열심히 익힌 출중한 무사였다는 기록은 이러한 추측을 할 수 있게 한다.

싯다르타가 출가에 뜻을 두게 된 동기는 춘경제(春耕祭)에서 삶의 고통을 보았기 때문으로 전해진다. 『불본행집경(佛本行集經)』[1]에 의하면 어린 싯다르타는 춘경제에 참석하여 고되게 일하는 농부와 보습에 갈려 허리가 동강 난 벌레들, 그리고 새들에게 허망하게 잡아먹히는 벌레들을 보고 충격을 받았다. 그는 삶의 모순과 고통을 발견한 것이다. 살기 위하여 갖은 고생을 하고, 다른 생명을 해쳐야 하며, 결국은 죽지 않을 수 없는 중생들의 삶은 싯다르타에게 살아있는 모든 것이 그대로

1　『대정장』 3, pp. 705~707 참조.

고통으로 생각되었다.

"왜 살아있는 모든 것은 이렇게 괴로움 속에 빠져 있는가? 모든 생명은 살기를 원하는데, 살기 위해 서로 잡아먹는 것을 보니 불쌍하여 아픈 마음을 금할 수 없다."

이것이 『불본행집경』에서 전하는 싯다르타의 마음이다. 붓다가 태어나면서 외쳤다는 "3계(三界)의 중생들이 모두 고통 속에 있으니 내가 이들을 행복하게 하리라"는 말도 같은 의미이다. 싯다르타의 출가 목적은 바로 여기에 있다. 살아있는 모든 생명에 대한 연민, 즉 자비가 싯다르타의 출가 동기이며 출가 정신이다. 싯다르타의 출가는 모든 중생의 근원적인 괴로움을 해결하고자 하는 데 그 목적이 있었다.

혹자는 싯다르타의 나라가 코살라(Kosala)국의 속국이고, 석가(Śākya)족이 쇠퇴하고 있어서 자신의 나라를 융성하게 할 자신이 없어 출가의 길을 택했다고 보기도 하지만, 이는 억측이다. 고대 사회에서 위대한 영웅이 나타나 크고 강한 나라를 일으키는 일은 비일비재했기 때문에 무예가 출중했던 싯다르타가 전륜성왕을 꿈꾼 것이 결코 허황한 일은 아니었을 것이다.

붓다의 여러 전기에서는 '사문유관(四門遊觀)'을 싯다르타의 출가 동기로 이야기한다. 동서남북 성문 밖으로 나가 인간의 생로병사를 보고 출가를 결심했다는 것이다. 그러나 이 이야기를 사실 그대로 받아들이기는 어렵다. 총명한 싯다르타가 인간의 생로병사를 그때까지 모르고 있었을 리가 없다. '사문유관'은 상징적인 표현이다. 누구나 태어나면 늙고 병들어 죽는다는 사실을 모르는 사람은 없다. 그러나 자아의 높은 담 속에서 자신도 늙고 죽어간다는 사실을 통절하게 느끼며 사는 사람은 드물다. 문은 담장 너머 밖으로 연결된 통로이다. 싯다르타는 청년이 되어가면서 남의 일로만 여겼던 생로병사를 자신의 급박한 현실로 인식하게 되었고, 자신만의 세계에 갇혀 있던 싯다르타가 자아의 담을 넘어 생로병사라는 보편적 사실의 세계로 나아갔다는 것을 '사문유관'으로 표현한 것이다. 사문유관은 싯다르타가 인간의 근본적인 고통의 현실, 즉 인간 실존을 자각하고 자신의 세계를 둘러싸고 있는 허위의 담을 넘어 보편적 진리의 길을 찾기로 결심했음을 문학적으로 표현한 것이다. 싯다르타는 정치적인 해결이 인간고(人間苦)의 근본적인 해결이 될 수 없음을 확신하고 인간의 근원적 괴로움을 해결할 진리를 찾아 출가를 결심했던 것이다.

이와 같은 출가 동기를 살펴보면 싯다르타는 당시의 혼란한 사회에서 인간을 구제하려는 자비의 원력으로 출가했으며, 모든 생명이 근원적으로 안고 있는 괴로움을 극복하기 위해 스스로 그 길을 찾았다. 불교의 목적은 바로 여기에 있다. 인간의 근원적인 괴로움을 해결하여 그 시대의 사회를 구원하는 것이 불교의 목적인 것이다.

2

◆

인간의 근원적 괴로움

카필라성(Kapilavatthu)의 태자로 태어난 싯다르타는 태어나면서부터 부귀영화가 보장되었다. 그러나 싯다르타는 이 세상이 괴로움으로 가득 차 있다고 생각했다. 많은 사람들은 세상이 온통 괴로움뿐이라는 싯다르타의 주장에 선뜻 동의할 수 없을 것이다. 가난한 사람은 부자가 되면 괴로움이 없어지고, 낮은 지위에 있는 사람은 높은 지위를 차지하면 인생이 행복해진다고 생각한다. 그래서 많은 것을 소유하고, 높은 지위를 차지하기 위해 노력한다.

그러나 붓다는 우리의 인생 자체가 괴로움이라고 이야기한다. 몸에 병이 없어도, 부자여도, 높은 지위에 있어도, 우리는 누구나 이 세상에 태어나는 순간부터 괴로움의 바다에 빠져 있다는 것이다.

『불설비유경(佛說譬喩經)』[2]의 이야기를 살펴보자. 이 이야기는 붓다가 코살라국의 파사익(Pāsenādi)왕에게 들려준 것이다.

어떤 사람이 광야에서 사나운 코끼리에게 쫓겨 달아나다가 한 우물을 발견했다. 우물 옆에는 큰 나무가 있고, 우물 속으로 뿌리가 나 있었다. 그는 곧 나무뿌리를 타고 내려가 우물 속에 몸을 숨겼다.

그런데 우물 사방에는 네 마리의 독사가 있어서 그를 물려 하였고, 나무뿌리는 흰쥐와 검은 쥐가 번갈아 가며 갉고 있었다. 그리고 우물 바닥에는 무서운 용[毒龍]이 있었다. 그는 그 용이 몹시 두려웠고, 나무뿌리가 끊어질까 걱정이었다.

나무에는 벌통이 달려 있어서 벌꿀이 다섯 방울씩 입에 떨어졌다. 그는 꿀의 단맛에 취하여 자신이 처한 위험을 망각했다. 나무가 흔들리면 벌들이 흩어져 내려와 그 사람을 쏘았지만, 그는 벌에 쏘이면서도 꿀을 받아먹는 데에만 열중했다. 한편 우물 밖 들판에서는 불이 일어나 그 나무를 태우고 있었다.

이와 같은 이야기를 마치고 세존은 왕에게 물었다.

"대왕이여, 이 사람이 벌꿀의 맛을 탐할 수 있겠습니까?"

왕이 대답했다.

"한량없는 고통을 받으면서 어떻게 그 조그마한 맛을 탐할 수 있겠습니까?"

그때 세존은 다음과 같은 게송을 설했다.

2 『대정장』 4, p. 801bc.

광야는 무명(無明)의 어두운 인생이요,
사람은 그 속에서 살아가는 중생이라.
사나운 코끼리는 무상(無常)함의 비유이고,
몸을 숨긴 우물은 생사(生死)의 비유라네.

나무의 뿌리는 수명의 비유이고,
흰쥐와 검은 쥐는 낮과 밤이라.
네 마리의 독사는 지수화풍(地水火風) 4대(四大)이니,
수명이 다하면 독사에게 먹히리라.

떨어지는 꿀 방울은 5욕락(五欲樂)이요,
아프게 쏘는 벌은 그릇된 생각(邪見)이라.
들판에 이는 불은 늙어가고 병드는 일,
우물 밑의 독한 용은 죽음이라네.

지혜로운 사람은 이것을 생각하여
생사의 우물 속을 싫어하나니
5욕락을 탐하여 즐기지 않아야
비로소 우물에서 벗어난다네.

죽음의 왕에게 쫓기면서도
무명의 바다에서 편한 듯이 지내려는가?
범부의 자리를 벗어나려면
소리와 빛깔을 쫓지 말지니.

우리는 무상의 코끼리에 쫓기어 생사의 우물 속에 빠져 있다. 나무뿌리와 같은 수명에 의지해 살아가고 있으나 세월이라는 쥐가 하루하루 갉아 먹고 있어서 수명이 다하면 네 마리의 독사에게 먹히지 않을 수 없다. 붓다는 바로 이러한 괴로움을 이야기하고 있다. 그런데 중생들은 이것을 괴로움으로 생각하지 않는다. 우물 속의 사람이 입에 떨어지는 꿀 방울을 즐기듯이 5욕락, 즉 감각적 쾌락을 즐기면서 행복하다고 믿고 있다. 우물에서 벗어날 생각은 하지 않고, 꿀 방울을 많이 얻을 생각만 한다. 중생들에게 행복은 꿀과 같은 5욕락을 많이 얻는 것이고, 불행은 5욕락이 적은 것이다.

이러한 중생의 생각은 바른 생각일까? 붓다는 이러한 중생의 생각을 그릇된 생각[邪見]이라고 이야기한다. 그릇된 생각에 빠져 있는 한 우리는 고통스러운 우물에서 벗어날 수가 없다. 들판에 일어난 불처럼 두려운 늙음과 병고(病苦)에 휩싸여 있고, 죽음의 용이 벌린 입 위에서 끊어져 가는 수명 줄에 의지하고 있는 사람이 해야 할 일은 무엇이겠는가? 남이 얻은 꿀이 많다고 부러워하고, 내가 얻은 꿀이 적다고 괴로워해야 할까?

붓다는 우물 속이 온통 괴로움이라는 의미에서 '일체는 괴로움이다(一切皆苦)'라고 했다. 불교의 출발점은 이러한 괴로움의 깨달음이다. 괴로움을 깨닫고, 괴로움의 원인을 발견하여 이것을 없앰으로써 생사의 우물을 벗어나는 것이 불교의 목적이다. 싯다르타는 카필라성의 태자로 태어나 세상의 온갖 영화를 누릴 수 있었지만, 죽음을 피하여 잠시 숨어 있는 생사의 우물 속에서는 어떤 것도 행복일 수 없음을 깨닫고 생사의 우물을 벗어나고자 출가하여 생사를 벗어나 열반을 성취했던 것이다.

불교를 믿는다는 것은 생사에서 벗어난 열반의 세계가 있음을 믿고, 그 세계로 가는 길이 있으며, 그 길을 가서 열반을 성취한 부처님이 있음을 믿는 것이다. 이러한 믿음이 있을 때 생사를 벗어나고자 하는 생각을 일으킬 수 있으며, 죽음을 향해 살아가는 인생을 열반으로 향하도록 전환할 수 있다.

인생이 죽음을 향해 가고 있다는 것을 모르는 사람은 없다. 그러나 태어나서 죽는 일은 너무나 당연하고 또 피할 수 없는 운명이라고 포기한 채로 하루하루 순간적인 욕망에 사로잡혀 살아간다. 그런 사람들은 불교가 삶을 포기하는 염세적인 종교라고 말한다. 죽어가면서 죽음에서 벗어나기를 포기하고 헛된 욕망에 사로잡힌 사람이 인생을 포기한 것인가, 아니면 죽음에서 벗어나고자 헛된 욕망을 버리고 열심히 정진하는 사람이 인생을 포기한 것인가? 괴로움의 실상을 자각하여 불교를 믿고 실천하는 것은 염세적 삶이 아니라 소중한 우리의 인생을 생사윤회의 세계에서 열반의 세계로 전환하는 가치 있는 삶이다.

우리는 이러한 불교의 목적을 알아야 불교를 바르게 이해할 수 있다. 불교는 우리가 사는 현실의 괴로움이 어떠한가를 밝히고, 그 괴로움의 원인은 무엇인가를 밝히며, 그 원인을 없애는 방법을 실천하여, 괴로움이 사라진 열반을 얻게 하려는 의도에서 설해진 것이다. 따라서 이러한 불교의 목적을 바르게 알고 열반을 성취하려는 열망이 있을 때 불교는 바르게 이해될 수 있다.

3

◆

불교의 진리 - 4성제(四聖諦)

붓다가 깨달아 가르친 진리는 우리가 사는 현실의 괴로움과 그 괴로움의 원인, 그리고 괴로움이 사라진 열반과 열반에 이르는 길이다. 붓다는 이것을 네 가지 거룩한 진리라고 불렀다. 『중아함(中阿含) 분별성제경(分別聖諦經)』과 이에 상응하는 『맛지마 니까야 141. Saccavibhaṅgasuttaṁ(분별성제경)』 에서 사리불은 다음과 같이 4성제를 설명하고 있다.

> 이에 존자 사리자가 여러 비구들에게 말했다.
> 여러분, 세존께서 우리들을 위하여 세상에 나오신 것은 4성제를 널리 가르쳐 보여주기 위해서입니다. 즉, 4성제를 분별하여 드러내고 보여주어 4성제를 향해 나아가도록 하신 것입니다. 4성제란 고성제(苦聖

諦), 고집성제(苦集聖諦), 고멸성제(苦滅聖諦), 고멸도성제(苦滅道聖諦)를 말합니다.

여러분, 고성제란 태어나는 괴로움, 늙는 괴로움, 병들어 앓는 괴로움, 죽는 괴로움, 원망하고 증오하는 자와 만나는 괴로움, 사랑하는 자와 헤어지는 괴로움, 구하는 것을 얻지 못하는 괴로움 등인데, 요컨대 (자기 자신의 존재라고 집착하고 있는) 5취온(五取蘊)이 곧 괴로움인 것입니다.

여러분, 태어나는 괴로움이란 무엇을 말하는 것일까요? 태어남이란 중생이 어떤 종류의 중생으로 태어나는 것, 탄생하는 것, 출현하는 것, 생기는 것, 즉 5온(五蘊)의 현현(khandhānaṁ pātubhāva)과 6입처(六入處)의 획득(āyatanānaṁ paṭilābha)을 말합니다.

… (중략) …

여러분, 5취온이 곧 괴로움이란 무엇을 말하는 것일까요? 색취온(色取蘊), 수취온(受取蘊), 상취온(想取蘊), 행취온(行取蘊), 식취온(識取蘊)을 말합니다. 이것을 고성제라고 합니다.

여러분, 고집성제란 무엇을 말하는 것일까요? 즐거움을 바라는 탐욕에 수반하여 이것저것을 애락(愛樂)함으로써 다시 태어나게 하는 갈애(渴愛), 즉 욕애(欲愛), 색애(色愛), 무색애(無色愛)를 말합니다. 중생들은 6내입처(六內入處), 즉 안(眼)내입처, 이(耳), 비(鼻), 설(舌), 신(身), 의(意)내입처를 애락합니다. 이 6내입처에 갈애가 있고, 때가 있고, 물듦이 있고, 집착이 있으면 이것을 고집성제라고 합니다. … 이와 같이 6외입처(六外入處), 촉(觸), 수(受), 상(想), 사(思), 애(愛)에 대해서도 마찬가지입니다.

… (중략) …

여러분, 고멸성제란 무엇을 말하는 것일까요? 중생들은 6내입처(六內

入處), 즉 안내입처, 이, 비, 설, 신, 의내입처를 애락합니다. 이 6내입처에서 해탈하여 물들지 않고, 집착하지 않으며, 끊고, 버리고, 토하고, 없애고, 욕망이 없어 소멸하고, 그치고 사라지면 이것을 고멸성제라고 합니다. 이와 같이 6외입처, 촉, 수, 상, 사, 애에 대해서도 마찬가지입니다. 중생들은 6계(六界), 즉 지계(地界), 수계(水界), 화계(火界), 풍계(風界), 공계(空界), 식계(識界)를 애락합니다. 이 6계에서 해탈하여 물들지 않고, 집착하지 않으며, 끊고, 버리고, 토하고, 없애고, 욕망이 없어 소멸하고, 그치고 사라지면 이것을 고멸성제라고 합니다.

여러분, 고멸도성제란 무엇을 말하는 것일까요? 정견, 정사유, 정어, 정업, 정명, 정정진, 정념, 정정을 말합니다.[3]

이 경에서 이야기하고 있듯이 불교의 모든 교리는 4성제에 포함된다. 따라서 4성제를 바르게 이해하는 것은 불교를 바르게 이해하는 것이다. 4성제를 바르게 이해하기 위해서는 먼저 고성제를 바르게 이해해야 한다. 붓다가 해결했다고 하는 괴로움은 어떤 것일까? 붓다는 죽지 않고 영원히 사는 법을 깨달아 생사의 괴로움을 해결한 것일까? 아니면 죽지 않고 영원히 사는 참된 자아를 발견한 것일까? 만약 그렇다면 불교는 불로장생법을 가르치는 종교이거나 죽지 않는 자아를 찾는 종교일 것이다. 이러한 신비주의적인 생각은 고성제를 바르게 이해하지 못한 데서 나온다.

우리는 위에 인용한 경에서 '모든 괴로움을 요약하면 5취온이 곧

---

3 『중아함경』(『대정장』 1, pp. 467~469)과 『맛지마 니까야』 vol. 3, pp. 248~252를 대조한 필자 번역.

괴로움'이라는 말과 '태어남이란 5온의 현현(顯現)과 6입처의 획득을 의미한다'는 말에 주목해야 한다. 5취온이란 5온을 자신의 존재로 취하여 집착하고 있는 중생을 의미한다. 즉, 코끼리에게 쫓기어 우물 속으로 들어가 나무뿌리에 의지해서 꿀물을 탐착하고 있는 존재가 5취온이다. 그렇다면 왜 중생들은 5취온을 자기 존재라고 집착하는가? 그 까닭은 보고, 듣고, 냄새 맡고, 맛보고, 만지고, 생각하는 것을 자기라고 생각하여 그 자기를 사랑하고, 그 자기의 욕망을 충족시키려 하기 때문이다. 붓다는 이러한 모습을 꿀의 단맛에 정신을 빼앗긴 사람에 비유한 것이며, 이렇게 중생들이 사랑하고 욕망을 충족시키려 하는, 즉 감각적 쾌락을 추구하는 자아가 6입처이다. 붓다가 말하는 태어남이란 5온을 자아로 생각하는 것을 의미하고, 6입처를 자아라고 애락(愛樂)하는 것을 의미한다.

괴로움에서 벗어나기 위해서는 이러한 잘못된 생각, 즉 사견(邪見)을 버리고 자아라고 할 만한 것이 없다는 사실을 깨달아 바른 생각[正見]으로 살아가야 한다. 생사의 괴로움이란 사견에서 자기 존재를 집착함으로써 생긴 허망한 꿈과 같은 것이고, 생사의 괴로움을 벗어난다는 것은 정견을 얻어 허망한 꿈에서 깨어나는 것을 의미한다. 불교는 이렇게 사견을 버리고 정견을 얻어 욕탐이나 집착 없이 살아가는 길을 가르치는 종교이며, 이것을 표현한 것이 4성제이다.

4

◆

올바른 세계관 – 정견(正見)

생사의 세계를 벗어나 열반을 성취하기 위해서는 고멸도성제(苦滅道聖諦)인 8정도에 따라 살아가야 한다. 8정도는 바른 생각, 즉 정견(正見)에서 시작된다. 그렇다면 정견은 무엇을 의미하는가? 정견을 알기 위해서는 먼저 잘못된 생각, 즉 사견(邪見)이 무엇인지 알아야 한다. 왜냐하면, 잘못된 생각이 잘못된 것인 줄 알아야 바른 생각이 일어나기 때문이다. 파사현정(破邪顯正)이란 이것을 의미한다.

일반 사람들은 이 세계가 영원히 존재한다고 생각하거나, 아니면 언젠가는 없어진다고 생각한다. 이 우주가 끝이 있다고 생각하는 사람도 있고, 끝없이 무한하게 펼쳐져 있다고 생각하는 사람도 있다. 어떤 사람은 육신이 죽으면 우리의 수명도 끝난다고 생각하고, 어떤 사람은 육신은 죽어도 죽지 않는 영혼이 있어서 다음 세상에 다시 태어난다고 생각한다. 열반을 성취하신 붓다는 이생에서 몸을 버리고 죽어도 죽지 않고 영원히 살고 있다고 생각하기도 하고, 붓다는 열반을 얻었으므로 이생에서 몸을 버린 다음에는 다시는 태어나지 않는다고 생각하기도 한다. 우리는 이렇게 모순되는 두 가지 생각 가운데 어느 하나가 진실이고, 다른 것은 거짓이라고 생각한다. 그런데 붓다는 이런 문제에 대해 질문을 받으면 항상 대답하지 않았을뿐더러 이런 논의 자체를 금하였다.

이 문제는 단순한 호기심의 문제가 아니다. 종교 대부분은 죽음을 초월한 영혼의 존재를 인정한다. 죽지 않고 영원히 존재하는 영혼이 있다고 한다면 그 영혼이 살아갈 세상도 영원히 존재해야 할 것이다. 따라서 종교적인 신념을 가진 사람은 이 세상은 시간적으로 영원하고, 공간적으로 무한하며, 육신과는 다른 영혼이 존재하고, 이러한 영혼을 깨달은 사람은 죽지 않고 영원히 산다고 생각한다. 그러나 종교를 믿지 않는 사람들은 우리의 삶은 죽음으로 끝이 나며, 육신과 다른 영혼이 죽어서 다른 삶을 산다고 믿는 것은 어리석다고 생각한다. 현대와 같이 과학이 발달한 시대에는 우주도 한계가 있고, 생성 소멸한다는 것이 상식이 되었다. 어찌 보면 세계의 유한과 무한, 영혼의 존재 유무와 같은 모순 대립은 종교와 과학의 대립처럼 보이기도 한다. 그런데 이렇게 종교와 과학을 구별 짓는 중요한 문제에 대하여 붓다는 아무런 입장도 표명하지 않고, 나아가 거론조차 하지 못하게 했다는 것은 아무래도 납득하기 어려울 것이다.

붓다도 윤회와 해탈을 이야기한다. 만약 윤회를 인정한다면 육신과는 다른 영혼의 존재를 인정해야 하지 않을까? 윤회하는 영혼을 인정한다면 세상은 영원하다고 주장해야 하지 않을까? 왜 붓다는 이런 문제에 침묵하고 논의하는 것을 막았을까? 이것은 불교를 공부하는 사람들이 부딪히는 딜레마 중의 하나이다.

근본경전을 보면 붓다 당시에도 이 문제로 고심한 사람들이 많았음을 알 수 있는데, 그 대표적인 경이 『중아함 전유경』이다. 붓다의 제자 가운데 만동자라는 사람이 있었다. 그는 붓다가 세상은 영원히 존재하는 것인지, 아니면 언젠가 없어지는 것인지, 세계는 끝이 있는지 없는지, 육신과는 다른 영혼이 존재하고 있는지, 여래는 다음 세상에 다시 태어나는지 아니면 다시는 태어나지 않게 되는지, 이런 문제에 침묵하는 것을 이해할 수 없었다. 그는 아마 이런 문제에 침묵하는 붓다는 진리를 깨닫지 못한 사람일지도 모른다고 의심했던 것 같다. 그는 이 문제에 대하여 확실한 답을 얻지 못하면 붓다의 곁을 떠나기로 작정하고 붓다에게 대답을 요구했다. 그때 붓다는 만동자를 꾸짖고 다음과 같이 말씀하셨다.

> 만약 어리석은 사람이 '세존께서 나에게 세상은 영원하다고 이야기하지 않는다면 나는 세존을 따라 범행(梵行)을 배우지 않으리라'고 생각한다면 그 어리석은 사람은 결국 (세상에 대하여) 알지 못하고 (그러한 헛된 생각을 하는) 가운데 수명을 마칠 것이다.
>
> … (중략) …
>
> 비유하면 어떤 사람이 몸에 독화살을 맞았는데 독화살 때문에 극심한 고통을 당하고 있었다. 이것을 본 친족들이 그를 치료하기 위해서 의사를 데려왔다. 그러나 그 사람이 '아직 화살을 뽑을 수 없다. 나는 먼저 화살을 쏜 사람이 누구인지 알아야 한다. 아직 화살을 뽑을 수 없다. 나는 먼저 그 활과 화살이 어떤 활과 화살인지 알아야 한다'고

생각한다면 그는 결국 알지 못하고 그런 생각을 하는 도중에 수명을 마칠 것이다.

… (중략) …

세상이 영원하다고 생각하는 자에게 태어남이 있고, 늙음이 있고, 병듦이 있고, 죽음이 있고, 걱정과 근심과 슬픔과 괴로움과 번뇌가 있으며 이와 같은 큰 괴로움 덩어리가 생긴다. 이와 같이 세상은 영원하지 않다고 생각하는 자 등도 마찬가지이다.

세상은 영원하다는 등의 말을 나는 결코 하지 않는다. 왜 나는 이런 말을 하지 않는가? 이런 말은 의(義, attha)에 상응하지 않고, 법(法, dhamma)에 상응하지 않고 범행(梵行)의 근본이 아니어서 완전한 이해[智, abhiññā]와 바른 깨달음[覺, sambodhi]과 열반(nibbāna)에 도달하지 못한다. 그래서 나는 결코 이런 말을 하지 않는다.

어떤 법(法)을 나는 일관되게 이야기하고 있는가? 나는 고(苦)와 고집(苦集)과 고멸(苦滅)과 고멸도적(苦滅道跡)을 일관되게 이야기한다. 나는 왜 일관되게 이들 법을 이야기하는가? 이들은 의에 상응하고, 법에 상응하고, 범행의 근본이어서 완전한 이해와 바른 깨달음과 열반에 도달하기 때문이다. 그래서 나는 항상 이들을 이야기한다.[4]

이 경에서 붓다는 자신이 대답하지 않는 까닭을 분명히 밝히고 있다. 그럼에도 불구하고 붓다가 침묵한 이유에 대해서 많은 논란이 있다. 붓다는 이러한 형이상학적인 문제에는 관심이 없었고, 오직 현실의 고통에서 벗어나는 일에만 관심이 있었다거나, 이런 문제는 스스로 깨달아

4 『중아함 전유경』(『대정장』 1, pp. 804~805)의 필자 번역.

야 할 문제이지 말로 표현할 성질의 것이 아니어서 침묵했다는 등의 갖가지 해석이 많다. 그러나 이러한 생각들은 붓다 스스로 밝힌 침묵의 이유를 깊이 성찰하지 못한 결과이다.

붓다는 먼저 이들 문제가 의(義)에 상응하지 않는다고 이야기한다. 의(義)란 'attha'를 번역한 말로서 '목적, 의미, 사물, 대상'의 뜻이 있다. 그러므로 '의에 상응하지 않는다'는 말은 '의미가 없는 말', '그 말에 상응하는 사물이나 대상이 없다'는 것을 의미한다. 예를 들면 '용은 청색인가 황색인가'라는 말은 용이 실재해야 의미 있는 말이 된다. 그러나 용은 실재하지 않으므로, 즉 의(義)에 상응하지 않으므로 이 말은 무의미하다. 붓다는 '세상은 영원한가, 영원하지 않은가' 하는 문제를 마치 '용은 청색인가, 황색인가'라는 문제처럼 무의미한 말장난으로 본 것이다.

대부분 이러한 붓다의 생각에 선뜻 동의하기 어려움을 느낄 것이다. '용'은 상상 속의 동물이지만 '세상'은 현실 속에 엄연히 존재하고 있기 때문이다. 붓다는 우리의 이런 생각이 잘못된 것임을 깨달았다. 우리가 이런 생각을 고집하는 한 우리는 생사의 괴로움에서 벗어날 수 없다. 불교를 바르게 이해한다는 것은 우리의 이런 생각이 사견임을 깨닫는 것이다.

5

◆

붓다의 침묵과 중도(中道)

용수(龍樹, Nāgārjuna)의 『중론(中論)』은 붓다의 침묵이 우리의 잘못된 생각을 바로잡아 주기 위한 중도(中道)임을 논증한 책이다. 『중론』은 「관사견품(觀邪見品)」으로 끝을 맺고 있는데 이 품은 『중론』의 결론이라고 할 수 있다. 여기에서 용수는 붓다가 침묵한 문제들에 대해 다음과 같은 결론을 내리고 있다.

> 모든 존재 현상은 실체가 없는 공성(空性)인데
> 세상이 영원하다는 등의 견해들이
> 어디에, 무엇에 대해, 누구에게, 어떻게 발생할 수 있겠는가?
>
> 고따마 부처님께서 중생들을 연민하사

정법(正法)을 설하시어 모든 사견(邪見)을 제거하시었으니
나는 이제 그분께 머리 숙여 절합니다.[5]

용수는 붓다의 설법 목적이 중생들의 잘못된 생각을 없애기 위함이라고 보았다. 여기서 잘못된 생각이란 모든 존재 현상의 공성(空性)을 알지 못하고 모든 사물이 시간과 공간 속에 실재한다는 생각임을 밝히고 있다. 시간도 공(空)이고 공간도 공이며 사람도 공이고 모든 사물도 공이기 때문에 어떤 존재의 시간적 영속성이나 공간적 무한성, 또는 영혼이나 여래의 생사를 논의하는 것은 무의미하다는 것이다.

우리는 여기에서 붓다가 침묵한 까닭은 모든 존재의 본성이 공성(空性)이기 때문이라는 것을 알 수 있다. 그렇다면 공성이란 무엇인가? 『중론』의 첫머리에 나오는 「귀경게(歸敬偈)」에서는 다음과 같이 이야기하고 있다.

(모든 존재 현상은) 생기는 것도 아니고 멸하는 것도 아니며,
항상하는 것도 아니고 단절되는 것도 아니다.
동일한 것도 아니고 다른 것도 아니며,
오는 것도 아니고 가는 것도 아니다.

이와 같은 도리의 연기를 설하시어
무의미한 말장난을 모두 없애주었으니

5 "一切法空故 世間常等見 何處於何時 誰起是諸見 瞿曇大聖主 憐愍說是法 悉斷一切見 我今稽首禮" 『대정장』 30, p. 39b.

나는 머리 숙여 부처님께 절합니다.

모든 설법자 가운데 제일 훌륭하십니다.[6]

용수보살은 불생불멸(不生不滅), 불상부단(不常不斷), 불일불이(不一不異), 불래불출(不來不出)의 팔불(八不)로 중도(中道)를 표현하고 이러한 중도의 도리인 연기를 붓다가 가르쳤다고 이야기하고 있다. 여기에서 팔불(八不)이란 붓다의 침묵(無記)을 의미한다. 용수보살은 붓다의 침묵을 중도(中道)로 이해한 것이다.

모든 존재 현상은 실체가 없는 공성(空性)이다. 따라서 생기고 없어지는 어떤 실체가 있는 것이 아니다. 그렇다면 우리에게 나타나 보이는 존재 현상은 무엇인가? 그것은 연기한 것이다. 모든 존재 현상은 어떤 실체로서 존재하고 있는 것이 아니라 인연이 있으면 나타나는, 즉 연기하는 것이다. 따라서 공성이란 연기를 의미한다. 붓다는 이 연기의 도리를 깨달아 우리에게 가르쳐 주었다. 연기의 도리에 의하면 무엇이 생겼다거나 없어졌다거나, 영원하다거나 영원하지 않다는 등의 논란은 무의미한 말장난에 지나지 않는 사견이다. 붓다는 모든 사견을 떠난 중도에서 연기를 설하여 이러한 모든 말장난을 종식한 것이다.

붓다 당시의 많은 제자들은 붓다가 침묵하는 의미를 잘 알고 있었던 것 같다. 『앙굿따라 니까야』 「무기(無記, Avyākata)」에서 붓다는 여러 제자들이 붓다의 침묵에 아무런 의심이 없는 것을 이상하게 여기는 어떤 비구에게 다음과 같이 이야기하고 있다.

6 "不生亦不滅 不常亦不斷 不一亦不異 不來亦不出 能說是因緣 善滅諸戲論 我稽首禮佛 諸說中第一" 『대정장』 30, p. 1b.

어떤 비구가 세존에게 와서 다음과 같이 물었다.

"세존이시여, 왜 훌륭한 제자들은 무기(無記)에 대하여 의심하지 않습니까?"

"사문이여, 그것은 견(見)을 없앴기 때문이다. '사후(死後)에 여래가 존재하는가 그렇지 않은가'를 묻는 것은 견에 빠져있기 때문이다. 어리석은 범부는 견을 알지 못하고 견의 집(集)을 알지 못하고 견의 멸(滅)을 알지 못하고 견의 멸에 이르는 길을 알지 못한다. 그에게 견이 늘어난다. 그리하여 그는 생로병사(生老病死)에서 해탈하지 못하며, 괴로움에서 벗어나지 못한다고 나는 이야기한다. 그러나 훌륭한 제자들은 견을 알고, … 견의 멸에 이르는 길을 안다. 그에게 견이 멸하며, 그는 생로병사(生老病死)에서 해탈한다. 그를 괴로움에서 벗어났다고 나는 이야기한다. 이렇게 알고 이렇게 보기 때문에 훌륭한 제자들은 무기(無記)의 문제를 분별하지 않는 것이다. … 사문이여, 이러한 문제를 거론하는 것은 애(愛)에 빠져있는 것이며, 상(想)에 빠져있는 것이며, 착각이며, 환상이며, 취(取)에 빠져있는 것이며, 후회막급이다. … 어리석은 범부들은 이것을 알지 못하고, … 훌륭한 제자들은 이것을 안다."[7]

이 경에서는 이들 문제를 제기하는 것 자체가 생사의 괴로움에 빠진 것이며, 이들 견해를 없애는 것이 괴로움에서 벗어나는 것임을 역설하고 있다. 붓다는 이들 문제가 사견에서 비롯된 의미 없는 말장난이기 때문에 답변할 의미가 없다고 생각하신 것이고, 나아가 이런 생각에서 모든

7 『앙굿따라 니까야』 vol. 4, pp. 68~69의 필자 번역.

괴로움이 일어나므로 논의 자체를 금지한 것이다. 이런 문제를 철학이나 종교의 핵심문제로 생각하고 있는 것이 우리들의 생각이라면 이러한 우리들의 생각이 바로 붓다가 없애주려고 한 사견이며 연기법이 모든 사견을 떠나 중도에서 실상을 이야기한 정견이다.

3
장

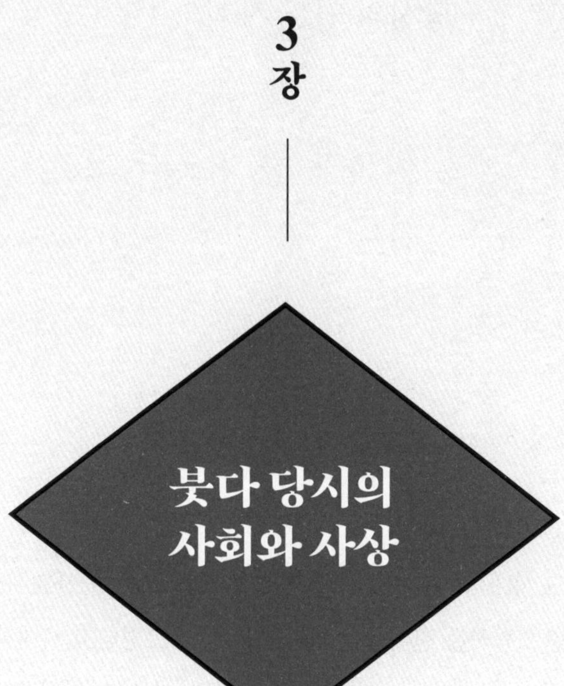

붓다 당시의 사회와 사상

1

◆

당시의 인도 사회

모든 사상은 그 시대의 사회적 상황을 배경으로 하고 있다. 불교사상은 시대와 지역을 초월하는 진리성을 가지고 있지만 그렇다고 시대적, 지역적 상황이 무시되는 것은 아니다. 불교는 당시의 여러 사상을 사견(邪見)이라고 비판하고, 정견(正見)을 제시한 사상이다. 따라서 불교를 바르게 이해하기 위해서는 붓다 당시 인도 사회와 사상을 살펴보지 않을 수 없다.

오늘날의 인도문화를 이룩한 민족은 아리안(Āryan)족이다. 이들은 본래 코카서스의 북방 초원지대에 살던 유목민인데, 그중 일부가 B.C. 1500년경 인도 서북부에 있는 인더스강 유역을 거쳐 판잡(Panjāb) 지방으로 침입하여, 토착민인 드라비다(Draviḍa)족, 문다(Muṇḍa)족 등을 정복하고 정착하게 된다. 그리고 아리안족에 의해 정복당한 토착민은 노예가 되어 슈드라(Śūdra)라는 가장 천한 계급으로 전락한다. 인도의 최고(最古) 문헌인 베다(Veda)의 본집(Saṁhitā)은 이 무렵에 형성되기 시작한다. 이때부터 B.C. 1000년까지를 인도 역사에서 베다기라고 부른다.

『리그베다(Ṛg Veda)』, 『사마베다(Sāma Veda)』, 『야주르베다(Yajur Veda)』와 같은 베다의 본집이 형성된 후에 B.C. 1000~B.C. 800년이 되면, 아리안족 사회는 동쪽으로 이주하여 기존 유목 생활에서 벗어나 강을 끼고 있는 비옥한 토지에서 벼농사를 위주로 하는 농경사회로 변화하면서 안정된 사회를 이룬다. 그리고 제사가 세상의 모든 일을 결정하는 큰 힘을 가졌다고 믿게 되면서 바라문(Brāhmaṇa)[8]의 지위가 높아지고, 안정된 사회를 유지하기 위해서 전사들이 정치를 관장하게 된다. 이리하여 이 시기에 바라문(Brāhmaṇa), 크샤트리야(Kṣatriya), 바이샤(Vaiśya), 슈드라(Śūdra)라는 4성(四姓) 계급이 확립된다. 그리고 제사 의식이 만능화되면서 제사의 의식을 체계적으로 기술하고 베다의 본집을 설명하는 『브라흐마나(Brāhmaṇa)』라는 문헌이 이 시기에 형성된다. 이 시기를 브라흐마나기라고 한다.

B.C. 8~B.C. 6세기경이 되면 은퇴한 바라문들이 숲속에 들어가 베다의 내용을 명상하면서 인간과 우주에 대한 철학적인 탐구가 이루어진다. 그 결과 인도 사상의 특징을 이루는 범아일여사상(梵我一如思想), 윤회, 업설, 해탈론 등을 담고 있는 『우파니샤드(Upaniṣad)』라는 문헌이 형성된다. 이 시기를 우파니샤드기라고 한다.

갠지스강 상류에 정착했던 아리안족은 동쪽으로 진출을 계속하여

---

8 Brāhmaṇa는 4성 계급 가운데 사제계급을 의미하기도 하고 베다의 문헌을 의미하기도 한다. 따라서 사제계급은 '바라문'으로 표기하기로 한다.

B.C. 6~B.C. 5세기경에는 문화의 중심지가 갠지스강 중류 지역으로 옮겨지면서 사회적, 문화적으로 큰 변화가 일어난다. 비옥한 갠지스강 유역의 풍부한 농산물을 토대로 상공업이 발달하게 되고, 그 결과 소도시를 중심으로 군소 국가가 생겨났으며, 점차 큰 군사력을 가진 국가에 의해 대국가로 병합되는 추세를 보였다. 당시의 국가 체계를 갖춘 나라 가운데 코살라, 마가다, 아반티, 밤사 네 나라가 가장 강성한 나라였다고 한다.

이 시대에 바라문 계급은 점차 권위를 잃어가고, 그 대신 크샤트리야와 바이샤 계급이 권력과 부를 장악하게 되었다. 바라문 계급의 몰락과 함께 바라문교의 권위도 이전과 같은 절대적인 영향력을 발휘할 수 없게 되었다. 서양에서 르네상스와 시민혁명, 그리고 산업혁명으로 부를 축적한 부르주아의 사회적 지위가 급상승하면서 기독교 교회의 권위가 힘을 상실한 것과 매우 유사한 현상이라고 할 수 있다.

바라문교의 권위가 상실되었다는 것은 전통적인 질서와 윤리가 파괴되었다는 것을 의미한다. 과거에는 세속적인 행복이 브라만(Brahman, 梵)의 은혜로 주어진다고 생각하여 바라문교에서 선이라고 가르친 것을 따르는 것이 윤리가 되었는데, 이제는 재물이 행복을 보장한다고 믿게 됨으로써, 돈벌이와 향락적인 생활이 인생의 전부가 되어버린 것이다.

이렇게 전통적인 질서가 무너지고 사회가 혼란해지자 혼란한 사회를 떠나 출가하는 수행자들이 나타났으며, 이들에 의해 바라문교의 교리에 반대하는 다양한 사상들이 우후죽순처럼 나타나 인도 사회는 극심한 사상적 혼란을 겪게 되었다. 붓다가 살았던 B.C. 6~B.C. 5세기경의 인도 사회는 이렇게 정치, 경제, 문화, 사상 등 사회 전반에 걸쳐서 혼란이 극에 달한 시기였다. 그 당시 이러한 혼란한 사회상을 반영하는 많은 사상들이 나타났는데, 이들 사상은 정통 바라문교의 교리는 신뢰할 수 없는 독단론이라는 비판에서 비롯된 것이다.

우파니샤드 사상에 의하면 이 세계는 최초의 유일한 존재인 브라만(梵)이 많은 것으로 되려는 욕망을 일으켜, 불과 물과 영양분을 차례로 방출한 다음 그 속에 아트만(Ātman, 我)의 형태로 들어가 세상의 모든 존재가 되었다고 한다. 이것을 브라만 전변설(轉變說)이라고 한다. 전변설에 의하면 세상의 모든 존재는 브라만이 변해서 된 것이기 때문에 그 본질인 아트만은 브라만과 동일하다고 한다. 이것을 범아일여사상(梵我一如思想)이라고 한다.

사문(沙門, śrāmaṇa)이라고 불리는 바라문교에 반대하는 새로운 사상가들은 브라만의 존재를 부정했다. 경험 불가능하고 인식할 수 없는 브라만의 존재를 믿을 것이 아니라 경험할 수 있고 현실적인 물질을 믿는 유물론적 사고방식이 이들의 입장이었다. 그래서 그들은 눈에 보이는 물질과 같은 현실적인 사물을 구성하는 요소가 무엇인가를 탐구하는 데 열중하였다. 이들 가운데 대부분은 이 세상에 인간이 반드시 실천해야 할 윤리나 도덕은 존재하지 않고, 물질적인 요소들의 이합집산(離合集散)만이 있을 뿐이라고 주장했다. 『장아함 사문과경(沙門果經)』과 이에 상응하는 『디가 니까야 2. Sāmañña-Phala Sutta(사문과경)』에서는 이러한 새로운 사상가들 가운데 가장 큰 영향력을 가진 여섯 사람의 사상을 소개하고 있는데, 이들을 육사외도(六師外道)라고 부른다.

육사외도 가운데 푸라나 카삿파(Pūraṇa Kassapa)는 도덕부정론자이다. 그는 아무리 몹쓸 행동을 해도 그것이 악이 아니며, 그 행동의 결과 죄의 과보(果報)를 받는 일도 없다고 주장했다고 한다.

아지타 케사캄발라(Ajita Kesakambala)는 유물론자로 유명하다. 그는 사람도 지수화풍(地水火風) 4대(四大)가 일시적으로 모여있을 뿐이므로 죽으면 지수화풍으로 뿔뿔이 흩어지고 만다고 주장했다. 그에 의하면 인간에게는 선악업(善惡業)에 따르는 과보(果報)도 없고, 현세와 내세도 없으며, 심지어는 부모도 없고, 태어나서 죽는 존재도 없다. 오직 4대라는 물질적 요소의 이합집산만 있을 뿐이다.

파쿠다 캇차야나(Pakudha Kaccāyana)는 기계적 불멸론을 주장했다. 아지타의 4대설(四大說)에 의하면 고락(苦樂)의 감정이나 인간의 생명현상은 죽음과 함께 사라진다. 그렇다면 고락의 감정이나 인간의 생명현상을 이루는 요소는 없다는 것이 된다. 그는 없는 것은 생길 수 없다고 본다. 그래서 고(苦), 낙(樂), 생명(生命)도 4대(四大)와 마찬가지로 요소라고 보아야 한다고 생각하여 7요소설을 세웠다. 이 세상은 불멸하는 7요소가 기계적으로 모였다가 흩어지고 있다는 것이다.

막칼리 고살라(Makkhali Gosāla)는 결정론적 숙명론자이다. 그는 이 세상은 요소가 우연히 이합집산하는 것이 아니라 이미 결정된 법칙에 의해 필연적으로 이합집산하므로 인간의 삶을 포함하여 세상의 모든 일은 이미 결정되었다고 주장했다. 그래서 7요소에 물질이 이합집산할 수 있는 공간, 이들이 모이는 법칙인 득(得), 흩어지는 법칙인 실(失), 그리고 사람이 태어나는 법칙인 생(生), 죽는 법칙인 사(死) 다섯 가지를 추가하여 12요소설을 세웠다. 인간의 운명이나 사물의 생멸(生滅)은 자연법칙에 의해 이들 요소가 결합된 것이기 때문에 생기고 없어지는 것은 이미 결정되어 있다는 주장이다. 오늘날의 과학자들은 우주의 생성과 소멸을 자연법칙에 의해 결정된 것으로 생각하는데 막칼리 고살라가 바로 그와 같은 사상을 가졌다고 할 수 있다.

산자야 벨라티풋타(Sañjaya Belaṭṭhiputta)는 회의론자이다. 그는 철저하게 감각적인 경험만으로 판단했다. 당시의 사문들은 감각적이고 현실적인 경험에 의지하여 업보와 내세를 부정하였는데, 산자야는 그런 문제들에 대하여 논의조차 하려고 하지 않았다. 내세를 경험할 수 없는데 어떻게 내세가 있는지 없는지를 알 수 있느냐는 것이다. 그는 이렇게 철저하게 감각적이고 현실적인 경험에만 의존했기 때문에 진리 그 자체가 있다는 것을 의심하는 회의론에 빠져있었다.

마지막으로 니간타 나타풋타(Nigaṇṭha Nātaputta)는 고행주의자이다. 그는 자이나교의 창시자로서 붓다와 마찬가지로 왕족 출신이다. 그는 붓다처럼 혼란한 사회를 구원할 생각으로 출가하여 스스로 진리를 깨달았다고 한다. 그에 의하면 전생의 업에 의해 현생에 받을 괴로움이 결정되어 있다. 그러므로 현생에서 받을 괴로움을 미리 받아버리고, 새로운 업을 짓지 않으면 생사의 윤회에서 저절로 해탈하게 된다는 것이 그의 주장이다. 따라서 그는 고행을 통해 해탈할 수 있다고 가르쳤다.

붓다 당시에는 이렇게 다양한 사상이 나타나 대립하고 있었다. 불교는 이러한 외도들의 사상을 비판하고 나온 것이다.

2

◆

육사외도(六師外道)의 사상

이 세상에는 진리라고 주장하는 이론이 많다. 기독교의 진리는 신이 천지를 창조했다는 것이고, 현대과학에서 이야기하는 진리는 여러 가지 물질적 요소들이 이 세상을 구성하고 있다는 것이다. 붓다 당시의 인도에도 이런 사상들이 있었다. 브라만이 변해서 이 세상의 만물을 이루고, 그 속에 들어가 아트만이 되었다고 주장하는 정통 바라문교의 범아일여사상과 바라문교의 사상을 반대하여 나타난 사문들의 요소설이 그것이다. 바라문교의 범아일여사상은 하나가 변해서 다양한 것을 만들었다는 주장이라는 의미에서 전변설(轉變說)이라고 부르고 사문들의 요소설은 다양한 요소가 모여서 세상을 이루고 있다는 주장이라는 의미에서 적취설(積聚說)이라고 부른다.

우리가 이 외도들의 사상을 살펴보아야 하는 까닭은 불교가 파사

현정(破邪顯正)의 종교이기 때문이다. 붓다는 사견을 논파하고 정견을 드러냈기 때문에 우리가 불교를 바르게 이해하기 위해서는 붓다가 논파한 사견을 먼저 알아야 한다.

종교와 철학은 모두가 삼라만상의 근원에 대한 이론을 가지고 있다. 그리고 나름대로 자신들의 이론이 옳다는 것을 증명할 수단을 필요로 한다. 기독교에서는 신이 세상을 만들었다는 이론이 옳다는 것을 성경으로 증명한다. 성경에 그렇게 적혀있기 때문에 진리라는 것이다. 과학자들은 원자가 모여서 이 세상이 이루어졌다는 것을 실험으로 증명한다. 모든 물질을 쪼개면 원자와 같은 원소를 발견할 수 있다는 것이다. 다시 말해서 우리의 지각을 통해 인식할 수 있다는 것이다.

인도의 사상도 마찬가지이다. 바라문교에서는 브라만이 변해서 삼라만상이 되었다고 주장한다. 그들은 그 근거를 베다라고 하는 자신들의 성전에 두고 있다. 인도에서는 이렇게 베다의 권위를 인정하는 사상을 정통 바라문 사상이라고 부른다. 바라문의 사상이 다 같은 것은 아니지만, 베다의 권위를 인정한다는 점에서 이들을 하나로 보는 것이다.

앞에서 언급했듯이 정통 바라문교의 사상은 상공업을 중심으로 하는 도시문화의 발달로 바라문교가 약화되자 새롭게 출현한 육사외도와 같은 사문이라 불리는 사상가들의 도전을 받게 된다. 이들은 먼저 바라문교의 주장에 대하여 '브라만이 변해서 세상을 만들었다는 것을 어떻게 알 수 있는가'라는 인식론적인 문제를 제기한다. 바라문교에서는 베다를 그 근거로 내세우지만, 베다의 권위를 인정하지 않는 사람들에게 베다는 아무런 의미가 없었다.

새로운 사상가들 대부분은 이렇게 감각적으로 경험한 것만을 인정하는 경험론적 입장을 취했다. 인도철학에서는 이것을 현량(現量, pratyakṣa)이라고 한다. 현실적으로 경험할 수 있는 것을 가지고 진위를 판단한다는 것이다. 한편 바라문교와 같이 권위 있는 책의 내용이나 사람의 말을 가지고 진위를 판단하는 것을 성언량(聖言量, śabda)이라고 한다. 거룩한 말씀에 의지하여 판단한다는 의미이다. 현량, 성언량과 함께 논리적인 추론도 인도철학에서 폭넓게 인정받고 있었는데 이것을 비량(比量, anumāna)이라고 한다.

육사외도를 위시한 사문들은 대부분 현량, 즉 현실적인 경험을 통해 성립된 지식만을 인정했다. 그 결과 그들은 베다에 의지하고 있는 '브라만이 변해서 삼라만상이 생겼다'는 전변설을 인정할 수 없었다. 그들은 세상의 존재 근거를 우리가 경험할 수 있는 것 가운데서 찾았다. 그 결과 그들은 생멸변화하는 것 가운데 변치 않는 것이 있다고 생각했다. 벽돌은 만들어지고 언젠가 부서져 사라진다. 그러나 벽돌을 이루고 있는 흙은 생기지도 변하지도 사라지지도 않는다. 벽돌로 있을 때도 흙이고, 부서져서도 흙이다. 물은 네모난 그릇에 넣으면 네모지고, 둥근 그릇에 담으면 둥근 모양이 된다. 형태는 달라져도 근본 성질은 변함없이 물이다. 불은 장작불이든 촛불이든 밝고 뜨거운 근본 성질은 변함없이 불이다. 강바람이든 산바람이든 이름은 달라도 근본은 변함없는 바람이다. 이렇게 생기지도 않고, 변하지도 않고, 없어지지도 않고, 형태와 이름은 달라도 근본 성질은 변하지 않는 요소들을 위대한 존재라는 의미에서 대(大, mahabhutani)라고 불렀다. 그리고 흙[地], 물[水], 불[火], 바람[風] 네 가지는 변함없고, 생멸이 없는 근본요소라는 의미에서 4대(四大)라고 불렀다.

새로운 사상가들은 우리가 현실적으로 지각할 수 있는 한계 속에서 인간과 우주의 근본을 찾았다. 그 결과 아지타 케사캄발라는 지수화풍 4대를 근본요소로 생각했고, 파쿠다 캇차야나는 여기에 우리가 느낄 수 있는 괴로움과 즐거움도 요소가 지닌 불변하는 고유한 성질로 보고, 또 영혼도 이들 요소를 지각하는 성질을 가진 불변의 요소라고 보아 지(地), 수(水), 화(火), 풍(風), 고(苦), 낙(樂), 영혼이라는 7요소설을 내세웠다.

이렇게 인간과 세계를 요소의 집합으로 본다면, 이 세상과 인간은 이들 요소의 기계적인 결합체에 지나지 않을 것이다. 그래서 그들은 내세도 부정하고, 선악과 윤리도 부정했다. 요소들의 우연한 결합체인 인간이 죽는다는 것은 요소가 흩어지는 것이므로 선악이 있을 수 없으며, 죽어서 다음 세상에 태어난다는 것도 있을 수 없다는 것이다. 이들은 사람을 칼로 베어 죽인다 해도 칼이 요소 사이를 지나가 요소의 결합이 파괴되었을 뿐 없어진 것은 아무것도 없다는 주장까지 서슴없이 하게 되었다. 그래서 그들은 인간의 삶에는 죄가 되는 것도 없고, 착한 일도 없으며, 오직 살아있는 동안 감각적 쾌락을 누리다가 죽으면 그만이라는 인생관을 갖게 되었다. 자연과학을 진리로 믿고 있는 현대인들이 내세를 부정하고, 윤리관을 상실한 채 감각적 쾌락을 맹목적으로 추구하고 있는 것과 비슷하다 할 수 있다.

이렇게 세계가 요소들의 우연한 결합으로 이루어졌다고 생각하는 우연론(偶然論)을 무인무연론(無因無緣論)이라고 하며, 이를 극복하려고 한 사람이 막칼리 고살라라고 생각된다. 인간과 세계가 질서 없이 아무렇게나 이합집산하고 있다고 보기에는 많은 문제가 있다. 자연의 질서를 보면 이 세상을 요소들의 우연한 이합집산이라고 할 수 없을 것이다. 그래서 그는 우리가 태어나서 죽는 것이나 어떤 사물이 모이고 흩어지는 것도 그것을 가능하게 하는 어떤 요소가 있기 때문이라고 생각했던 것 같다. 그는 이들 요소가 활동하는 공간으로서의 허공(虛空)과 생명체의 생과 사, 그리고 사물의 득과 실도 요소로 생각하고 7요소에 이들 다섯을 더하여 12요소를 주장했다. 그는 사람이 태어나 죽는 것은 생(生)이라는 요소와 사(死)라는 요소가 결합했기 때문이고, 어떤 현상이 나타나고 사라지는 것은 득(得)과 실(失)이라는 요소가 결합해 있기 때문이라고 생각한 것이다. 그는 내세나 윤회와 해탈을 부정하지는 않았지만 이미 결정되어 있다고 생각했다. 우리가 착한 일을 하면 내세에 좋은 세상에서 태어나고, 악한 일을 하면 지옥과 같은 곳에서 태어나는 것이 아니라, 어떤 요소와 결합해 있느냐에 따라 우리의 삶과는 관계없이 천상에서 태어날 것인가 지옥에서 태어날 것인가가 이미 결정되어 있다는 것이다. 수행한다고 해서 빨리 해탈하거나, 수행하지 않는다고 해서 해탈을 못 하는 것이 아니라, 해탈의 시기도 이미 정해져 있다고 주장했다. 세계와 인간은 이와 같이 요소들이 자연법칙에 의해 결합된 것이기 때문에 우리의 운명은 태어날 때 이미 숙명적으로 결정되어 있다는 것이다.

한편 산자야 벨라티풋타는 이러한 여러 가지 주장에 대하여 의문을 제기했다. 그는 철저하게 감각적인 지각, 즉 현량만을 인정했다. 다른 사람들이 주장하는 요소가 진정 변치 않는다는 것을 어떻게 알 수 있겠는가? 흙이나 물이 변치 않는다는 것을 알 수 있는 것은 우리가 살아있는 동안뿐이다. 내가 살아있는 동안은 변함이 없지만 죽은 후에도 영원히 변치 않는다는 것은 유한한 생명을 지닌 우리로서는 알 수가 없다. 그래서 그는 회의론을 자신의 입장으로 삼았다. 그는 그런 문제는 알 수 없으므로 어떤 주장을 하든지 관심이 없었다. 누가 이런 문제를 물으면, 그는 상대가 알아들을 수 없는 궤변으로 문제 자체를 모호하게 만들었다. 그는 알 수 없는 이런 문제로 고민하기보다는 현실에서 어떻게든 쾌락을 얻는 것이 현명하다고 생각했는지 모른다.

우리가 만약 감각적인 지각만을 진리의 인식 수단으로 인정한다면 이러한 산자야 벨라티풋타의 견해에 따르지 않을 수 없을 것이다. 불경에 의하면 사리불과 목건련도 처음에는 산자야 벨라티풋타의 큰 제자였다고 한다. 그러나 사리불은 앗사지라고 하는 붓다의 제자가 매우 평화로운 모습으로 위의를 갖추고 당당하게 걸어가는 것을 보고, '이 사람은 무언가 우리가 얻지 못한 행복을 얻은 사람임이 분명하다'라고 생각하고 그에게 누구를 스승으로 수행하는가를 물었다고 한다. 사리불은 감각적 쾌락보다 더 크고 수승한 즐거움이 있다는 것을 앗사지의 거동 속에서 읽었던 것이다. 그래서 그는 붓다를 만났고, 붓다를 통해서 산자야의 회의론이 지극히 천박한 것임을 깨닫고 목건련과 함께 붓다의 제자가 되었다.

붓다 당시에는 이렇게 정통 바라문교의 범아일여론, 유물론, 도덕부정론, 기계적 불멸론, 숙명론, 회의론과 같은 다양한 사상이 서로 대립하고 있었다. 이러한 상황은 서양에서 르네상스 이후 기독교의 몰락과 과학사상의 대두로 나타난 현대의 사상적 혼란과 너무나 유사하다고 할 수 있다. 이러한 혼란에서 이를 극복하려고 했던 사람이 자이나교의 교주 니간타 나타풋타와 붓다였다고 생각된다.

3

◆

자이나교의 사상

자이나교의 교주인 니간타 나타풋타는 붓다와 비슷한 점이 많다. 그도 붓다와 마찬가지로 왕족으로서 젊어서 출가하여 스스로 도를 성취했다고 주장하고 인도 사회에 큰 영향을 끼쳤다. 지금도 인도에는 많은 자이나교도가 있다.

니간타 나타풋타는 사상의 대립과 혼미로 인해서 인도 사회가 도덕적으로 타락해 가는 것을 크게 염려했던 사람으로 생각된다. 그는 당시의 모든 사상을 조화롭게 종합 통일함으로써 사상적 대립과 모순을 극복하려고 했던 것 같다. 이것은 그의 사상을 살펴보면 알 수 있다.

그는 이 세상이 정신적 실체(Jīva)와 물질적 실체(ajīva)로 되어있다고 주장했다. 정신적 실체를 '명아(命我, Jīva)'라고 불렀는데 이것은 우리가 '영혼'이라고 부르는 것과 비슷하다. 물질적 실체에는 물질

(pudgala), 허공(ākāśa), 법(法, dharma), 비법(非法, adharma), 이렇게 네 가지가 있다.

명아는 동물이나 식물뿐만 아니라 현실의 모든 존재 속에 깃들어 있는 생명력으로서 모든 정신작용의 주체이며, 행동의 주체이다. 명아는 사물을 지각하거나 인식하는 성질을 그 본성으로 하고 있다. 명아는 현실 세계에서는 항상 물질과 결합하여 그 속에 있는데, 이때 명아는 자신이 취하고 있는 물질과 같은 크기로 존재한다. 예를 들면 어릴 때 명아의 크기는 어릴 때 몸의 크기만 하고, 어른이 되면 어른 크기가 된다.

명아는 본래 전지전능할 뿐 아니라 괴로움이 전혀 없는 안락한 존재이다. 모든 것을 보고, 모든 것을 알 수 있으며, 어떤 일이든 할 수 있는 항상 안락한 존재가 명아인데, 이것은 모든 사물의 내면에 존재하고 있다. 우리 인간도 각자 업에 따라 다른 몸을 받고 있으나, 몸 안에는 '똑같은 명아'가 있다. 그런데 우리는 업 때문에 몸을 받아 명아의 본성이 가려진 채로 각기 다른 능력과 모습으로 존재한다. 그는 우리의 눈이나 귀와 같은 감각기관이 우리의 인식을 돕는 것이 아니라 오히려 제한하고 있다고 생각했다. 눈이 있어서 사물을 볼 수 있는 것이 아니라, 눈이 있기 때문에 어두운 밤이나 잠잘 때는 보지 못하고, 또 멀리 있거나 옆이나 뒤에 있는 것은 보지 못하며, 앞에 가까이 있는 것만 볼 수 있다는 것이다. 따라서 인생의 궁극적인 목적은 정신적 실체이며 우리의 참된 자아인 명아를 물질적 실체로 된 몸과 분리시켜 명아의 본성을 회복하는 일이다. 이렇게 명아가 물질과 분리하여 독립함으로써 얻게 되는 완전하고 포괄적인 인식능력을 '독존지(獨存知, kevala-jñāna)'라고 한다. 불교에서 말하는 '일체지(一切知)'에 해당한다.

이상과 같은 니간타 나타풋타의 사상은 바라문 사상과 사문들의 사상을 종합 통일한 것으로 생각된다. 그는 모든 존재 속에 명아가 내재하고 있다고 함으로써 모든 존재 속에 불변의 실체 '아트만'이 내재하고 있다고 하는 바라문교의 사상을 수용했다. 한편 물질적 실체와 정신적 실체를 독립적인 실체로 봄으로써 사문들의 요소설을 수용하고 있다. 또 운동의 조건인 '법'과 정지의 조건인 '비법'을 실체로 인정함으로써 막칼리 고살라의 결정론을 수용하여 우연론을 극복하려고 했다. 생성과 운동은 우연히 이루어지는 것이 아니라 '법'과 '비법'이라는 실체의 고유한 성질에 의해 필연적으로 일어난다고 본 것이다. 이렇게 결정론을 수용하면서도 그는 명아가 전지전능한 능력이 있다고 함으로써 결정론적 숙명론을 극복하려고 했다. 명아는 무한한 능력이 있으므로 자발적으로 해탈을 추구할 수 있는 자유가 있다고 함으로써 숙명론에서처럼 해탈까지도 결정된 것으로 보지 않고 이를 극복하려 했던 것이다. 명아의 이러한 특성은 바라문교의 '아트만'과 비슷하다.

이와 같이 니간타 나타풋타는 바라문교의 독단적인 전변설은 요소설로 극복하고, 유물론적 요소설의 우연론은 막칼리 고살라의 결정론을 수용하여 극복하려 했으며, 결정적 숙명론은 바라문교의 '아트만'을 수용하여 극복하려고 했다. 그는 또 산자야 벨라티풋타의 회의론은 상대주의적인 인식론을 통해 극복하려고 했다. 인간과 세계의 근본이 되는 실체는 어떤 고정적인 언어로 표현될 수 없으므로 '이것은 무엇이다'라는 식으로 단정해서는 안 되고, 그것에 대해서 우리가 언급할 수 있는 모든 표현을 통해서만 진리를 완전하게 인식할 수 있다는 것이다. 예를 들면 장님이 코끼리를 만져보았을 때, 한 사람의 이야기만으로는 코끼리의 참된 모습을 알 수 없지만, 모든 장님의 이야기를 종합하면 코끼리의 참모습을 알 수 있듯이, 서로 모순되는 주장은 어느 것이 옳고, 그른 것이 아니라 진리의 일부분을 이야기한 것이므로 이들을 종합하면 그것이 진리의 참모습이 된다는 것이다. 이와 같이 니간타 나타풋타는 철저하게 그 당시의 모든 사상을 종합하여 혼란한 사상을 통일시키려고 했다.

그러나 사견의 종합이 정견일 수는 없다. 붓다도 코끼리를 보는 장님의 비유를 이야기했지만 근본 취지는 전혀 다르다. 예를 들어 아버지는 고혈압이고 어머니는 저혈압이라고 하자. 자이나교의 견해는 이 두 사람의 아들은 저혈압과 고혈압이 합해졌으므로 혈압이 정상이라고 생각하는 것과 같다. 그러나 붓다는 이들의 아들은 고혈압과 저혈압이 동시에 있는 더욱 심각한 병이 있다고 보는 입장이다. 그래서 붓다는 사견을 종합하지 않고 버리도록 했다. 사견은 아무리 모여도 결코 정견이 될 수 없다는 것이다. 사견은 모이면 모일수록 더욱 허망한 사견이 될 뿐이다.

니간타 나타풋타는 당시의 사문들이 윤리를 부정하고 쾌락에 빠진 것을 크게 우려했던 것이 분명하다. 그는 사문들이 진리를 전체적으로 보지 못하고 부분적으로 본 결과 윤리를 부정하게 되었다고 생각하여 위에서 이야기한 바와 같이 이들을 종합 통일했다. 그리고 그의 독특한 업설을 통해 이를 극복하려고 했다. 일반적으로 당시의 인도인들은 선악의 과보로서 죄와 복을 주는 것은 신이라고 믿고 있었다. 그러나 사문들은 우리가 볼 수 없는 신은 존재하지 않는다고 생각했기 때문에 도덕적인 행위를 통해 죄나 복을 받는다는 것을 인정할 수 없었다. 자이나교는 후대에 가서 자신들 교리의 결함 때문에 신을 인정하게 되었지만, 자이나교의 창시자인 니간타 나타풋타는 신의 존재를 인정하지 않았다. 그는 업(業)이 스스로 작용하여 죄와 복이 이루어진다고 생각했다.

그에 의하면 우리가 행동하면 업이라는 미세한 물질이 생긴다고 보았다. 명아가 행동하면 업이라는 미세한 물질(karma-pudgala)이 생겨서 업을 지은 명아 속으로 침투하여 정신적 실체인 명아와 물질적 실체가 결합하게 된다. 사람으로 말하면 몸을 받는 것이다. 이렇게 업이 침투하면 명아는 그 본성을 상실하게 되어 태어나서 죽는 윤회를 시작한다. 따라서 몸을 가지고 이 세상에 태어난 우리의 목표는 명아와 몸을 분리해 해탈을 얻는 것이라고 말한다.

업은 명아와 몸을 결합하는 접착제와 같은 것이다. 따라서 명아가 몸에서 해탈하기 위해서는 업을 내보내야 한다. 그런데 업은 업의 크기에 상응하는 괴로움을 겪어야만 명아로부터 떨어져 나간다. 보통 사람들은 이러한 사실을 모르기 때문에 업으로 인해 괴로움을 받으면서도 새로운 업을 지어 끝없이 괴로운 윤회를 하게 된다. 그러나 이러한 사실을 아는 사람은 새로운 업의 침투를 막고, 이미 몸속에 들어온 업은 고행을 통해 내보냄으로써 해탈을 얻을 수 있다는 것이 니간타 나타풋타의 주장이다. 그래서 자이나교에서는 살생, 투도, 사음, 망어, 무소유라는 다섯 가지 계율을 철저히 지킴으로써 새로운 업의 침투를 막고, 몸을 괴롭히는 고행을 통해 침투한 업을 몰아내는 수행을 하게 되었다. 니간타 나타풋타는 쾌락주의를 배제한 대신 고행주의를 택한 것이다.

이러한 자이나교 업설과 불교 업설의 차이를 아는 것은 매우 중요하다. 많은 사람들이 불교의 업설을 자이나교의 업설과 비슷한 것으로 알고 있는데 그 차이는 업설을 다룰 때 논하기로 한다.

4장

근본불교의 중도설(中道說)

1

◆

사견의 근원과 멸진

붓다는 인간의 모든 괴로움이 그릇된 인생관과 세계관, 즉 사견(邪見)에서 비롯된 것으로 보았다. 12연기에서 보여주듯이 노사(老死) 등의 모든 괴로움은 무명(無明)에서 비롯된다는 것이다. 붓다는 당시의 여러 사상을 모두 사견으로 규정하고 이러한 사견에서 생로병사(生老病死)와 같은 인간의 모든 괴로움이 발생한다고 보았다. 앞에서 살펴본 『전유경』에서 사견을 가진 사람을 독화살에 맞은 사람에 비유하고 붓다를 의사에 비유한 것은 불교의 목적이 사견을 없애는 데 있음을 보여주는 것이다.

사견을 없애기 위해서는 먼저 사견의 근원을 알아야 하고, 다음으로 사견을 없애는 구체적인 방법이 있어야 한다. 『장아함 청정경』은 바로 이것을 밝힌 경이다. 이 경에서 붓다는 다음과 같이 당시의 사상가들이 주장하는 세계관과 인생관을 낱낱이 소개하면서 이를 비판하고 있다. 여기에 소개되고 있는 사견들은 36종인데 간략히 정리하면 『전유경』에서 언급된 '세계는 시간적으로나 공간적으로 유한한가 무한한가', '육신과 영혼은 동일한 존재인가 상이한 존재인가', '여래는 사후에도 존재하는가, 그렇지 않은가'에 대한 상반된 주장을 포함하여 '무엇이 진정한 자아인가', '자아의 한계는 있는가 없는가', '자아의 본성은 괴로움인가 즐거움인가', '세간은 저절로 만들어진 것인가 다른 것에 의해 창조된 것인가' 등에 대한 모순 대립하는 주장들이다. 이러한 주장들에 대하여 붓다는 『장아함 청정경』에서 다음과 같이 말한다.

"만약에 어떤 사문이나 바라문이 이와 같은 이론과 견해를 가지고 '이 세간은 상존(常存)한다. 이것만이 진실이고 다른 것은 허망하다. 내지 무량상(無量想)이 자아(自我)이다. 이것만이 진실이고 다른 것은 거짓이다'라고 말한다면 그들에게 '그대는 실로 '이 세간은 상존한다. 이것만이 진실이고 다른 것은 허망하다'라는 이론을 주장하는가? 이와 같은 말은 부처님께서 허용하지 않는 말이다. 왜냐하면 이 모든 견해들 가운데는 각기 결사(結使, bandhana)가 있기 때문이다'[9]라고 대응하라. 내가 이치로 미루어 보건대 모든 사문과 바라문 가운데 나와 비교할 자가 없거늘 하물며 나를 뛰어넘을 수 있겠는가? 이 모든 사견들은 단지 말만 있을 뿐이어서 함께 논의할 것이 없다.

어떤 사문이나 바라문은 '이 세간은 스스로 만든 것이다'라고 주장하

9 '결사(結使)가 있기 때문이다'라는 『디가 니까야』 「Pāsādika-suttanta」에는 '중생들은 이러한 문제들에 대하여 각기 다른 생각을 가지고 있기 때문이다(aññathā saññino pi h' ettha Cunda sant' eke sattā)'라고 되어 있다. (『디가 니까야』 vol. 3. p.140.)

고, 다른 사문이나 바라문은 '이 세간은 다른 것이 만든 것이다'라고 주장하며, 또는 '이 세간은 스스로 만든 것도 있고, 다른 것이 만든 것도 있다'라고 주장하고, 또는 '스스로 만든 것도 아니고 다른 것이 만든 것도 아니고 홀연히 존재하게 되었다'라고 주장한다. '세간은 스스로 만든 것이다'라고 주장하는 사문이나 바라문은 모두 촉(觸)을 인연(因緣)으로 그렇게 주장한 것이다. 만약 촉인(觸因)을 여의면 그렇게 말할 수 없다. 왜냐하면 6입처(六入處)를 자신이라고 생각하기 때문에 촉(觸)이 생기고, 촉으로 말미암아 수(受)가 생기며, 수로 말미암아 애(愛)가 생기고, 애로 말미암아 취(取)가 생기며, 취로 말미암아 유(有)가 생기고, 유로 말미암아 생(生)이 생기며, 생으로 말미암아 노(老), 사(死), 우(憂), 비(悲), 고뇌(苦惱)와 큰 우환(憂患)이 되는 5온(五蘊)이 집기(集起)하기 때문이다. 만약 6입처가 없으면 촉이 없고, … 큰 우환이 되는 5온이 집기하지 않는다. '세간은 다른 것이 만든 것이다'라는 주장 등도 마찬가지이다."

부처님께서 여러 비구들에게 말씀하시었다. 만약 이 모든 사악한 견해를 없애고자 하거든 4념처(四念處)에서 세 가지로 수행을 해야 한다. … 4념처에서 세 가지로 수행하면 여덟 가지 해탈[八解脫]이 있게 된다.[10]

이 경에서는 붓다가 당시 사상가들의 견해를 허용하지 않는 이유를 이들의 주장에 결사(結使)가 있기 때문이라고 하고 있다. 결사란 우리의 마음을 결박(結縛)하여 자유롭지 못하게 하는 것으로서 탐욕, 무명, 사

10 『장아함 청정경』(『대정장』 1, p. 76ab)의 필자 번역.

견, 애착, 교만, 취착 등을 말한다. 우리의 마음이 탐욕이나 무명에 휩싸여 있으면 사물을 바르게 보지 못하고 판단을 그르치게 된다. 따라서 이들 견해에 결사가 있다는 것은 이들의 주장이 사물을 바르게 보고 내린 판단이 아니라는 의미이다. 따라서 붓다는 이들 주장은 말만 있을 뿐이므로 논의할 가치가 없다고 한 것이다. 『전유경』에서 사견(邪見)은 의(義)에 상응하지 않는 무의미한 말이라고 한 것과 같은 맥락이다. 왜 사견이 말만 있고 의미가 없는 무의미한 말장난인가에 대해서는 다음에 구체적으로 살펴보기로 하고 여기에서 자세히 논하지 않겠으나 이 경에서는 이들의 주장이 촉(觸)을 인연으로 하여 생긴 것이기 때문이라고 하고 있다. 촉이 모든 사견의 원인이라는 것이다.

12연기에 의하면 촉은 6입처를 연하여 생긴다. 그리고 6입처는 무명에서 비롯되어 행, 식, 명색을 연하여 발생한 것이다. 따라서 촉이 사견의 원인이라는 것은 사견의 근원이 무명이라는 것을 의미한다. 모든 사견에는 결사가 있다는 말은 바로 사견의 근원이 무명임을 의미하는 것이다.

그렇다면 이들 사견을 없애는 방법은 무엇인가? 이 경에서는 4념처(四念處)를 수행하면 모든 사견을 없애고 결사가 있는 사견으로부터 벗어나 해탈하게 된다고 이야기하고 있다. 불교는 바로 이렇게 사견을 없애고 무명과 탐욕으로부터 벗어나 해탈의 삶을 사는 길을 제시한다. 따라서 불교의 모든 교리는 이런 맥락에서 이해해야 한다.

2

◆

자작타작중도(自作他作中道)

붓다는 당시의 사상가들이 주장하는 문제들에 대하여 단지 침묵만 한 것은 아니다. 앞에서 살펴보았듯이 침묵한 이유를 제시했고, 사견(邪見)에서 벗어나 정견(正見)의 길을 제시했다. 붓다는 그 길을 중도(中道)라고 불렀고, 중도의 입장에서 연기설을 정견으로 이야기하고 있다. 불교 수행의 목적이 생사윤회의 괴로움을 없애고 열반을 성취하는 것이라고 해서 붓다가 철학적인 문제에 무관심하지는 않았다. 8정도(八正道)가 보여주듯이 붓다는 오히려 철학적인 올바른 지견, 즉 정견이 괴로움을 없애는 근본이라고 가르쳤다. 『잡아함 302경』에서 붓다는 다음과 같이 이야기하고 있다.

아지라 가섭(Acela-Kassapa)이 부처님에게 말했다.

"구담이시여, 괴로움은 자신이 지은 것입니까?"

부처님이 가섭에게 말했다.

"'괴로움은 자신이 짓는가'라는 질문에 나는 답변하지 않는다."

가섭이 다시 물었다.

"구담이시여, 괴로움은 남이 지은 것입니까?"

부처님이 가섭에게 말했다.

"'괴로움은 남이 짓는가'라는 질문에도 나는 답변하지 않는다."

가섭이 다시 물었다.

"구담이시여, 괴로움은 자신과 남이 지은 것입니까?"

부처님이 가섭에게 말했다.

"'괴로움은 자신과 남이 짓는가'라는 질문에도 나는 답변하지 않는다."

가섭이 다시 물었다.

"구담이시여, 괴로움은 자신이 짓지도 않고 남이 짓지도 않고 원인이 없이 생긴 것입니까?"

부처님이 가섭에게 말했다.

"'괴로움은 자신이 짓지도 않고 남이 짓지도 않고 원인 없이 생기는가'라는 질문에도 나는 답변하지 않는다."

가섭이 다시 물었다.

"구담이시여, '괴로움은 자신이 짓는가'라는 질문에도 답변하지 않는다고 대답하고, '남이 짓는가, 자신과 남이 짓는가, 자신도 짓지 않고 남도 짓지 않고 원인 없이 생긴 것인가'라는 질문에도 답변하지 않는다고 대답하시니, 그렇다면 괴로움이 없다는 것입니까?"

부처님이 가섭에게 말했다.

"괴로움이 없지는 않다. 괴로움은 있다."

가섭이 부처님에게 말했다.

"좋습니다. 구담이시여, 괴로움이 있다고 말씀하시니 저에게 이야기하여 제가 괴로움을 알고 볼 수 있도록 해 주십시오."

부처님이 가섭에게 말했다.

"만약에 괴로움을 받을 때 자신이 받는다면 나는 '괴로움은 자신이 지은 것이다'라고 이야기할 것이다. 만약 괴로움을 받는 자가 (지은 사람과) 다른 사람이라면 이것은 남이 지은 것이고, 괴로움을 (지은 사람) 자신도 느끼고 남도 느낀다면 이것은 자신과 남이 지은 것이지만 나는 또한 그렇게 주장하지도 않는다. 나는 자기와 남으로 인하지 않고 원인 없이 괴로움이 생긴다고도 주장하지 않는다. 나는 모든 모순대립[邊]을 떠나 중도(中道)를 이야기한다. 여래의 설법은 '이것이 있는 곳에 저것이 있고, 이것이 일어날 때 저것이 일어난다(此有故彼有 此起故彼起)'는 것이니, 무명(無明)이 있는 곳에 행(行)이 있고, 내지 큰 괴로움 덩어리가 집기(集起)한다는 것이며, 무명이 멸하면 행이 멸하고, 내지 큰 괴로움 덩어리가 멸한다는 것이다."[11]

이 경은 당시의 업설(業說)에 대한 불교의 입장을 보여주고 있다. 여기에 나오는 네 가지 주장은 각각 정통 바라문교, 막칼리 고살라의 기계적 숙명론, 자이나교, 유물론적 요소론의 업보(業報)에 대한 견해로 보인다.

정통 바라문교에 의하면 자기동일성을 가지고 있는 상주불멸 하는 자아인 '아트만'은 행위의 주체임과 동시에 자신의 행위에 대한 과보를 받는 존재이다. 따라서 괴로움은 스스로 지어서 스스로 받는다는

11 『대정장』 2, p. 86ab의 필자 번역.

주장은 업보에 대한 바라문교의 견해라고 할 수 있다.

막칼리 고살라의 결정론적 숙명론에 의하면 괴로움은 요소의 하나로서 그것과 결합해 있으면 자신의 행위와 상관없이 괴로움을 받게 된다. 따라서 남이 짓고 자기가 받는다는 주장은 막칼리 고살라의 견해라고 할 수 있다.

자이나교에서는 정신적 실체이며, 참 자아인 '명아'는 행위의 주체이지만 그 자신은 무한한 안락(安樂)을 본성으로 하고 있다고 주장한다. 다만 업이라는 물질이 행위의 결과로 침투하기 때문에 괴로움을 받게 된다. 이러한 자이나교의 교리에 의하면 업이 침투하는 측면에서 괴로움은 스스로 짓는 것이라고 할 수 있지만, 괴로움은 업에서 생기기 때문에 괴로움이 생기는 측면에서 보면 괴로움은 '명아'가 아닌 '업'이 짓는 것이므로 남이 지었다고 할 수 있다.

세계와 인간을 물질적 요소의 우연한 결합으로 보고 있는 유물론적 요소론에 의하면 괴로움이 생기는 것은 우연한 일이지 어떤 행위의 결과는 아니다. 따라서 자기가 짓는 것도, 남이 짓는 것도 아니라는 무인론(無因論)은 업보의 인과관계를 전적으로 부정하는 유물론적 요소론의 견해라고 할 수 있다.

이들이 서로 다른 견해를 주장하는 것은 괴로움을 느끼는 주체에 대한 생각이 다르기 때문이다. 바라문교에서는 상주불멸 하는 '아트만'을 괴로움을 느끼는 주체라고 생각했고, 막칼리 고살라와 자이나교에서는 다양한 요소 가운데 정신적인 요소인 '명아'를 주체라고 생각했다. 그리고 유물론자들은 괴로움을 느끼는 정신을 물질의 우연한 결합에서 파생되어 일시적으로 존재하는 것으로 보았다. 이들이 비록 업을 짓고 그 결과 괴로움을 느끼는 존재에 대한 생각은 각기 달랐지만 업을 짓고 받는 주체가 존재한다는 생각에는 차이가 없었다. 단지 바라문교와 자이나교에서는 그 주체, 즉 자아를 육신과는 독립적인 영속적인 존재로 보았고, 유물론자들은 육신이 존속하는 동안 존재하는 일시적인 존재로 보았을 뿐이다. 그러나 붓다는 일시적으로든 영속적으로든 시간적으로 존재하는 자아가 없다는 것을 깨달았다. 붓다가 이들의 업설을 부정한 까닭은 이들이 실재하지 않는 자아를 전제로 한 것이기 때문이다.

붓다는 모든 괴로움이 이러한 허망한 자아를 실재한다고 믿는 어리석음에서 비롯된 것으로 보았다. 무명에서 괴로움이 연기한다는 것은 이것을 의미한다. 붓다가 말하는 괴로움은 5취온, 즉 중생들이 집착하여 자신으로 취하고 있는 허망한 자아이다. 허망한 5온을 자아로 취하고 있기 때문에 그 자아로 인해 생로병사(生老病死)를 느낀다는 것이다. 붓다는 당시의 업설을 모두 부정했다. 붓다가 괴로움에 대하여 말해줄 것을 요청하는 가섭에게 12연기를 설한 까닭은 여기에 있다.

12연기는 생로병사 우비고뇌 등의 괴로움은 무명에서 연기한 것이므로 무명이 사라지면 모든 괴로움도 사라진다는 것을 보여준다. 12연기의 유(有)는 자기 존재, 즉 자아를 의미한다. 외도들은 자기 존재를 실재하는 사물로 생각했기 때문에 악업(惡業)을 지어 괴로운 과보를 받는 자아가 무엇인가를 문제 삼았다. 그러나 붓다는 자기 존재[自我]란 무명에서 연기한 망념(妄念)으로서 실체성이 없는 것[無我]인데, 이러한 사실을 모르고 허망한 자기 존재에 집착함으로써 모든 괴로움이 생긴다는 것을 깨달았기 때문에 악업을 짓고 괴로움의 과보를 받는 자아를 문제 삼지 않고, 괴로움이 생기고 사라지는 인과의 과정을 12연기를 통해 밝힌 것이다. 이러한 연기법을 붓다는 중도라고 불렀다.

3

◆

단상중도(斷常中道)

사람은 죽어서 다시 태어나는 것일까, 죽으면 그만일까? 이러한 의문은 '자아'가 일시적으로든 영속적으로든 실재한다는 신념에서 비롯된 것이다. '자아'가 실체성이 없는 허망한 것임을 깨달은 붓다는 육신은 죽어도 영혼은 죽지 않고 다시 태어난다고 하는 견해를 상견(常見)이라고 부르고, 육신이 죽으면 그만이라는 생각을 단견(斷見)이라고 불러 배척했다. 『잡아함 300경』에서는 이러한 모순대립을 떠난 단상중도를 다음과 같이 이야기하고 있다.

> 자기가 지은 것을 자기가 받는다고 하면 상견(常見)에 빠지고, 남이 지은 것을 남이 받는다고 하면 단견(斷見)에 빠진다. 의미 있고 진리를 이야기하는 주장은 이들 두 모순대립[二邊]을 떠나 중도에서 설한 법

이니, 소위 이것이 있는 곳에 저것이 있고, 이것이 일어날 때 저것이 일어남이라. 무명을 연하여 행이 있고, 내지 큰 괴로움 덩어리가 모이며, 무명이 멸하면 행이 멸하고, 내지 큰 괴로움 덩어리가 멸하는 것이니라.[12]

자기가 지은 것을 자기가 받는다는 것은 이생에서 어떤 업을 지은 사람이 육신은 죽어도 영혼은 죽지 않고 다음 세상에 가서 자기가 지은 업의 과보를 받는다는 뜻이고, 남이 지은 것을 남이 받는다는 것은 이생에서 업을 지은 사람은 죽으면 사라지고 그 사람이 지은 업의 과보는 다음 세상에서 다른 사람이 받는다는 의미이다.

붓다는 이러한 두 가지 서로 모순된 생각은 사견(邪見)이므로 버려야 하며, 의미 있는 진실을 이야기한다면 그것은 연기법이라고 주장한다. 붓다는 왜 '우리는 죽으면 그만인가, 그렇지 않으면 죽은 후에도 영혼은 죽지 않고 다음 세상에 가서 태어나는가'라는 문제에 대하여는 대답하지 않고 12연기를 이야기하는 것일까? 알 수 없는 문제에 대한 논의는 하지 말고 괴로움을 벗어나는 수행에 전념하자는 의도에서일까?

결코 그렇지 않다. 붓다는 이 문제를 도외시한 것이 아니라 그에 대한 해답으로 12연기를 이야기한 것이다. 이미 살펴보았듯이 영혼이 있는지 없는지 하는 의심은 사견에서 비롯된 허망한 생각이다. 그리고 연기법은 붓다가 깨달은 인간과 세계의 실상을 보여주는 진리이다. 인간과 세계의 실상을 보여주는 연기법을 이해하게 되면 그러한 허망한 의

12 『대정장』 2, p. 85c의 필자 번역.

심은 사라진다.

단견과 상견은 모두 이전에 살펴보았던 당시 외도들의 견해이다. 외도들은 어떤 형태로든 자아의 존재를 인정한다. 바라문교에서는 상주불멸 하는 '아트만'을 자아라고 주장하고, 자이나교에서는 전지전능한 '명아'가 자아라고 주장한다. 그리고 유물론적 요소설을 주장하는 사람들은 여러 요소가 일시적으로 결합한 몸이 우리의 자아라고 주장했다. 이와 같이 외도들은 영원하게 존재하든 일시적으로 존재하든 '자아는 자기 동일성을 가지고 시간적으로 존속하는 존재'라고 생각했다. 이렇게 시간적으로 존재하는 자아가 죽은 후에도 변함없이 영원히 존재한다는 견해가 상견이고, 현생 동안은 존재하지만 죽으면 사라진다는 견해가 단견이다. 그러나 붓다는 '시간적으로 자기동일성을 가지고 존재하는 자아'는 무지한 중생들의 생각 속에만 있을 뿐 실재하지 않는다는 것을 깨달았다. 만약 '시간적으로 자기 동일성을 가지고 존재하는 자아'가 실재하지 않는다면, '자아는 영원한 것인가, 일시적인 것인가'라는 물음은 마치 '토끼의 뿔은 한 개인가 두 개인가'라는 물음과 같이 무의미한 것이 되고 만다.

12연기는 상견과 단견이라는 무명에 휩싸인 중생들이 어떻게 거짓된 '자아'를 만들어서 생사윤회의 괴로움을 겪고 있는가를 밝혀주는 교리이다. 중생들은 그들이 사는 세계가 외부에 있고, 그 세계 속에 자신과는 별개의 중생들이 함께 살고 있다고 생각한다. 이런 생각 가운데서 중생들은 '육신'을 '자아'라고 생각하거나, '육신과 다른 죽지 않는 영혼'이 있다고 믿고 이것을 '자아'라고 생각한다. 이렇게 허망한 생각에 빠져 있는 것이 12연기의 무명(無明)이다.

중생들은 무명의 상태에서 자기들이 제멋대로 꾸며놓은 '자아'를 중심으로 살아간다. 이것이 12연기의 행(行)이다.

거짓되고 허망한 '자아'를 중심으로 살아가는 가운데 중생들의 의식이 형성된다. 우리의 의식은 태어나면서부터 일정한 형태로 존재하고 있는 것이 아니다. 심리학자들이 연구한 바에 의하면 인간의 행동은 의식을 형성시킨다고 한다. 이러한 사실은 우리의 일상적인 삶 속에서도 발견할 수 있다. 동양사람의 의식구조와 서양사람의 의식구조는 같지 않다. 태어나면서부터 다른 것이 아니라 다른 환경에서 살았기 때문에 달라진 것이다. 이렇게 삶에 의해 의식이 형성된다는 의미에서 행(行)을 연하여 식(識)이 있다고 하는 것이다.

의식이 다르면 보이는 세상이 달라지고, 이렇게 저마다 다른 의식을 가지고 살아가는 가운데 '자아'와 '세계'에 대한 나름의 생각을 고집하면서, 세상에 태어나서 늙고 병들어 죽는다는 생각에 빠져 있는 것이 중생이며, 이러한 중생들의 모습을 설명하고 있는 것이 12연기이다. 따라서 이러한 사실, 즉 12연기를 깨달은 사람은 결코 상견과 단견에 빠지지 않는다. 단상중도는 이와 같이 12 연기를 깨달아서 단견과 상견에 빠지지 않는 것을 의미한다.

4

◆

일이중도(一異中道)

일이중도는 영혼과 육체는 동일한 것인가 다른 것인가 하는 모순된 두 견해를 물리치기 위해 이야기한 것이다. 앞에서 살펴본 단상중도는 일이중도와 근본적으로 다름이 없다. 죽으면 그만이라는 단견은 영혼과 육체는 다른 것이 아니므로 육체 이외에 영혼은 없다는 생각에서 비롯된 것이고, 육체가 죽은 후에도 '자아'는 죽지 않고 내세에 가서 태어난다는 상견은 육체와는 별개의 죽지 않는 영혼이 있다는 생각에서 비롯된 것이기 때문이다. 따라서 단상중도와 일이중도는 내용상의 차이는 없으나 올바른 수행을 위하여 영혼과 육체에 대한 모순된 견해를 살펴볼 필요가 있다. 『잡아함 297경』에서 붓다는 다음과 같이 일이중도를 이야기한다.

영혼이 곧 육신이라는 주장도 있고, 영혼과 육신은 서로 다르다는 주장도 있지만, 이들 주장은 결론은 한 가지인데 서로 다르게 주장될 뿐이다. 만약 영혼이 곧 육신이라고 한다면 거기에는 해탈을 위한 수행이 있을 수 없으며, 영혼이 육신과 다르다고 해도 해탈을 위한 수행이 있을 수 없다. 그러므로 이 모순 대립하는 두 견해를 따르지 말고 마음을 바르게 중도로 향할지니, 그것은 현성이 세간에 나와 전도되지 않고 여실하게 바로 보아 알아낸 것이다. 소위 무명을 연하여 행이 있고 ….[13]

이 경에서 붓다는 영혼과 육신이 같다고 해도 해탈을 위한 수행이 있을 수 없고, 다르다고 해도 수행이 있을 수 없기 때문에 해탈을 추구하는 수행자는 마음을 중도로 향해야 한다고 한다. 영혼과 육체가 같다는 것은 육신이 죽으면 모든 것이 끝난다는 견해이다. 육신의 죽음으로 모든 것이 끝난다면 죽음에서 벗어날 수 있는 길은 없을 것이다. 생사에서 벗어나기 위해 수행하는 것인데 근본적으로 벗어날 길이 없다고 한다면 수행은 무의미한 것이 되고 말 것이다. 따라서 단견은 근본적으로 수행을 부정한다. 과학 지식에 전적으로 의존하는 현대인은 대부분 이러한 단견에 빠져 있다. 그래서 출가수행을 염세적인 현실도피로 생각하는 사람들이 많다. 한편 영혼은 불멸한다는 상견에도 수행이 있을 수 없다. 영혼이 본래 태어나지도 죽지도 않는다면 생사에서 벗어나기 위해 수행할 필요가 없을 것이기 때문이다. 결국 단견과 상견은 수행을 부정한다는 동일한 결론에 도달하게 된다.

13 『대정장』 2, p. 84c의 필자 번역.

수행은 진리에 대한 바른 이해가 있을 때 바르게 실천할 수 있다. 즉, 중도에서만 수행이 가능하다. 대승불교에서는 '본래성불(本來成佛)'을 이야기한다. 모든 중생은 본래부터 성불해 있다는 것이다. 이 말을 잘못 이해하면 수행할 필요가 없다는 말이 된다. 이미 성불했는데 성불을 위한 수행이 무슨 의미가 있겠는가? 그러나 '본래성불'의 의미는 그런 것이 아니다. '본래성불'이라는 말은 수행의 바른길을 제시하기 위해 이야기된 것이다.

마조 도일 선사가 남악 회양 선사에게 가서 공부할 때의 일이다. 도일 선사는 날마다 가부좌를 틀고 앉아 부처가 되겠다는 일념으로 열심히 수행했다. 그것을 본 회양 선사가 도일 선사에게 물었다. "그대는 무엇 하러 좌선을 하는가?" 도일 선사가 대답했다. "부처가 되기 위해서 좌선을 합니다." 이 말을 듣고 회양 선사는 기왓장을 가지고 와서 숫돌에 갈았다. 이것을 보고 도일 선사가 물었다. "스님은 무엇 때문에 기왓장을 숫돌에 갈고 계십니까?" 회양 선사가 "이것을 갈아서 거울을 만들 셈이네"라고 대답하자, 도일 선사가, "스님 기왓장을 간다고 해서 그것이 거울이 되겠습니까?"라고 물었다. 그러자 회양 선사는 기다렸다는 듯이 "좌선을 한다고 해서 부처가 되겠는가?"라고 되물었다. 이 말에 도일 선사는 크게 깨달았다고 한다.[14]

이 대화를 잘 음미해 보자. 회양 선사가 도일 선사에게 좌선을 하지 말라고 그렇게 말한 것은 아니다. 많은 수행자들이 부처가 되기 위해서 수행을 한다. 이 사람에게는 부처와 중생이라는 분별심이 있다. '나는 중생이다. 좌선하여 깨달으면 중생에서 부처로 변할 것이다.' 이런 기

14 吳經熊, 『禪學의 黃金時代』, 이남영·서돈각 공역, (삼일당, 1978), pp. 146~149 참조.

대로 수행하는 사람은 바른 수행을 하는 것이 아니다. 기왓장을 숫돌에 간다고 해서 기왓장이 거울이 될 수 없듯이, 중생과 부처가 따로 있다면, 중생이 수행한다고 해서 부처가 될 수는 없다. 수행은 허망한 생사의 세계를 일으키고 있는 무명과 분별심을 멸하여 자신이 본래 생사가 없는 부처임을 자각하기 위해서 하는 것이다. 그런데 도일 스님은 오히려 중생과 부처를 분별하고 있었기 때문에, 회양 선사는 이것을 깨우쳐 바른 수행을 하도록 하기 위해서 기왓장을 숫돌에 갈았던 것이다. 대승불교에서 말하는 '본래성불'은 이러한 의미가 있다.

이 이야기는 불교 수행의 핵심을 보여주고 있다. 대승불교에서 이야기하는 '본래성불'은 '자아'는 죽지 않는다는 상견도 아니고, '자아'는 죽는다는 단견도 아니다. 생사라는 생각 자체가 무명에서 일어난 허망한 망상이므로 무명이 있으면 망상에 의해 생사의 세계가 벌어지고, 망상이 사라지면 생멸이 없이 본래 청정한 법계의 실상이 드러난다. 이것이 연기하는 세계의 모습이다. '본래성불'은 이와 같이 연기하는 세계의 모습을 이야기한 것이다.

다시 일이중도의 문제를 생각해 보자. '자아'가 죽는다는 단견을 가져도 수행이 있을 수 없고, '자아'는 죽지 않는다는 상견을 가져도 수행이 있을 수 없다면, 붓다가 주장하는 중도에서는 어떻게 수행이 가능할까? 12연기에 이러한 의문의 해답이 있다. 12연기의 마지막 부분은 생로병사 하는 우리의 현실이다. 12연기는 이러한 우리의 현실이 무명에서 비롯된 것임을 보여준다. 무명이 있으면 생사가 있게 된다는 것이다. 그러나 이것이 전부는 아니다. 12연기는 유전문(流轉門)과 환멸문(還滅門)이 있다. 무명이 있으면 행이 있고, 이렇게 계속 연기하여 마지막에 생과 노사가 있다는 것은 유전문이다. 그리고 무명을 없애면 행이 없어지고 이렇게 계속 없어져서 마지막에 생과 노사가 없어진다는 것이 환멸문이다. 이와 같이 생사는 유전문에서는 있지만 환멸문에서는 없다.

그렇다면 유전문은 어떤 것이고 환멸문은 어떤 것인가? 유전문은 무명의 상태에 있으면서도 자신이 무명 속에 있다는 것을 모른 채 허망하고 거짓된 나를 집착하고 살아가면서 생사의 고해를 떠돌아다니는 중생의 모습을 있는 그대로 보여주는 법문이다. 그리고 환멸문은 우리의 생사윤회가 무명과 욕탐에서 비롯된 것임을 깨닫고, 무명과 욕탐을 없애기 위해 8정도와 같은 중도수행을 하는 수행자의 모습을 보여주는 법문이다. 따라서 12연기의 진리를 깨닫게 되면 상견이나 단견에 떨어지지 않고, 어리석은 생각(무명)에서 비롯된 허망한 생사의 괴로움에서 벗어나 본래 생사가 없음을 깨닫고 열반을 성취하는 중도수행, 즉 8정도를 실천하게 된다. 이와 같이 연기법이라는 중도에 서게 되면 생사를 벗어나기 위한 진정한 수행이 가능하게 되는 것이다.

지금까지 살펴본 바와 같이 상견과 단견은 연기법에 대한 무지에서 나온 것이다. 만약 연기법을 바르게 안다면 생사가 있다는 주장도 없다는 주장도 모두가 옳지 않음을 알 수 있다. 이것이 중도이다.

5

◆

유무중도(有無中道)

유무중도는 지금까지 이야기한 중도를 총괄하는 것이다. 왜냐하면 자작타작(自作他作), 단상(斷常), 일이(一異)의 모순대립은 근본적으로 유무(有無)의 모순대립에서 비롯된 것이기 때문이다. 괴로움은 자기가 짓고 자기가 받는다는 주장은 죽지 않고 존재하는 영혼이 있으므로 자아는 상주한다는 상견이며 동시에 영혼과 육신은 다른 존재라고 보는 견해이다. 한편 남이 짓고 남이 받는다는 주장은 영혼과 육신은 다르지 않기 때문에 상주하는 영혼은 없고 육신이 죽으면 '자아'는 단멸한다는 단견이다. 결국 상주불멸 하는 '자아'의 유무(有無)에 의해 상견과 단견이 모순대립하고, 영혼과 육신에 대한 상반된 견해의 대립이 있다. 따라서 유무중도는 자작타작중도, 단상중도, 일이중도를 총괄하는 중도라고 할 수 있다.

이런 의미에서 붓다는 외도의 모든 사상을 『증일아함경』「유무품(有無品)」에서 다음과 같이 유무(有無)를 2견(見)으로 분류하고 있다.

> 세존께서 여러 비구들에게 말씀하시기를 "마땅히 두 견해를 알아야 한다. 어떤 것이 두 견해인가? 유견(有見)과 무견(無見)을 두 견해라고 말한다. 만약 어떤 사문과 바라문이 이 두 견해를 익히고 외워도 마지막에 가서는 그 법을 따를 수 없을 때, 그 이유를 여실하게 알지 못한다면, 이 사람은 곧 사문도 아니고 바라문도 아니다. 사문에서 사문의 법을 어기고, 바라문에서 바라문의 법을 어기게 되므로, 이 사문과 바라문은 결국 자신들이 주장하는 열반을 스스로 증득하여 그 경계에서 노닐 수가 없기 때문이다. 그러나 만약 어떤 사문과 바라문이 이 두 견해를 배우고 외운다 할지라도 이것은 버려야 한다고 알아서 버리고, 버려야 하는 이유를 여실하게 안다면, 이 사람은 곧 사문의 행을 지니고 있는 사문이며, 바라문의 행을 알고 있는 바라문으로서 자신이 열반을 증득하여 그 경계에서 스스로 노닐 수 있을 것이다. … 그러므로 비구들이여 이 두 견해를 배우고 익혀서는 안 된다. 마땅히 남김없이 버려야 한다."[15]

유견과 무견은 '자아'가 현세에만 존재하는가, 과거세와 미래세에도 존재하는가에 대한 대립된 견해이다. 만약 '자아'가 과거세에도 있었고, 현세에도 있고, 미래세에도 있는 것이라고 주장한다면 이것은 유견이고, 현세에는 있으나 과거세에는 없었고, 미래세에도 없다고 주장한다

15 『대정장』 2, p. 577a의 필자 번역.

면 이것은 무견이다. 이것을 바꾸어 말하면 우리에게 과거세와 미래세가 있다고 주장한다면 이것은 유견이고, 현세만 있을 뿐 과거세나 미래세는 없다고 주장한다면 이것은 무견이다.

현세에 '자아'가 존재하고 있다는 것은 아무도 의심하지 않을 것이다. 그러나 우리에게 전생이나 내세가 있는지 없는지, 즉 '자아'는 전생부터 존재해서 현생을 거쳐서 내세로 가는 것인지, 그렇지 않고 현생에서만 존재하다가 사라지는 것인지에 대해서는 저마다 생각이 다를 것이다. 아마 전생이나 내세에 대하여 갖가지 주장을 한다 할지라도 결국은 '상주불멸 하는 자아'가 있느냐 없느냐의 두 가지 견해, 즉 유무(有無) 2견(二見)에 속할 것이다. 붓다가 이야기하는 유무 2견은 바로 이것을 의미하며 유무중도는 이러한 모순된 두 견해를 버리는 것을 의미한다.

우리의 상식적인 생각으로는 윤회를 이야기하는 불교에서는 '상주불멸 하는 자아'가 있다는 견해를 취하고 있을 것으로 보인다. 그러나 붓다는 이것은 상견이며 유견이라고 배척하고 있다. 그렇다고 해서 없다는 견해를 지지하지 않고, 이것은 단견이며 무견이라고 해서 역시 배척하고 있다. 붓다는 왜 이렇게 모든 견해를 물리치고 있는 것일까?

『잡아함 301경』에서 붓다는 이렇게 이야기한다.

> 세간(世間)은 유(有)와 무(無) 두 가지에 의존하나니 유와 무는 보이거나 들리거나 생각한 것[所觸]을 취한 것이다. 보이거나 들리거나 생각한 것을 취하기 때문에 유에 의지하기도 하고 무에 의지하기도 한다. 만약 이 취함이 없다면, 마음이 경계에 묶여 경계를 취하지도 않고, 경계에 머물지도 않고, '자아'를 제멋대로 꾸며내지도 않고, 괴로움이 생기면 생기는 것에 대하여, 멸하면 멸하는 것에 대하여 의혹 없이 다

른 사람을 의지하지 않고도 능히 알 수가 있다. 이것을 정견(正見)이라고 하며, 이것을 이름하여 여래가 시설한 정견이라고 한다. 그 까닭은 세간이 생기는 것(집기하는 것, 모여 일어나는 것)을 여실하고 바르게 보아 안다면, 세간이 없다고 하는 사람이 없을 것이고, 세간이 멸하는 것을 여실하고 바르게 보아 안다면 세간이 있다고 하는 사람도 없을 것이기 때문이다. 그래서 여래는 모순 대립하는 두 변을 떠나 중도에서 이야기하나니, 소위 이것이 있는 곳에 저것이 있고, 이것이 일어날 때 저것이 일어난다는 것이다. 다시 말하면 무명을 연하여 행이 있고, … 내지 큰 괴로움의 덩어리가 생기며, 무명이 멸하기 때문에 행이 멸하여 … 내지 큰 괴로움의 덩어리가 멸하는 것이다.[16]

세상의 일반적인 사람들은 모두 '상주불멸 하는 영혼으로서의 자아'가 있다는 생각에 의지해서 살아가고 있거나, 그런 것은 없고 죽으면 그만이라는 생각에 의지해서 살아가고 있다. 그런데 사람들은 왜 자기가 그런 생각을 가지게 되었는지를 모른 채 그 생각을 집착하여 고집하고 있다. 붓다는 그러한 생각이 우리가 눈, 귀, 코, 혀, 몸, 마음으로 보고, 듣고, 만지고, 생각하는 가운데 보이고, 들리고, 만져지고, 생각된 것(이들을 붓다는 경계라고 부른다.) 가운데서 자기의 마음에 드는 것을 취하여 저마다 달리 '자아'라고 집착하기 때문에 일어나고 있다는 것을 깨달았다. 즉, 세상 사람들은 연기법에 무지하여 '거짓된 나'를 꾸며놓고, 그 '거짓된 나'가 상주불멸 한다고 생각하기도 하고, 죽으면 그만이라고 생각하기도 한다는 것이다. 만약 우리가 이런 경계를 취하지 않는다면,

16 『대정장』 2, pp. 85c~86a의 필자 번역.

우리의 마음은 이런 경계에 끌리지 않을 뿐 아니라, 거짓된 나를 꾸미지도 않기 때문에, 거짓된 나로 인해서 생기는 생사의 괴로움이 생기는 과정과 없어지는 과정을 아무 의혹 없이 스스로 알게 될 것이다. 붓다는 이것을 정견이라고 우리에게 가르쳤으며, 이것이 12연기이다.

붓다는 세간이 생기는 것과 멸하는 것을 사실 그대로 바르게 보라고 이야기한다. 이러한 붓다의 이야기는 쉽게 이해할 수가 없을 것이다. 붓다는 우리가 어떻게 세상이 생기고 멸하는 것을 볼 수 있다고 이야기하는 것일까? 여기에서 붓다가 이야기하는 세간은 산이나 강이나 바다나 지구나 우주가 아니다. 이 우주가 생기고 없어지는 것을 눈으로 볼 수 있는 사람은 아무도 없다. 이렇게 아무도 볼 수 없는 것을 보라고 할 리는 만무하다. 세간이란 '세계와 나는 별개의 존재이다', '나는 나와는 별개의 존재인 세계에 태어나서 죽는 존재이다', '세상에 태어나서 죽는 나는 상주불멸 하는 존재이거나 죽으면 그만인 존재이다'라고 생각하고 있는 일반적인 세상 사람들의 생각을 의미한다. 따라서 세간이 생기는 것과 멸하는 것을 사실 그대로 바르게 보라는 붓다의 이야기는 우리의 이러한 생각이 생기고 멸하는 것을 잘 살펴보라는 말인 것이다.

붓다의 충고대로 우리의 이러한 생각을 살펴보자. 만약 우리의 생각이 진실이라면 나와는 별개의 존재인 세계가 나의 외부에 있을 것이고, 그 세계 속에서 태어나 죽는 나는 상주불멸 하는 존재이거나, 죽으면 그만인 존재일 것이다. 그러나 진실이 아니라면 '세계와 나'는 지금까지 우리가 생각했던 것과는 다른 모습일 것이다.

우리는 왜 우리의 외부에 나와는 별개의 세계가 존재한다고 생각하게 되었을까? 그것은 눈을 통해 보이고, 귀를 통해 들리고, 코를 통해 냄새가 맡아지고, 혀를 통해 맛이 느껴지고, 몸을 통해 무엇인가가 만져지고, 마음을 통해 무엇인가가 인식되기 때문일 것이다. 그리고 보이고 들리고 인식되는 것은 밖에 있는 '세계'이고, 보고 듣고 생각하는 것은 안에 있는 '자아'라고 생각하기 때문일 것이다. 보고, 듣고, 생각하는 안이비설신의(眼耳鼻舌身意)는 6내입처(六內入處)이고, 보이고, 들리고, 생각되는 색성향미촉법(色聲香味觸法)은 6외입처(六外入處)이다. 이것이 12입처인데, 이 책의 6장 12입처에서 살펴보겠지만, 12입처는 모두가 우리의 마음이다. 따라서 세계와 나는 별개의 존재가 아니라 모두가 우리의 마음이다. 이렇게 생각한다면, 나와 세계가 별개의 존재라는 생각이나, 그 생각에서 비롯된 유견과 무견은 모두 잘못된 생각이라고 하지 않을 수 없을 것이다.

이러한 잘못된 생각은 우리가 우리의 참모습을 알지 못할 때는 반드시 일어나 존재한다. 그리고 이런 잘못된 생각이 있으면 우리에게 '나와 세계'가 별개의 존재로 나타난다. 이렇게 '나와 세계'가 별개의 모습으로 나타나 있는 것을 붓다는 '세간'이라고 부른다. 따라서 붓다는 이 세간이 나타나는 것을 여실하게 보게 되면 '세간'은 비록 그것이 진실한 모습은 아닐지라도 분명히 존재하고 있으므로 없다고 할 수 없다고 이야기한 것이다.

만약 우리가 이와 같이 세간이 생기는 것을 여실하게 보아 안다면 '세간'은 허망하게 존재하고 있음을 알게 될 것이다. 그래서 허망한 세간을 멸하기 위해 수행할 것이다. 이런 수행을 통해 무명을 없애고 우리의 참모습을 깨닫게 되면 우리의 잘못된 생각에 의해 생긴 세간은 우리의 잘못된 생각이 사라짐과 동시에 사라지게 될 것이다. 따라서 붓다는 세간이 사라지는 것을 여실하게 보게 되면 세간의 진실한 모습은 본래 있는 것이 아니므로 있다고 할 수 없다고 이야기한 것이다. 붓다는 이런 의미에서 세간이 생기고 멸하는 것을 여실하게 보아야 한다고 이야기한 것이다.

붓다는 이와 같이 세간이 생기고 멸하는 것을 여실하게 보고, 유무 2견이 허망한 세간에 집착할 때 생긴 것임을 알았다. 그래서 집착을 버림으로써 유무 2견을 떠나 중도에 설 수 있었다. 중도란 허망한 생각을 집착하지 않고, 세간이 생기고 멸하는 것을 여실하게 보는 입장이다. 그리고 이렇게 세간이 생기고 멸하는 것을 여실하게 보는 중도에서 이야기한 것이 세간의 실상을 밝힌 12연기이다.

무명을 연하여 행이 있고, 이렇게 모든 허망한 생각이 차례로 일어나서 괴로움 덩어리인 '나라는 허망한 생각'이 일어나 생로병사의 온갖 괴로움이 있게 되고, 무명을 없애면 허망한 생각들이 차례로 사라져서 '나라는 허망한 생각'이 사라져 생로병사의 모든 괴로움이 사라진다. 이것이 붓다가 우리에게 가르친 중도이고 정견이다.

붓다의 가르침은 모두 이것을 이야기하고 있다. 그러나 여전히 붓다의 가르침이 명료하게 이해되지는 않을 것이다. 그것은 우리가 아직 무명에서 벗어나지 못하고 있기 때문에 당연하다. 이해가 되지 않기 때문에 그 도리를 이해하기 위하여 붓다의 가르침에 따라 수행해야 한다. 말만 들어도 깨닫게 된다면 좋겠지만, 그렇게 되지 않기 때문에 붓다는 우리가 그것을 깨달을 수 있는 수행 방법을 가르쳤다. 중도 수행, 다시 말해서 8정도가 바로 붓다가 가르쳐 준 세간을 멸하여 생사에서 벗어나는 출세간의 길이다.

이와 같이 중도는 이론에서 그치는 것이 아니라 실천과 연결되어 있다. 붓다가 이론적 중도로 12연기를 이야기하고, 다시 실천적 중도로 8정도를 비롯한 여러 가지 수행법을 이야기한 까닭이 여기에 있다.

6

◆

고락중도(苦樂中道)

지금까지 우리는 붓다의 침묵이 사견을 제거하기 위한 목적에서 이루어진 것임을 살펴보았고, 그러한 사견의 구체적인 모습을 당시의 인도 사상을 통해 살펴보았다. 그리고 사견을 떠난 정견으로서의 연기법이 중도라는 이름으로 설해지고 있음을 살펴보았다. 이제는 정견에 기초한 구체적인 실천을 고락중도라는 이름으로 살펴보기로 한다.

이미 살펴보았듯이 붓다 당시의 인도 사회는 사상의 혼란으로 쾌락주의가 만연하고 있었고, 이에 대응하여 자이나교에서는 고행주의를 택해서 이를 극복하려고 했다. 고락중도란 이러한 쾌락주의와 고행주의에 대한 붓다의 입장을 의미한다. 고락중도라는 말만으로 보면 고행과 쾌락의 중간을 취하는 것을 고락중도라고 생각하기 쉬울 것이다. 실제로 우리의 주변에서 중도를 이렇게 이해하는 사람이 많다. 이렇게 이해하고 있는 사람들은 아마 『중아함 사문이십억경(沙門二十億經)』에 나오는 거문고의 비유를 고락중도라고 생각하기 때문일 것이다.

『사문이십억경』[17]의 내용을 요약하여 소개하면 다음과 같다.

부처님의 제자 가운데 소나라는 비구가 있었다. 그는 스스로 생각하기를 '세존의 제자 가운데 내가 제일 열심히 정법과 계율을 부지런히 배우고 익힌다고 자부할 수 있다. 그런데도 모든 번뇌에서 마음이 해탈하지 못하고 있다. 나의 부모님은 큰 부자이니 차라리 수행을 포기하고 나가서 마음대로 보시나 하면서 여러 복업(福業)을 짓는 게 좋지 않을까?' 이렇게 수행을 포기하려는 생각을 했다. 이것을 안 부처님은 소나를 불렀다. 부처님은 그가 출가하기 전에 거문고를 잘 탔다는 것을 알고 이렇게 물었다. "거문고의 줄이 팽팽하게 조여 있으면 좋은 화음이 나오는가, 느슨하게 풀려있으면 듣기 좋은 화음이 나오는가?" 이에 대하여 소나가 아니라고 대답하자, "느슨하지도 팽팽하지도 않고 그 중간으로 적절하게 조이면 듣기 좋은 화음이 나오는가?" 라고 다시 물었다. 소나가 그렇다고 대답하자, "그렇다. 사문이여, 지나친 정진은 마음을 어지럽히고, 정진을 게을리하면 마음이 나태해진다. 그러므로 그대는 정진해야 할 때인지 아닌지 시기를 분별하고,

17 『대정장』 1, pp. 611c~613a. 이에 상응하는 경으로 『잡아함 254경』(『대정장』 2, pp. 62c~63b)이 있으며, 여기에서는 '沙門 二十億'을 '尊者 二十億耳'로 부르고 있다. 『앙굿따라 니까야』 vol. 3. pp. 374~379에 이에 상응하는 내용이 나오는데, 여기에서는 '이십억'을 'Soṇa'라고 하고 있다. 따라서 아래 요약문에서는 '이십억'을 '소나'로 부르기로 한다.

자신의 상태를 관찰하여 방일하지 않도록 해야 한다"라고 소나를 깨우쳐주었다. 이 가르침을 받고 소나는 수행 정진한 결과 모든 번뇌에서 해탈하여 아라한이 되었다.

이 비유가 중도를 의미한다면 중도는 유교의 중용(中庸)이나 중간을 의미한다고 할 수 있을 것이다. 붓다는 이 경에서 수행자의 지나친 정진에 대해 충고한 것이지 중도를 이야기한 것은 아니다. 중도는 중용이나 중간을 의미하는 것이 아니다. 붓다는 당시의 사상가들이 감각적 쾌락을 추구하거나 맹목적인 고행을 추구하는 것이 진리에 대한 무지에서 비롯된 것임을 깨닫고, 이들의 태도를 버리고 바른길로서 중도를 제시하였다. 중도는 쾌락과 고행을 모두 버린 입장이지 결코 쾌락과 고행의 중간이 아닌 것이다. 『중아함 구루수무쟁경』에서는 고락중도를 다음과 같이 이야기하고 있다.

내가 그대들을 위하여 법을 설하리니, 처음도 좋고, 중간도 좋고, 마지막도 좋으며, 의미가 있는 말이며, 청정한 공덕을 구족하여 깨달음을 얻는 수행을 드러낸 것으로서 이름을 『분별무쟁경(分別無諍經)』이라고 하는 것이다. 잘 듣고 바르게 생각하여 잊지 말라. 범부들이 행하는 극히 하천한 업인 욕락을 추구하지도 말고, 성자의 행이 아니어서 아무런 의미도 없이 괴로움에 이를 뿐인 스스로 괴롭히는 고행을 추구하지도 말라. 이 두 변을 떠나면, 안목과 지혜를 이루고 자재하게 선정에 들어 지(智)로 나아가고, 깨달음[覺]으로 나아가고, 열반으로 나아가는 중도(中道)가 있나니, 확실하게 알아서 그 속에 있는 즐거움을 추구해야 한다. 거룩한 성자의 길에 8지(支)가 있나니, 정견(正見)

내지 정정(正定)이 8지이다. 이것을 중도라고 한다.[18]

이 경에서 이야기하듯이 고락중도는 고행주의와 쾌락주의라는 두 가지 대립된 입장을 버리고 선택한, 이들과는 질적으로 다른 새로운 수행의 길로서 8정도(八正道)를 의미한다.

수행의 목적은 열반이라는 최고의 가치, 즉 궁극의 행복을 성취하는 데 있다. 당시의 외도들은 대부분 세속적인 감각적 쾌락을 최고의 가치로 생각했다. 내세를 부정하고 윤리를 부정하는 이들에게는 살아 있는 동안 어떤 방법으로든 세속적이고 감각적인 욕구를 충족시키는 것이 가장 가치 있는 일로 생각되었다. 한편 자아나교에서는 내세를 인정하면서 현실에서의 삶을 전적으로 고통스러운 것으로 보았다. 그들에게 현생은 전생에 지은 업에 대한 과보를 받는 괴로운 세계일 뿐이다. 현생은 이렇게 괴로운 것이므로 현생에서 미리 괴로움을 받아 윤회에서 벗어나는 것을 가장 가치 있는 일로 생각하여 고행주의를 택했다.

이와 같이 쾌락주의와 고행주의는 나름의 세계관과 인생관에 의해 선택된 가치관이라고 할 수 있다. 우리의 삶이 현생뿐인가, 아니면 내세로 이어지는가 하는 견해의 차이에 따라 쾌락주의와 고행주의라는 상반된 가치관이 나오고 있다. 붓다는 이러한 상반된 가치관을 모두 배척했다. 붓다가 이들의 가치관을 사견에서 비롯된 것이라고 비판하고 중도에서 제시한 가치 추구의 길이 고락중도인 8정도이다. 8정도는 붓다의 세계관과 인생관, 그리고 가치관을 보여준다.

---

18 『대정장』 1, p. 701bc의 필자 번역.

7

◆

수정주의(修定主義)와 8정도(八正道)

고락중도인 8정도의 내용을 보면 정견(正見)에서 시작되어 정정(正定)에서 끝난다. 이것은 8정도의 다른 지(支)는 바른 선정(禪定)에 들기 위한 예비적 수행임을 시사하고 있다. 즉 붓다가 추구한 열반이라는 최고의 가치는 바른 선정을 통해 성취된다는 것을 보여주고 있는 것이다. 따라서 고락중도는 일종의 수정주의(修定主義), 즉 선정을 통해 행복을 얻을 수 있다는 사상이라고 할 수 있다.

고락중도가 수정주의를 의미한다면, 불교는 당시의 바라문교와 어떤 차이가 있는 것일까? 당시의 바라문, 즉 우파니샤드 사상가들도 윤회에서 해탈하는 것을 최고의 가치로 삼았고, 해탈을 위해서는 진정한 자아, 즉 '아트만'과 '브라만'에 대한 무지에서 벗어나야 하며, 진정한 자아인 '아트만'의 자각은 명상을 통해 이루어진다고 생각함으로써 수정주의

의 입장을 취했다. 그러나 8정도는 우파니샤드의 수정주의와는 그 내용이 크게 다르다. 8정도의 첫 지인 정견이 이것을 말해주고 있다. 선정은 사견을 가지고도 할 수 있고, 정견을 가지고도 할 수 있다. 따라서 고락중도가 수정주의라고 해서 우파니샤드의 수정주의와 동일한 것은 아니다.

고락중도인 8정도와 우파니샤드의 수정주의의 차이는 무엇을 정견으로 보느냐의 차이다. 바꾸어 말하면 실천적 중도는 이론적 중도라는 토대를 요청한다. 여기에서 우리는 붓다를 단순한 실천가로 보는 것이 얼마나 잘못된 일인가를 알 수 있다.

우파니샤드에서 정견으로 주장하는 것은 전술한 바와 같이 브라만이라는 신이 변화해서 이 세상을 이루었다는 전변설이다. 그래서 그들은 이러한 전변설에 의지하여 명상함으로써 브라만과 아트만을 발견하려고 했다. 그 과정을 이야기하고 있는 『따이띠리야 우파니샤드(Taittirīya Upaniṣad)』를 소개하면 다음과 같다.

> 브리구는 그의 아버지 바루나에게 가서 "아버지, 저에게 브라만을 가르쳐 주십시오"라고 요청했다. 아버지 바루나는 "브라만은 땅의 양식이고, 생명의 호흡이며, 보고, 듣고, 마음으로 알고, 말하는 일자(一者)이다. 모든 존재를 만들어낸 그를 알려고 노력하라. 모든 존재가 그에 의해서 살아가며, 모두가 다시 그에게로 돌아간다. 그가 곧 브라만이다"라고 이야기했다. 브리구는 이 이야기를 바탕으로 명상을 시작했다. 그러자 그에게는 땅의 식량이 브라만이라고 생각되었다. 식량에서 모든 존재가 태어났으며, 식량에 의해 그들이 지탱되며, 태어나서 죽은 후에는 땅의 식량으로 돌아간다고 생각했기 때문이다.
>
> 그러나 그는 그 지식에 만족하지 못하고 다시 아버지 바루나에게 브

> 라만을 가르쳐 달라고 요청했다. 바루나는 "명상으로 브라만을 알도록 노력하라. 왜냐하면, 브라만은 명상이기 때문이다"라고 이야기했다. 그는 다시 명상을 했다. 그는 명상을 통해 브라만은 생명이라는 생각을 하게 되고, 이에 만족하지 못하여 다시 명상하여, 브라만은 마음이라고 생각하고, 이에 만족하지 못하고 다시 명상하여 지성이 브라만이라고 생각하고, 이에 만족하지 못하고 다시 명상하여 마침내 브라만은 환희라는 것을 깨달았다. "환희로부터 모든 존재가 생겼으며, 환희에 의해 그들 모두가 살아가며, 그들 모두가 다시 환희로 되돌아가기 때문에 환희가 곧 브라만이다."[19]

이것이 바루나의 가르침을 받고 브리구가 얻은 브라만의 모습이다. 그리고 이 브라만의 모습을 보는 자는 지고의 존재, 즉 브라만 속에서 살아가게 된다고 한다.

이와 같이 우파니샤드의 선정은 자신들의 전변설이라는 교리에 근거를 두고 행하는 것이다. 그러나 붓다가 깨달은 진리는 연기법이다. 이미 살펴보았듯이 연기법에 의하면 우리의 몸 안에 '아트만'과 같은 불변의 실체가 있는 것이 아니다. 그러한 실체는 무명이 있을 때 나타나는 허망한 생각이다. 따라서 이러한 정견에 바탕을 둔 불교의 선정은 우파니샤드의 명상과는 크게 다르다. 우파니샤드의 선정은 '아트만'을 찾는 것을 목적으로 하지만 불교의 선정은 지혜를 성취하여 무명에서 벗어나는 것을 목적으로 한다.

---

19 *The Principal Upaniṣads*, ed. & trans. Radhakrishnan, George Allen & Unwin Ltd (London 1953), pp. 553~557의 필자 요약 번역. 『우파니샤드 II』, 이재숙 옮김(한길사, 1996), pp. 531~533 참조.

5장

업설(業說)과 연기설(緣起說)

1

◆

업보(業報)와 연기(緣起)

지금까지 살펴본 중도는 그 내용이 당시의 업설에 대한 비판이며, 불교의 업설을 천명한 것이다. 자작타작중도와 단상중도는 업을 지어 그 과보를 받는 것이 동일한 존재인가 다른 존재인가에 대한 것이었고, 일이중도와 유무중도는 업을 지어 그 과보를 받는 상주불멸 하는 육신과는 별개의 영혼이 존재하는가 존재하지 않는가에 대한 것이었다. 붓다는 이러한 당시의 모든 업설을 사견으로 규정하고 정견으로 연기설을 주장했다. 따라서 연기설은 불교의 업설이라고 할 수 있다. 12연기의 유전문은 무명으로 살아가면 괴로움이 나타난다는 업보를 설명한 것이고, 8정도는 정견으로 살아가면 열반을 성취한다는 업보를 설명한 것이기 때문이다.

이러한 업설에 대하여 혹자는 불교가 연기설에 근거하여 무아를 주장하기 때문에 업설은 붓다가 민중교화를 위해 편의상 당시의 통속적인 종교 관념을 채택한 것으로서 불교의 근본 사상이 아니라고 주장하기도 한다. 이러한 주장을 하는 사람들은 업설과 무아설을 양립할 수 없는 모순 관계에 있다고 본다. 업설은 윤회 사상의 기초가 되는 사상이며, 윤회설은 윤회하는 주체로서 상주불멸 하는 자아의 존재를 전제로 하고 있는데, 연기설에 기초한 무아설은 그러한 자아의 존재를 부정하고 있으므로 업설과 무아설은 모순이 된다는 것이다.

이러한 견해는 중도를 이해하지 못하기 때문에 나온 것이다. 연기설은 유무중도의 입장에서 이야기된 것이므로 연기설에 근거한 무아설은 중도의 입장에서 이해해야 한다. 만약 무아설을 업보에 의한 윤회의 부정으로 생각한다면 이것은 붓다가 사견으로 단정한 단견(斷見)이므로 결코 정견이 아니다.

『별역잡아함 202경』은 연기설이 곧 불교의 업설임을 분명히 밝히고 있다.

> 그때 외도가 수달다에게 말했다.
> "나의 견해로는 중생들은 상주불멸 한다. 이것이 진실이고 다른 견해는 모두 거짓이다."
> 다른 외도가 수달다에게 말하였다.
> "나의 견해로는 일체는 무상하다. 이것이 진실이고 다른 견해는 모두 거짓이다."
>
> … (중략) …
>
> 그때 외도들이 각각 자신들의 소견을 이야기하고 수달다에게 말했다.
> "이제 그대가 이야기해 보시오."

수달다가 대답했다.

"나의 견해로는 일체중생은 모두가 유위(有爲)로서 여러 인연(因緣)의 화합에 의해 존재하는 것이오. 인연이란 곧 업(業)을 말하는 것이오. 만약 인연이 화합하여 거짓으로 존재하는 것이라면 이것은 무상(無常)한 것이오. 무상한 것은 곧 괴로운 것이며, 괴로운 것은 곧 무아(無我)요. 이런 의미에서 나는 모든 견해에 마음이 집착함이 없소. 그대들이 주장하는 '일체의 모든 것은 상존하며, 이것이 진실이고 다른 견해는 거짓이다'라는 말은 (자아의 존재를) 상상으로 꾸며 놓았기[計] 때문에 하는 말로써 (꾸며 놓은 자아는) 모든 괴로움의 근본이오. 이 모든 사견을 탐착(貪著)하면 이는 괴로움에 상응하는 것으로서 큰 괴로움을 받나니, 생사(生死) 가운데서 무궁한 괴로움을 받는 것은 모두가 자기 존재를 꾸며놓기[計有] 때문이오. … 이와 같은 모든 견해(에서 주장하는 모든 존재)는 사실은 유위이며, 업이 모인 것이며, 인연이 화합한 것이오. 이로써 미루어 보건데 (그 모든 존재는) 무상하다는 것을 알아야 하며, 무상하므로 괴로움이고, 괴로움이므로 무아임을 알아야 하오."[20]

이 경은 당시의 외도들과 수달다(Sudatta)라고 하는 재가 불자 사이의 대화이다. 수달다는 급고독원(기원정사)을 지어 붓다에게 시주한 사위국의 거부로서 급고독장자(給孤獨長者)로 널리 알려진 사람이다. 그는 붓다에게 공양하러 가던 도중에 때가 일러서 붓다가 선정(禪定) 중이라고 생각하여 먼저 외도들이 있는 곳으로 가서 그들과 대화를 나누게 된다. 외도들은 붓다가 사견으로 규정하고 묵살했던 문제들에 대한 수달

20 『대정장』 2, p. 448bc의 필자 번역. ( ) 안은 필자 삽입.

다의 견해를 물었다. 이에 대한 수달다의 대답은 매우 중요한 점을 시사하고 있다.

붓다는 12연기를 이야기하여 외도들이 문제 삼고 있는 세간, 영혼, 육신 등의 존재가 무명에서 연기한 망념이므로 이들 논의가 말장난에 지나지 않는 무의미한 것임을 밝혔다. 그런데 이 경에서 수달다는 이들 존재가 인연이 화합하여 존재하는 유위라고 이야기하면서 인연은 업을 의미한다고 하고 있다.

연기란 인연생기(因緣生起)의 의미이므로 '인연이 화합하여 존재한다'는 말은 '연기한 존재'라는 말과 같은 의미이다. 그리고 유위(有爲)란 '무명에서 연기한 망상으로서의 존재'를 의미한다. 따라서 중생이나 세간, 영혼 등이 '인연의 화합에 의해 존재하는 유위'라는 말은 이들이 '무명에서 연기한 망념'이라는 것을 의미하며, 인연이 업을 의미한다면, 이 말은 다시 '모든 존재는 진리에 무지한 무명의 상태에서 지은 업의 결과로 나타난 것'이라는 말이 된다. 따라서 연기(緣起)는 업보(業報)와 같은 의미라고 할 수 있으므로 연기설은 불교의 업설이라고 할 수 있다.

2

◆

무상(無常)·고(苦)·무아(無我)

무아(無我)는 업(業)을 짓고 보(報)를 받는 시간적 존속성을 지닌 실체가 없음을 의미한다. 업은 실체가 아니라 잠시도 머물지 않고 끊임없이 변화하는 우리의 삶이다. 업이 끊임없이 변화하므로 그 결과인 과보(果報)도 끊임없이 변화한다. 이렇게 잠시도 머물지 않고 변화하는 것을 무상(無常, anicca)하다고 한다. 이 무상한 현상을 중생들은 시간적으로 일정 기간, 혹은 영원히 머물고 있는 자아(自我)와 세계(世界)라고 믿고 있다. 그러나 자아와 세계는 중생들의 신념과 관계없이 업의 결과로 무상하게 변해간다. 이러한 변화가 중생들에게 생로병사와 생사윤회로 느껴진다. 즉, 무상하기 때문에 괴로운 것이다. 이러한 괴로움을 통해 괴로움의 근거를 찾아보면 괴로움은 실체가 없이 연기하는 무상한 것을 '자아'로 집착함으로써 나타난 것임을 알게 된다. 즉, 괴로운 것은 무아임을 깨닫게 되는 것이다. 무상한 것은 괴로운 것이며, 괴로운 것은 무아라는 말은 이것을 의미한다. 이와 같이 무상(無常), 고(苦), 무아(無我)의 관계는 논리적 인과관계가 아니라 실천적 인과관계이다.

여기에서 한 가지 주의해야 할 것은 무상의 의미이다. 붓다는 모든 것이 연기하고 있기 때문에 '일체는 무상하다'고 이야기한다. 그런데 붓다가 사견이라고 배척한 외도들의 주장 가운데도 '일체는 무상하다'는 주장이 있다. 외도가 주장하는 '무상'과 붓다가 주장하는 '무상'에는 어떤 차이가 있을까?

붓다가 '일체는 무상하다'고 했을 때의 '무상'은 'anicca'를 한역(漢譯)한 것이고, 외도들이 '일체는 무상하다'고 했을 때의 '무상'은 'asassata'를 한역한 것이다. 한문으로는 다 같이 무상으로 번역되었지만 원어는 다르다. 'asassata'는 '영원한, 상주하는'의 의미인 'sassata'에 부정접두사 'a'가 붙어 'sassata'를 부정하는 말로서 '영원하지 않는, 언젠가 없어지는'의 의미이다. 한편 'anicca'는 '계속적인, 불변의'의 의미인 'nicca'에 부정접두사 'a'가 붙어 'nicca'를 부정하기 때문에 '지속성이 없는, 변화하는'의 의미를 갖는다. 따라서 외도가 이야기하는 '일체는 무상하다'는 말은 '모든 것은 어느 정도의 시간 동안은 존재하지만 영원히 존재하는 것은 아무것도 없다'는 의미이고, 붓다가 이야기하는 '일체는 무상하다'는 말은 '모든 것은 시시각각 변화하고 있으므로 잠시라도 지속하고 있는 존재는 아무것도 없다'는 의미이다.

예를 들면, 외도들은 '영원히 존재하는 영혼은 없지만, 육신은 태어나서 죽을 때까지 지속적으로 존재한다'는 의미에서 '일체는 무상하다'라고 주장했다면, 붓다는 '영혼이건 육신이건 시시각각 변해가는 것으로서 한순간도 지속적으로 존재하지 않는다'라는 의미에서 '일체는 무상하다'고 이야기한 것이다. 따라서 외도들은 육신이 죽으면 우리의 삶은 끝이라는 단견(斷見)을 갖게 되었지만, 붓다는 '죽고 사는 실체는 없지만, 업에 따라 변화하는 삶은 단절이 없다'는 의미에서 단견을 배척했다. 이러한 붓다의 견해는 '육신은 죽어도 영혼은 죽지 않고 다음 세상에서 다시 태어난다'는 외도의 상견(常見)과도 다르다. 상견에서는 '영원히 존재하는 자아'를 인정했지만, 붓다는 그러한 자아의 존재를 인정하지 않았기 때문이다.

3

◆

무아(無我)와 업보(業報)

붓다는 업보를 인정했지만 불멸의 자아는 인정하지 않았다. 따라서 불교의 업설은 무아설과 모순되는 것이 아니다. 『잡아함 335경』에서 붓다는 무아와 업보에 대하여 다음과 같이 이야기하고 있다.

"내가 이제 그대들을 위하여 법을 설하겠다. 처음도 중간도 마지막도 좋으며, 좋은 의미가 있고, 순일(純一)하게 청정함이 가득하며 범행(梵行)이 청백(淸白)한 법으로서 '제일의공경(第一義空經: 제일 근본이 되는 공(空)을 이야기한 경)'이라고 부르는 것이다. 잘 듣고 바르게 사유하라. 그대들을 위하여 이야기하겠다. 어떤 것이 '제일의공경'인가? 비구들이여, 안(眼: 보는 자아)은 생길 때 오는 곳이 없고, 사라질 때 가는 곳이 없다. 이와 같이 안(眼: 보는 자아)은 부실하게 생기며, 생기면 남음 없이 사라진다. 업보(業報)는 있으나 작자(作者: 업을 짓고 보를 받는 자아)는 없는 것이다. 이 음(陰, 五蘊)이 사라지면 다른 음(陰)이 상속한다. 그러나 속수법(俗數法, 有爲法)은 제외된다. 이(耳), 비(鼻), 설(舌), 신(身), 의(意)도 마찬가지이다. 그러나 속수법은 제외된다. 속수법이란 '이것이 있는 곳에는 저것이 있고, 이것이 일어날 때 저것이 일어난다'는 것으로서, 예를 들면, 무명을 연하여 행이 있고 내지 큰 괴로움 덩어리가 집기(集起)한다. 그리고 '이것이 없는 곳에는 저것이 없고, 이것이 사라질 때 저것이 사라진다'는 것으로서 무명이 사라지면 행이 사라지고 내지 큰 괴로움 덩어리가 사라진다. 비구들이여 이것을 '제일의공경'이라고 부른다.[21]

『제일의공경』이라는 경의 이름이 시사하듯이 이 경은 공(空)의 의미를 밝힌 경이다. 붓다는 이 경에서 업보는 있으나 업을 짓고 보를 받는 행위의 주체로서의 자아는 없다고 이야기한다. 우리는 사물을 볼 때, '보는 자아(自我)가 존재하고 있으며, 이 자아가 외부에 존재하는 사물을 본다'고 생각한다. 즉, 우리는 사물을 볼 때 '보는 나'를 의식하며, 이러한 의식을 토대로 '자아'가 존재한다고 생각한다. 그러나 우리는 결코 '보는 나'를 볼 수 없고, '듣는 나'를 들을 수 없다. 보지도 듣지도 못한 '나'를 우리는 존재한다고 굳게 믿고 있다. 『브리하다란야까 우파니샤드(Bṛhad-āraṇyaka Upaniṣad)』에서는 다음과 같이 이야기한다.

보기 때문에 '눈', 듣기 때문에 '귀', 생각하기 때문에 '마음'이라고 불

21 『대정장』 2, p. 92c의 필자 번역. ( ) 안은 필자 삽입.

린다. 이 모든 것은 그(아트만, 자아)의 활동에 대한 이름들일 뿐이다.[22]

이러한 우파니샤드의 견해는 우리의 일반적인 생각과 다르지 않다. 우리는 눈이 사물을 본다고 생각하지 않고 '자아'가 눈을 통해 사물을 본다고 생각한다. 우파니샤드의 철학자들은 눈, 귀 등을 통해 사물을 지각하는 자아를 '아트만'이라고 불렀다. 그래서 그들은 "볼 때 보는 자를 볼 수 없고, 들을 때 듣는 자를 들을 수 없고, 생각할 때 생각하는 자를 생각할 수 없고, 알 때 아는 자를 알 수 없으나 그 모든 것 속에 들어 있는 것이 '아트만'이다"라고 주장했다. 아트만은 불멸의 존재로서 "보이지 않으나 보는 자요, 들리지 않으나 듣는 자요, 생각할 수 없으나 생각하는 자요, 알 수 없으나 아는 자라고 생각한 것이다.[23]

붓다는 『제일의공경』에서 우파니샤드에서 주장하는 아트만과 같은 자아를 비판한 것이다. 과연 우파니샤드에서 이야기하는 자아는 실재하는 것일까? 우리는 보고, 듣고, 생각할 때 이러한 행위의 주체로서 '자아'가 있다고 믿고 있다. 그러나 우리가 보고, 듣고, 생각하는 자아를 찾아보면 우리에게 관찰되는 것은 행위를 하는 자아가 아니라 지각, 즉 보고 들음으로써 생성된 느낌뿐이다. 이런 느낌이 보고, 듣는 자아의 실체이다. 즉, '볼 때' 우리에게 '보는 자'가 있다는 생각이 나타나며, 이 생각을 '자아'라고 믿는 것이다. 그러나 '보는 자'는 보지 않을 때는 아무것도 남기지 않고 사라진다. 만약 볼 때는 나타나고, 보지 않을 때는 사라지는 '보는 자'가 '자아'로서 실재한다면, 그 '자아'는 보기 전에

22 *The Principal Upaniṣads*, 앞의 책, p. 166의 필자 번역. ( ) 안은 필자 삽입.

23 위의 책, pp. 228~229, 233 참조.

는 어딘가에 숨어 있다가 볼 때는 나타나고, 보지 않을 때는 다시 그곳으로 사라져야 할 것이다. '자아'가 나타날 때 오는 곳과 사라질 때 가는 곳이 과연 존재하는가?

'보는 자[眼]'가 볼 때 온 곳 없이 나타나고, 보지 않을 때 간 곳 없이 사라진다면 그러한 '보는 자'는 실체성이 없는 존재이다. 여기에서 붓다는 단언한다. 보는 행위[業]와 그 결과 나타나는 지각[報]은 분명히 있지만 '보는 자'로서의 자아[作者]는 없다. 이것이 불교의 무아(無我)이며 공(空)이다. 연기설에 기초한 무아설(無我說)과 공사상(空思想)은 바로 불교의 업설(業說)인 것이다.

4

◆

중생의 세계

전변설과 적취설이 세계와 인간을 설명하는 외도들의 사상이듯이 연기설은 세계와 인간을 설명하는 불교 사상이다. 연기설은 현실 세계와 자아를 어떤 실체의 자기 전개(展開)나 이합집산(離合集散)으로 보지 않고 무명에서 연기한 것으로 보며, 이러한 연기의 과정을 설명하는 것이 12입처, 18계, 5온 등의 교리이다. 이 가운데서 12입처는 세계와 자아의 근원이다. 『잡아함 319경』에서 붓다는 바라문과 다음과 같은 대화를 나누고 있다.

> 생문(生聞)이라는 바라문이 부처님을 찾아와서 인사를 나누고 한쪽으로 물러나 앉아 부처님에게 말했다.
> "구담이시여, 소위 어떤 것을 일체(一切)라고 부릅니까?"

부처님이 바라문에게 말했다.

“일체란 12입처(十二入處)를 말한다. 보는 자[眼]와 보이는 모습[色], 듣는 자[耳]와 들리는 소리[聲], 냄새 맡는 자[鼻]와 냄새[香], 맛보는 자[舌]와 맛[味], 만지는 자[身]와 만져지는 촉감[觸], 생각하는 자[意]와 생각되는 사물[法], 이것을 일체라고 부른다. 만약 ‘이것은 일체가 아니다, 나는 이제 사문 구담이 주장하는 일체를 인정하지 않고 다른 일체를 따로 세우겠다’라고 이야기한다면 그것은 다만 언설(言說)만 있을 뿐이어서 물어도 알지 못하고, 의혹만 늘어난다. 왜냐하면, 그것은 경계(境界)가 아니기 때문이다.”[24]

이 경에서 바라문이 묻고 있는 일체(一切, sabba)는 세계와 자아의 근원을 의미한다. 『찬도갸 우파니샤드(Chāndogya Upaniṣad)』에서는 “실로 일체는 브라만이다. 일체는 브라만에서 생겨나서 브라만으로 돌아가며, 브라만 속에서 살아간다. 그러므로 평안한 마음으로 그를 경배하라. 실로 인간은 욕망으로 되어 있다. 인간은 이 세상에서 갖는 욕망에 따라 내세에 존재한다”[25]라고 이야기한다. 붓다에게 질문하는 바라문은 바라문교에서 이야기하는 브라만과 같은 모든 존재의 근원에 대하여 붓다의 견해를 묻고 있다. 이러한 모든 존재의 근원에 대하여 바라문교에서는 브라만이라고 주장했고 사문들은 4대(四大)와 같은 다양한 요소라고 주장했다. 이들은 어떤 불멸의 실체를 생성 변화하는 현실 존재의 근원으로 생각한 것이다. 그러나 붓다는 모든 존재의 근원을 불멸의 실

---

24 『대정장』 2, p. 91ab의 필자 번역.

25 *The Principal Upaniṣads*, 앞의 책, p. 391의 필자 번역.

체라고 이야기하지 않고 우리의 지각 구조, 즉 12입처라고 이야기한다.

영국의 철학자 데이비드 흄은 "내 개인적 입장에서 보자면 내가 나 자신이라고 부르는 것에 가장 가깝게 갈 때 나는 항상 뜨거움, 또는 차가움, 빛 또는 어두움, 사랑 또는 미움, 고통 또는 기쁨 이러한 지각을 더듬어가고 있을 뿐이다. 나는 이러한 지각 없이 나 자신을 포착한 적이 없으며, 이러한 지각 이외에는 아무것도 관찰한 것이 없다"[26] 라고 이야기한다. 비단 '자아'뿐만이 아니다. 우리가 존재의 근원을 찾아갈 때 우리가 발견하는 것은 보이고, 들리고, 생각되는 지각일 뿐 어떤 실체도 발견되지 않는다. 붓다가 "일체는 12입처라고 하면서 다른 것을 일체라고 하는 것은 경계가 아니기 때문에 말만 있을 뿐 의혹만 늘어간다"라고 한 말은 외도들이 주장하는 존재의 근원은 관찰에 의해 드러난 사실이 아니기 때문에 그것을 의심하고 확실성을 추구할 때 어떤 해답도 주지 않는다는 것을 의미한다.

---

26 Hume, *A Treatise of Human Nature*, Ⅰ, Ⅵ, iv. 『인지과학의 철학적 이해』, 바렐라·톰슨·로쉬 공저, 석봉래 역 (옥토, 1997), p. 116에서 재인용.

5

◆

업설(業說)과 연기설(緣起說)

12입처는 일반적으로 6근(根), 6경(境)과 동일한 것으로 알려져 있다. 그러나 필자는 이러한 이해는 크게 잘못된 것이라고 생각한다. 이점은 차후에 상세히 논하기로 하고, 여기에서는 일체를 12입처라고 한 붓다의 입장과 당시 외도들의 입장이 어떻게 다른가를 살펴보기로 한다.

12입처를 일체의 근원이라고 보는 붓다의 세계관, 즉 연기설과 어떤 실체를 내세워 그것을 세계의 근원으로 주장하는 외도들의 전변설이나 적취설은 근본에서 큰 차이가 있다. 전변설이나 적취설은 현실 세계[世間]를 어떤 불멸의 실체에서 파생된 것으로 본다. 하나의 실체가 자기 전재를 통해 다양한 존재 현상을 이루고 있다는 것이 전변설이고, 다수의 실체가 이합집산하면서 다양한 존재 현상을 보이고 있다는 것이 적취설이다. 외도들은 이와 같이 서로 모순되고 상반된 주장을 하고 있지만, 존재의 근원을 불멸의 실체라고 생각한 점에서는 차이가 없다.

우리가 말하는 존재는 '인식된 것'이다. 우리가 "무엇이 있다"라고 말하는 것은 '무엇이 인식되고 있다'는 것을 의미한다. 우리는 보이면 있다고 말하고, 들리면 있다고 말한다. 따라서 존재의 근원은 인식이다. 혹자는 '무엇이 있기 때문에 인식되는 것이 아닌가?'라고 반문할지도 모른다. 이러한 생각은 우리의 외부에는 인식의 대상으로서 세계가 실재하고, 내부에는 인식하는 자아가 실재한다는 신념에서 비롯된 것이다. 이러한 신념을 가지고 있는 것이 붓다가 말하는 미혹한 중생이다. 『잡아함 294경』에서 붓다는 다음과 같이 이야기한다.

> 어리석고 배우지 못한 범부는 무명에 가리고 애욕에 묶여서 식(識)이 생기면, '몸 안에는 식(識)이 있고, 몸 밖에는 명색(名色)이 있다'고 분별한다. 이 두 인연으로 촉(觸)이 생긴다.[27]

이 경에서 이야기하는 식(識)은 '인식하는 자아'를 의미하고, 명색(名色)은 '인식되는 대상'을 의미한다. 우리는 실재하는 자아가 실재하는 대상을 접촉할 때 인식이 성립된다고 생각한다. 붓다는 우리의 이런 생각이 무명과 애욕에서 비롯된 것임을 깨달았다. 12입처는 바로 중생들이 무명과 애욕에 묶여서 실재한다고 믿고 있는 '인식하는 자아'와 '인식되는 대상'을 의미한다. '일체는 12입처'라는 말은 중생들의 세계[世間]가 중생들의 그릇된 신념에서 비롯된 것임을 밝힌 것이다.

27 『대정장』 2, p. 83c의 필자 번역.

『쌍윳따 니까야(Saṃyutta Nikāya)』 35. 116에서는 다음과 같이 이야기한다.

> 세간에 세계가 존재한다는 생각과 신념이 있게 하는 것, 그것을 성법률(聖法律)에서는 세계라고 부른다. 무엇이 세계가 존재한다는 생각과 신념을 있게 하는가? 법우들이여, 안(眼: 보는 자아)에 의해서, 이(耳), 비(鼻), 설(舌), 신(身), 의(意)에 의해서 세간에 세계가 존재한다는 생각과 신념이 있다. 이것을 성법률에서는 세계라고 부른다.[28]

중생들은 인식하는 자아가 실재한다고 생각한다. 6입처는 바로 중생들이 실재한다고 생각하고 있는 '인식하는 자아'이다. 인식하는 자아가 실재한다고 생각하기 때문에 인식되는 대상도 실재한다고 생각하는 것이며, 중생들이 말하는 세계는 6입처의 인식 대상인 것이다.

6입처는 우리 삶의 구조를 '자아'로 착각한 것이다. 우리의 삶은 보고, 듣고, 냄새 맡고, 맛보고, 만지고, 생각하는 것이다. 이러한 삶의 구조는 모든 인간에 동일하지만 삶의 형태는 저마다 다르다. 어떻게 보고, 어떻게 생각하는가는 사람마다 다른 것이다. 이렇게 저마다 다르게 보고, 다르게 생각하기 때문에 인식되는 내용도 달라진다.

중생들이 세계라고 부르는 것은 이렇게 저마다 달리 보고 생각한 것들이다. 그래서 각기 다른 세계관과 인생관을 갖게 된다. 이때 어떻게 보고 어떻게 생각할 것인가를 결정하는 것은 마음이다. 따라서 세계는 우리의 삶을 규정하는 마음에 의해 나타난 것이라고 할 수 있다. 우

28 『쌍윳따 니까야』 vol. 4, p. 95의 필자 번역.

리는 세계 속에서 사는 것이 아니라 마음에 의해 규정된 삶을 통해 자신의 세계를 이룩하고 있다고 할 수 있다. 결국 세계는 마음에서 연기한 것이고, 12입처는 중생의 세계가 연기하는 중생의 마음인 것이다.

이와 같이 세계의 근원이 되는 마음은 실재하는 사물이 아니라 삶에 의해 형성되는 것이며, 삶을 업(業)이라고 할 때 마음은 업의 결과, 즉 보(報)이다. '업보는 있으나 작자는 없다'라는 붓다의 이야기는 인식의 주체로서 불멸하는 '자아'는 없으나 삶에 의해 형성되어 삶을 이끌어 가는 과정으로서의 마음은 있다는 의미로 재해석할 수 있는 것이다.

이와 같이 연기설은 업에 의해 마음이 형성되고, 그렇게 형성된 마음으로 업을 지어 모든 존재가 연기한다는 것을 이야기하는 불교의 업설이다.

6

◆

삼종외도(三種外道) 비판

바라문교의 독단적인 우주 창조론과 범아일여론이 사문들에 의해 부정되면서 야기된 인도의 사상적 혼란과 이에 따른 사회적 혼란은 매우 심각한 것이었다. 이는 전통적인 윤리관이 파괴되면서 쾌락주의가 만연하고 있는 우리의 혼란한 현실과 다르지 않다. 자이나교의 니간타 나타풋타는 이러한 현실을 극복하기 위하여 당시의 여러 사상을 골고루 인정하고 종합했지만 결국은 맹목적인 고행주의에 빠져들고 말았다.

붓다는 이러한 현실을 매우 우려했다. 『중아함 도경(度經)』과 이에 상응하는 『앙굿따라 니까야(Aṅguttara Nikāya)』 3.61에는 이러한 붓다의 우려가 잘 나타나 있다. 이 경에서 붓다는 이 세상에는 다음과 같은 세 가지 잘못된 인생관이 있다고 지적하고 이를 비판한다.

그때 세존께서 비구들에게 말씀하시었다.

"지혜 있는 사람이 잘 받아들여 지극하게 실천하고 다른 사람들을 위하여 가르쳐도 이익을 얻을 수 없는 피안으로 인도하는 세 가지 나루터[度處, titthāyatana]가 있다.

어떤 사문과 바라문(梵志)은 이와 같은 견해로 이와 같이 말한다. '인간의 모든 행위는 전세(前世)에 지은 업[宿命造]이 원인이 되어 나타난다.'

또 어떤 사문과 바라문(梵志)은 이와 같은 견해로 이와 같이 말한다. '인간의 모든 행위는 자재천(自在天)의 창조[尊祐造]가 원인이 되어 나타난다.'

또 어떤 사문과 바라문(梵志)은 이와 같은 견해로 이와 같이 말한다. '인간의 모든 행위는 원인도 조건도 없이[無因無緣] 나타난다.'

… (중략) …

나는 그들에게 말하겠다. '만약 그렇다면 전세에 지은 살생의 업인(業因)으로 여러분은 모두 금생에 살생(殺生)을 하지 않을 수 없을 것이오. 왜냐하면, 인간의 모든 행위는 전세에 지은 업이 원인이 되어 나타나기 때문이오. 이와 같이 여러분은 모두 도둑질이나 사음이나 거짓말을 하지 않을 수 없을 것이며, 내지 사견(邪見)을 갖지 않을 수 없을 것이오. 왜냐하면, 인간의 모든 행위는 전세에 지은 업이 원인이 되어 나타나기 때문이오. 여러분, 만약 인간의 모든 행위가 전세의 업이 원인이 되어 나타난다는 것이 진실이라면 해야 할 일과 해서는 안 될 일에 대하여 의욕도 있을 수 없고, 노력도 있을 수 없을 것이오. 여러분, 해야 할 일과 해서는 안 될 일에 대하여 바르게 알지 못하는 사람은 곧 바른 생각[正念, sati]을 상실하여 바른 지혜[正智]가 없으므로

남을 가르칠 수가 없소.'

비구들이여, 이와 같이 나는 이렇게 말하고 이렇게 생각하는 저 사문과 바라문을 절복(折伏)시킨다.

(자재천 창조론과 무인무연론에 대해서도 마찬가지로 말씀하셨다.)

내가 스스로 알고 스스로 깨달아 그대들에게 이야기한 것은 사문이든 바라문이든 하늘이든 마(魔)든 범천이든 다른 어떤 세간이든 아무도 절복(折伏)시킬 수 없으며, 더럽힐 수 없으며, 제압할 수 없다. 어떤 것이 내가 스스로 알고 스스로 깨달아 그대들에게 이야기한 것으로서 사문이든 바라문이든 하늘이든 마(魔)이든 범천이든 다른 어떤 세간이든 아무도 절복시킬 수 없으며, 더럽힐 수 없으며, 제압할 수 없는 것인가? 그것은 6입처법(六入處法)이다."[29]

붓다는 당시의 외도사상이 인간을 해탈의 세계로 인도한다고 주장하지만, 결코 올바른 해탈을 제시할 수 없음을 비판하고 있다.

바라문교에서는 모든 것은 브라만에서 나와서 브라만으로 돌아간다고 주장했고, 인간의 '자아'인 '아트만'이 곧 '브라만'이라는 범아일여 사상을 주장했다. 그들은 보고, 듣고, 생각하는 우리의 모든 행위를 '아트만'의 활동이라고 생각했다. 만약 '아트만'이 '브라만'이고 우리의 모든 행위가 '아트만'의 활동이라면 우리는 살생과 같은 악행을 하지 않을 수 없는 존재라고 할 수 있다. 왜냐하면, 인간 가운데는 악행을 하는 사람이 있는데 그 악행은 모든 사람과 동일한 '아트만'의 활동이기 때문이다. 즉, 모든 사람의 행위 주체는 '브라만'과 동일한 '아트만'인

29 『대정장』 1, p. 435를 『앙굿따라 니까야』 vol 1. pp. 173~177과 대조하여 필자가 번역함.

데 그 '아트만'이 악행을 한다면 모든 사람의 '아트만'은 악행을 하지 않을 수 없는 것이다. 이와 같이 우리의 '자아'가 본래적으로 악행을 하지 않을 수 없다면 어떻게 악행을 해서는 안 된다고 할 수 있겠는가? 결국 '아트만'을 행위의 주체로 생각하는 바라문교의 업설은 '선(善)을 행하고 악(惡)을 행해서는 안 된다'는 윤리의 근거를 제공하지 못한다는 것이 붓다의 비판이다.

전생의 업인(業因)이 현세의 삶을 결정한다는 숙명론(宿命論)은 자이나교의 업설을 의미한다. 자이나교에 의하면 업은 반드시 그에 상응하는 결과를 일으킨다. 만약 그렇다면 전생에 악행(惡行)을 할 업을 지었다면 현생에서 그 악행을 하지 않을 도리가 없게 된다. 왜냐하면, 우리의 행동은 업이 일으키기 때문이다. 따라서 해야 할 일과 해서는 안 될 일에 대한 우리의 판단과 선택은 불가능하게 되므로 윤리의 근거가 될 수 없다는 점에서 바라문교와 다를 바가 없다.

무인무연론(無因無緣論)은 유물론자들의 견해로서 업보 자체를 인정하지 않는 도덕부정론이다. 따라서 이들은 현세에서의 순간적 쾌락을 인생의 목표로 생각했다. 그러나 그들의 무인무연론은 자신들이 목표로 설정한 쾌락마저도 보장할 근거를 갖지 못한다. 모든 것이 우연히 발생하는 것이라면 쾌락을 얻기 위해서 해야 할 일과 해서는 안 될 일을 판단하고 선택할 수도 없기 때문이다.

이와 같이 외도들의 사상은 자유로운 선택과 노력에 의한 행복의 추구를 근본적으로 부정한다. 붓다는 이 점을 비판한 것이다. 붓다는 이들을 비판하고 6입처를 이야기한다. 전술한 바와 같이 6입처는 보고, 듣고, 생각하는 우리의 삶의 구조를 '자아'로 착각한 것이다. 이러한 착각에서 우리는 '자아' 중심적인 삶을 살아간다. 살생이나 거짓말 같은 모든 악행은 이러한 착각에서 비롯된 것이며 그 결과가 괴로움이다. 따라서 이러한 착각에서 벗어나 어떤 행위가 우리에게 행복을 가져다주는가를 바르게 판단하여 선택할 때 우리에게 행복한 삶이 나타난다는 것이 붓다의 주장이다. 즉, '작자는 없으나 업보는 있다'는 것이 6입처를 이야기하는 붓다의 생각인 것이다.

이미 언급했듯이 우리의 삶은 보고, 듣고, 냄새 맡고, 맛보고, 만지고, 생각하는 것이다. 이러한 삶을 통해 우리의 마음이 형성되고, 그 마음에 의해 세계는 연기한다. 따라서 마음이 모든 것의 근본이 된다. 마음이 미혹하면 바른 판단과 선택을 할 수 없고, 마음이 밝아지면 바른 판단과 선택을 할 수 있다. 따라서 '자아'가 실재한다는 착각에서 벗어나 해서는 안 될 일과 해야 할 일을 바르게 선택하여 실천하는 것이 행복에 이르는 길이다. 붓다는 이렇게 바르게 판단하고 선택하는 마음이 지혜, 즉 반야이며, 이러한 반야에 의해 형성된 견해가 정견(正見)이다. 붓다는 이러한 정견에 기초한 삶을 8정도라고 불렀다. 그래서 위에 인용한 『중아함 도경』은 다음과 같이 끝을 맺고 있다.

> 6계(六界)를 인연으로 6입처가 있고, 6입처를 인연으로 촉(觸)이 있으며 촉을 인연으로 수(受)가 있다. 비구들이여, 만약 수가 있으면 곧 괴로움을 사실대로 알아야 하고, 괴로움의 집(集)을 사실대로 알아야 하고, 괴로움의 멸(滅)을 사실대로 알아야 하고, 괴로움이 멸하는 길[道]을 사실대로 알아야 한다. … (중략) … 어떤 것이 괴로움이 멸하는 길을 사실대로 아는 것인가? 정견(正見) 내지 정정(正定)의 8지성도(八支聖道)를 아는 것을 말한다. 비구들이여, 마땅히 괴로움을 사실대로 알아야 하고, 마땅히 괴로움의 집(集)을 끊어야 하며, 마땅히 괴로움

의 멸(滅)을 작증(作證)해야 하고, 마땅히 괴로움이 멸하는 길을 실천해야 한다. 만약 비구가 괴로움을 사실대로 알고, 괴로움의 집을 끊고 괴로움의 멸을 작증하여 괴로움이 멸하는 길을 실천하면 이것을 비구가 일체의 누(漏, 번뇌)가 다하여 모든 결박으로부터 해탈하여 능히 바른 지혜로 괴로움의 끝을 얻었다고 하는 것이다.[30]

이와 같이 붓다는 4성제와 8정도를 통해 해서는 안 될 일과 해야 할 일을 제시하고 있다. 외도들의 업설이 궁극적으로 인간을 행복으로 이끄는 바른 윤리가 될 수 없음을 비판한 붓다는 마음을 근본으로 하는 연기설에 입각하여 4성제와 8정도로써 인간의 바른길을 제시하고 있다.

30 『대정장』 1, pp. 435c~436a의 필자 번역. 『중아함경』의 6처(六處)는 6입처(六入處)를 의미하고, 갱락(更樂)은 촉(觸)을 의미하며, 각(覺)은 수(受)를 의미하므로 필자는 각각 6입처, 촉, 수로 번역함.

7

◆

업보(業報)와 마음

붓다도 업(業)이 반드시 보(報)를 가져온다고 생각했다. 자이나교에서는 그러한 업을 괴로운 결과를 필연적으로 야기하는 물질적 실체로 보았다. 그러나 붓다는 업을 마음에서 일어나 마음을 형성하는 우리의 삶으로 보았다. 『중아함 사경(思經)』에서 붓다는 다음과 같이 이야기한다.

> 그때 세존께서 여러 비구들에게 말했다.
> "만약 고의로 지은 업(業)이 있으면, 현세에 받든 혹은 내세에 받든, 그는 반드시 그 보(報)를 받는다고 나는 말한다. 만약 고의로 지은 업이 아니면 그는 보를 받지 않는다고 나는 말한다."[31]

31 『대정장』 1, p. 437의 필자 번역.

업은 인간의 행위, 즉 삶이다. 우리는 의도 없이 다른 생명을 죽일 수도 있다. 만약 업이 실체성을 가지고 있다면, 우리가 아무리 착하게 살아도 부지불식간에 행한 악업에 의해서 괴로움을 받아야 할 것이다. 그러나 업(業)은 마음에서 비롯된 것이다. 그리고 업의 결과 즉, 보(報)는 마음의 상태로 나타난다. 우리의 삶은 마음에서 비롯되며, 삶을 통해 마음은 항상 새롭게 형성되고 있다. 이렇게 마음에서 비롯된 삶이 업이고, 삶을 통해 새롭게 형성된 마음이 보이다. 붓다가 이야기하는 업보(業報)는 삶을 통해 끊임없이 변화해 가는 마음을 의미한다.

이러한 마음이 업에 따라 형성되는 것을 연기한다고 말하고, 실체성이 없기 때문에 무아(無我)라고 말한다. 이러한 마음은 결코 바라문교의 '아트만'도 자이나교의 '명아(Jīva)'도 아니며, 우리가 생각하는 '영혼'도 아니다. 지금 여기 살아 움직이는 우리의 삶이 곧 마음이다. 이 마음에서 갖가지 중생의 세계도 일어나고, 부처의 세계도 나타난다. 우리가 착하게 살아야 하는 까닭은 착한 삶을 통해 즐거운 마음이 형성되기 때문이며, 악한 삶을 살아서는 안 되는 까닭은 악한 삶을 통해 괴로운 마음이 형성되기 때문이다. 붓다가 "고의로 업(業)을 지으면 반드시 그 보(報)를 받는다"라고 이야기한 것은 업을 지어서 그 보를 받는 불변하는 실체가 있어서 업을 짓고 보를 받는다는 것이 아니라, 마음에서 비롯된 업을 지으면 그 결과 반드시 그에 상응하는 마음의 변화가 일어난다는 것을 말한 것이다. 이것이 붓다가 이야기하는 자업자득(自業自得)이다.

『중아함 염유경』에서는 이러한 마음의 변화를 다음과 같은 비유로 보여준다.

그때 세존께서 여러 비구들에게 말했다.

"사람은 지은 업(業)에 따라 그 보(報)를 받는다. 그래서 범행(梵行)을 실천하지 않으면 괴로움을 없앨 수 없고, 범행을 수행하면 곧 괴로움을 없앨 수 있다. … (중략) … 비유하면, 어떤 사람이 적은 양의 물속에 한 냥의 소금을 넣어서 물을 마실 수 없이 짜게 하려 한다고 하자. 이 한 냥의 소금이 적은 양의 물을 마실 수 없이 짜게 할 수 있겠느냐?"

대답하여 말했다.

"그렇습니다. 세존이시여. 왜냐하면, 소금은 많고, 물은 적기 때문에 마실 수 없이 짜게 할 수 있나이다."

"이와 같이 착하지 않은 업을 지으면 반드시 괴로운 과(果)를 받되 지옥의 보를 받는 사람이 있다. 어떤 것을 착하지 않은 업을 지으면 반드시 괴로운 과를 받되 지옥의 보를 받는 사람이 있다고 하는 것인가? 몸을 닦지 않고, 계(戒)를 닦지 않고, 마음을 닦지 않고, 지혜를 닦지 않은 사람이 (악업을 지어) 수명이 극히 짧으면, 이 사람은 착하지 않은 업을 지어 반드시 괴로운 과를 받되 지옥의 보를 받는다고 하는 것이다. … (중략) … 비유하면, 어떤 사람이 한 냥의 소금을 갠지스강에 넣어서 물을 마실 수 없이 짜게 하려 한다고 하자. 이 한 냥의 소금이 많은 양의 물을 마실 수 없이 짜게 할 수 있겠느냐?"

"아닙니다. 세존이시여. 왜냐하면, 갠지스강의 물은 많고, 한 냥의 소금은 적기 때문에 마실 수 없이 짜게 할 수 없나이다."

"이와 같이 착하지 않은 업을 지으면 반드시 괴로운 과(果)를 받되 현법(現法, 현세)의 보를 받는 사람이 있다. 어떤 것을 착하지 않은 업을 지으면 반드시 괴로운 과를 받되 현법의 보를 받는 사람이 있다고 하는 것인가? 몸을 닦고, 계(戒)를 닦고, 마음 닦고, 지혜를 닦은 사람이

(악업을 지어도) 수명이 극히 길면, 이 사람은 착하지 않은 업을 지어 반드시 괴로운 과를 받되 현법의 보를 받는다고 하는 것이다."[32]

이 경에서 물은 마음에 비유한 것이고 소금은 업에 비유한 것이다. 우리의 마음이 평소에 닦은 선행으로 충만해 있으면 조그만 악행은 큰 영향을 미치지 못한다. 그러나 악행으로 가득 차 있으면 조그만 악행도 큰 괴로움을 일으키게 된다. 이와 같이 업은 그 자체가 어떤 결정된 결과를 가져오는 것이 아니라 마음의 상태에 따라 각기 다른 결과로 나타난다는 것이 이 경의 요지라고 할 수 있다. 이와 같이 업은 마음에서 비롯되어 새로운 마음을 형성시킨다. 업(業)은 마음에서 일어나고 그 보(報)는 새로 형성된 마음을 의미하므로 업보(業報)는 그 본질이 마음이다. 대승불교의 유식사상(唯識思想)은 이러한 업설을 계승한 것이다.

32 『대정장』 1, p. 433ab의 필자 번역.

6장

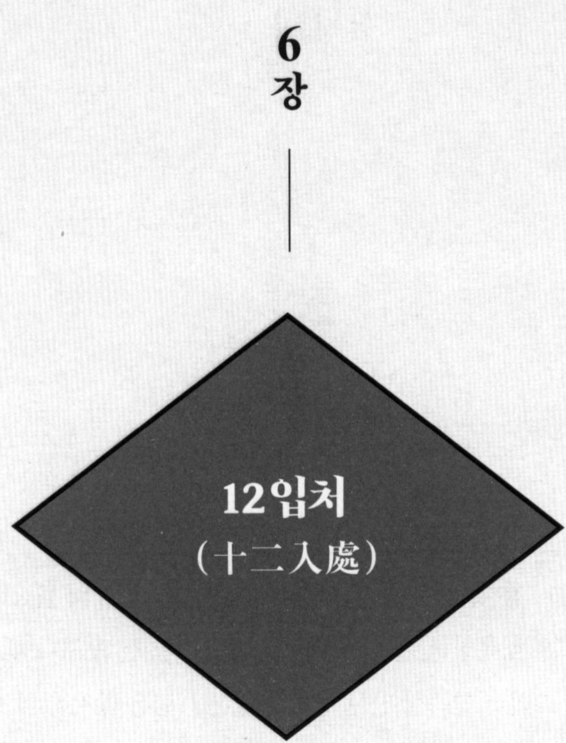

12입처 (十二入處)

1

◆

참된 나

불교는 '참된 나'를 찾는 길을 가르친다. 우리는 왜 '참된 나'를 찾아야 하는가? 그것은 행복한 삶을 살기 위해서이다. 우리는 누구나 행복하기를 원한다. 그러나 만족할 만한 행복을 얻은 사람은 많지 않다. 행복이란 무엇이고, 어떻게 해야 행복을 얻을 수 있을까?

행복이란 자신이 원하는 것을 충분히 얻었을 때 느끼는 충족감이다. 우리의 마음은 이러한 자신의 행복을 위해서 작용한다. 이렇게 행복을 얻고자 하는 마음의 작용이 아무런 장해를 받지 않을 때를 우리는 자유롭다고 말한다. 따라서 자유란 행복을 얻기 위한 마음의 작용이 아무런 방해를 받지 않은 상태라고 할 수 있다.

이와 반대되는 말이 '마음의 속박'이다. 마음의 속박이란 자기의 행복을 위해 작용하는 마음의 작용이 방해받는 상태라고 할 수 있다. 따라서 진정으로 자유롭고 행복하기 위해서는 '참된 나'가 무엇인지 알아야 한다.

우리는 육신을 나라고 생각하기 때문에 나를 위해 살면서도 행복을 얻지 못하고 있다. 우리가 '참된 나'를 발견하고, 그것이 나라는 것을 확신한다면, 우리의 마음은 그 '참된 나'의 행복을 위해 작용할 것이다. 그리고 이렇게 '참된 나'를 위하여 작용하는 마음을 가지고 나의 마음대로 행동할 수 있을 때 우리는 진정한 자유를 얻을 수 있을 것이다.

'참된 나'는 무엇인가? 『반야심경』은 우리의 참모습을 발견하여 행복을 얻는 길을 가르치는 경이다. 이 경의 첫머리는 이렇게 시작된다.

> 관자재보살은 깊은 반야바라밀다에 이르러 5온(五蘊)이 모두 비어있음을 비추어 보고 일체의 괴로움과 재앙을 벗어났다.[33]

반야의 지혜로 5온이 비어있음을 보아야 괴로움에서 벗어날 수 있다는 것이 『반야심경』의 주제이다. 따라서 『반야심경』은 5온(五蘊)이 무엇인지를 알아야만 바르게 이해될 수 있다.

5온은 색(色), 수(受), 상(想), 행(行), 식(識)이다. 대부분의 불교 교리 소개서에서 5온은 물질과 정신을 의미한다고 설명하고 있다. 색(色)은 물질을 의미하고, 수상행식(受想行識)은 정신을 의미한다는 것이다. 5온이 이와 같은 것이라면 『반야심경』은 물질과 정신이 모두 비어있음을 봄으로써 모든 괴로움에서 벗어나게 된다는 내용이 된다. 우리의 눈에 보이는 모든 것이 허공처럼 텅 비어 보이고, 모든 정신작용이 사라

---

33 "觀自在菩薩 行深般若波羅蜜多時 照見五蘊皆空 度一切苦厄"

지면 괴로움도 없을 것이고, 즐거움도 없을 것이다. 온 세상이 이렇게 텅 비어버리면 아무것도 없는 허무가 될 것이다. 이렇게 허무한 세계가 반야바라밀다의 세계일까?

『잡아함 306경』에서는 5온에 대하여 다음과 같은 설명을 하고 있다.

> 눈으로 색을 보면 무엇인가를 보는 마음[眼識]이 생긴다. 이렇게 보는 마음이 있을 때 무엇인가가 보이며, 보이면 그것에 대하여 느낌[受]이 일어나고, 생각[想]이 일어나고, 그것을 가지고 어떻게 하려는 생각[行]이 일어난다. 이것이 느낌[受], 생각[想], 어떻게 하려는 생각[行], 무엇인가를 보는 마음[識]이다. 보는 눈[眼, 즉 色]과 이들 네 가지[受想行識]를 사람이라고 하면서 이들 5온에서 사람이라는 생각을 하여 … 다음과 같이 말한다. '내가 눈으로 색을 보고, 내가 귀로 소리를 듣고, …'[34]

이 경에 의하면 5온이란 우리가 '나'라고 생각하는 것이다. 우리는 눈으로 어떤 사물을 보면 '내가 본다'고 생각한다. 이때의 나는 '보는 나[色]'이다. 한편 꽃을 보고 아름답다고 느낄 때 '내가 느낀다'고 생각한다. 이때의 나는 '느끼는 나[受]'이다. 이 밖에도 '생각하는 나[想]', '행동하는 나[行]', '의식하는 나[識]'가 있다. 우리는 보고, 느끼고 생각하고, 행동하고, 의식하는 '나'가 존재한다고 생각한다. 그래서 '내가 눈으로 색을 보고, 감정으로 느끼고, 이성으로 생각하고, 의지로 행동하고, 의식으

34 『대정장』 2, pp. 87c~88a의 필자 번역.

로 인식한다'라고 말한다. 5온이란 이렇게 우리가 '나'라고 생각하고 있는 '다섯 가지 우리의 생각'이지 물질과 정신이라는 어떤 객관적인 사물을 의미하는 것이 아니다. 5온이라는 다섯 가지 요소가 모여서 사람을 이루고 있는 것이 아니라 우리가 허망한 생각으로 나라고 집착하고 있는 다섯 가지 망상을 붓다는 5온이라고 부른 것이다.

이러한 다섯 가지의 '나'는 지혜롭게 깊이 생각해 보면 실체가 없음을 알 수 있다. 즉, 보고, 느끼고, 생각하고, 행동하고, 의식하지 않을 때는 '나'라는 생각 자체가 없는 것이다. 매 순간 우리는 다른 것을 보고, 다르게 느끼고, 다르게 생각하고, 다르게 행동하고, 다른 것을 의식한다. 따라서 다섯 가지 생각은 무상하다고 할 수 있고, 이것을 불경에서는 '5온은 무상하다'라고 말한다. 무상하다는 것은 그 속에 어떤 불변의 실체가 없음을 의미한다. 이것을 불경에서는 '5온은 무아다'라고 이야기한 것이다.

5온이 무상하고 무아라면 『반야심경』은 다음과 같은 의미가 있다.

> 관자재보살은 지혜롭게 깊이 관찰하여 지금까지 '나'라고 생각해 왔던 몸, 감정, 이성, 의지, 의식 등이 모두 인연에 따라서 순간순간 일어났다가 사라지는 허망한 생각일 뿐 실체가 없이 텅 비어있다는 것을 깨닫고서 '허망한 생각인 나'로 인해 생겨난 모든 괴로움에서 벗어날 수 있었다.

『반야심경』은 이렇게 우리가 나라고 생각하고 있는 모든 것이 허망한 망상임을 깨우치고 있다. 그러나 여전히 '참된 나'의 구체적인 모습은 시원하게 드러나 있지 않다. 하지만 잘 생각해 보면 이 경 속에 우리의 참모습이 보인다.

장엄염불 가운데 '천강유수천강월 만리무운 만리천(千江流水千江月 萬里無雲 萬里天)'이라는 게송이 있다. 본래의 달은 하나이지만 물이 흘러가는 강이 있으면 그 모든 강에 달이 비치고, 수만 리의 하늘에 구름이 없어지면 그대로 하늘일 뿐이라는 것이다.

수천 개의 강에 달이 있지만, 본래의 달은 하나이며, 구름에 가려서 하늘의 모습이 보이지 않지만 구름만 걷히면 수만 리의 하늘이 그대로 나타난다. 우리의 참모습이 이와 같다. 수많은 중생이 있으면 수많은 '나'가 있지만 '본래의 나'는 하나이며, 두꺼운 무명에 가려서 '본래의 나'의 모습이 감추어져 있지만, 무명만 사라지면 '본래의 나'는 그대로 나타난다.

5온이란 중생들이 생각하는 '각각의 나'이다. 이러한 '나'는 강에 있는 달이 실재하지 않듯이 실재하지 않는다는 의미에서 '5온은 공이며 무아'라고 이야기한다. 『반야심경』의 '색즉시공(色卽是空)'은 이것을 의미한다.

하늘을 떠나 따로 구름이 없고, 구름을 떠나 따로 하늘이 없다. 하늘의 수분이 응고한 모습을 구름이라고 부를 뿐이다. 이와 같이 5온이라는 '허망한 나'를 떠나 따로 '참된 나'가 있는 것은 아니다. 하늘의 수분이 응고한 것을 구름이라고 부르듯이 어리석은 생각에서 '나'라고 집착하고 있는 것을 5온이라고 부를 뿐이다. 만약 5온이 '참된 나'가 아니라고 해서 몸을 없애고, 느낌, 생각, 의지, 의식을 없애버리면 남는 것은 허무뿐이다. 문제는 몸이나 느낌, 등의 실상을 알지 못하고 이들을 잘못 보는 데 있다. 공이며 무아인 5온의 실상을 알고 보면 5온이 곧 그대로 '참된 나'인 것이다.

그렇다면 5온의 실상은 어떤 것일까? 우선 색(色), 즉 우리의 몸을 잘 살펴보자. 우리는 부모에게 몸을 받고 태어나 그 몸으로 평생을 살아간다고 생각한다. 이렇게 태어나서 죽을 때까지 몸이 변함없이 존재한다고 믿기 때문에 태어나서 죽는 이 몸에 대하여 '나'라는 생각을 일으킨다. 그리고 이 생각 때문에 '나'는 태어나서 죽는 존재라고 생각한다. 그러나 몸을 잘 관찰해보면, 태어날 때의 몸과 죽을 때의 몸은 동일한 몸이 아니다. 몸은 태어난 순간부터 변화한다. 어릴 때 사진과 큰 후의 사진을 비교해 보면 결코 같지 않음을 알 수 있다. 그런데도 우리는 어렸을 때의 나와 커서의 나를 동일한 나라고 생각한다. 이렇게 동일하지 않은 몸을 '동일한 나'라고 생각하는 것이 5온의 색(色)이다. 즉, 5온의 색은 실상이 아니라 우리가 꾸며놓고 집착하고 있는 허망한 생각일 뿐이다.

그렇다면 색, 즉 몸의 실상은 어떤 것일까? 우리가 몸의 실상을 알기 위해서는 우선 몸에 대해 가지고 있는 허망한 생각을 버려야 한다. 그리고 우리의 몸을 잘 관찰해야 한다. 이렇게 우리의 몸을 관찰하는 수행을 4념처(四念處) 가운데 신념처(身念處)라고 한다. 우리의 생각을 몸을 관찰하는 데 집중하는 것이 신념처인 것이다. 우리의 몸을 잘 관찰하면 몸은 먹는 것에 의해 유지됨을 알게 된다. 잘 먹으면 살이 찌고 못 먹으면 몸이 마른다. 또 먹지 않으면 존속하지 못하고 사라져간다. 따라서 몸은 음식이 있으면 존재하고 음식이 없으면 존재하지 않는다는 것을 알 수 있다. 다시 말해서 음식과 몸은 서로 떨어져 있지 않다는 것을 알게 된다. 음식을 먹어 내 몸에 들어오면 음식은 내 몸이 되고, 소화되어 배설하고 나면 배설물은 내 몸이 아니다. 그러나 배설물이 논밭에 뿌려져 쌀이 되고 과일이 되어 내 몸에 들어오면 다시 내 몸이 된다.

이렇게 생각하면 내 몸과 음식물과 배설물이 결코 둘이 아니라는 것을 알 수 있다.

이제 음식에 대하여 살펴보자. 음식은 땅, 나무, 공기, 태양, 물 등이 있어야 생길 수 있다. 따라서 음식은 땅, 나무, 공기, 태양, 물 등과 둘이 아니라는 것을 알 수 있다. 그렇다면 나의 몸은 곧 땅이며, 나무이며, 공기이며, 태양이며, 물이라는 것을 알 수 있다. 이 세상 어느 것 하나 나의 몸 아닌 것이 없다. 이렇게 보면 내 몸은 태어나서 죽는 것이 아니라 생사가 없이 인연 따라 다양한 모습으로 나타나고 있다는 것을 알 수 있다. 따라서 몸은 무상(無常)하여 상주 불변하는 실체는 없지만, 인연, 즉 업에 따라 항상 나타나고 있음을 알 수 있다. 『반야심경』에서는 무상하여 실체가 없는 모습을 공(空)이라고 부르고, 인연 따라 나타난 모습을 색(色)이라고 부른다. 그래서 나의 몸의 참모습은 '색즉시공'이고 '공즉시색'인 것이다. 수, 상, 행, 식도 마찬가지이다.

이와 같이 5온의 실상은 업을 짓고 보를 받는 실체가 아니라 삶에 의해 무상하게 변화하고 있는 업보이다. 5온은 '작자(作者)'가 아니라 '업보'인 것이다. 따라서 '5온'에 대하여 '나'라는 허망한 생각만 지워버리면 '무아인 5온'이 그대로 우리의 참모습이다. 『반야심경』에서 '색즉시공, 공즉시색'이라고 한 것은 우리의 참모습을 그대로 드러낸 것이다.

'참된 나'를 이렇게 알았다면 '참된 나'의 행복을 위해 우리는 어떻게 살아야 할까? 흙이나 공기가 내 몸이 아니라고 오염시키고, 흐르는 강물이 내 몸이 아니라고 강물을 더럽힐 수 있을까? 흙이나 공기나 물이 오염되면 우리의 몸은 정상적으로 유지될 수 없다. 따라서 세상의 모든 것을 나라고 생각하는 사람은 나의 몸을 위해서 내 몸을 보살피듯이 환경을 깨끗하게 보존하고 보살피지 않을 수 없을 것이다. 남과 내가 둘이 아니라 모두가 '참된 나'라고 생각하면 나를 위해 남을 해치지 않을 것이다. 친구를 위해 헌신하면서도 남을 위해 헌신한다고 생각하지 않을 것이다. 오히려 자신의 마음대로 이웃을 위해 봉사하고, 희생할 것이다. 이것이 '진정한 자유'이며 불교에서는 이러한 자유를 '해탈'이라고 부른다.

우리에게 이런 자유는 얼마든지 보장되어 있다. 아니 보장된 것이 아니라 본래 우리는 그렇게 살 때 행복을 느끼게 되어있다. 이것이 본래 해탈을 구족한 우리의 참모습이다. 이 자유를 구속하고 있는 것은 남이 아니라 자기 자신의 어리석고 허망한 생각, 즉 무명과 번뇌일 뿐이다.

3조 승찬 스님에게 4조 도신 스님이 "스님, 자비로써 저를 해탈법문으로 이끌어 주십시오"라고 말했을 때, 승찬 스님은 "누가 너를 묶고 있느냐?"고 반문했고, 승찬 스님의 이 말씀에 도신 스님은 "묶고 있는 사람이 없습니다"라고 대답했다. 승찬 스님이 다시 "그렇다면 왜 해탈을 구하는가?"라고 물었을 때 도신 스님은 본래 해탈해 있는 자신의 참모습을 크게 깨달았다고 한다.[35]

이와 같이 불교는 강에 비친 달이 본래 하나의 달이듯이 우리가 '각각의 나'라고 집착하고 있는 것이 본래는 '하나'이며, 이러한 '나의 참모습'이 어리석은 생각에 가려서 우리에게 드러나지 않고 있지만 어리석은 생각에서 벗어나면 본래 해탈을 구족한 '참된 나'의 모습이 곧 드러난다는 것을 가르친다.

---

35 『대정장』 2, pp. 87c~88a의 필자 번역.

2

◆

거짓된 나

이미 살펴보았듯이 '거짓된 나'는 5온이다. 이러한 '거짓된 나'는 어디에 근거를 두고 있는지를 알아서 그 근거를 없애야만 '참된 나'를 찾을 수 있다. 붓다가 '거짓된 나'의 근거로 이야기한 것은 '6입처'이다. 앞에서 인용한『잡아함 306경』을 다시 살펴보자.

> 눈으로 색을 보면 무엇인가를 보는 마음[眼識]이 생긴다. 이렇게 보는 마음이 있을 때 무엇인가가 보이며, 보이면 그것에 대하여 느낌[受]이 일어나고, 생각[想]이 일어나고, 그것을 가지고 어떻게 하려는 생각[行]이 일어난다. 이것이 느낌[受], 생각[想], 어떻게 하려는 생각[行], 무엇인가를 보는 마음[識]이다. 보는 눈[眼, 즉 色]과 이들 네 가지[受想行識]를 사람이라고 하면서 이들 5온에서 사람이라는 생각을 하여 … 다

음과 같이 말한다. '내가 눈으로 색을 보고, 내가 귀로 소리를 듣고, …'

이 경은 우리가 '보고, 느끼고, 생각하고, 행동하고, 인식하는 나', 즉 5온이 나라는 생각의 근거는 보고, 듣고, 냄새 맡고, 맛보고, 만지고, 생각하는 우리의 삶에 보고, 듣고, 생각하는 '자아'가 존재한다는 신념이라는 것을 보여준다. 이러한 신념을 '6입처'라고 한다.

붓다는 보고, 듣고, 냄새 맡고, 맛보고, 만지고, 생각하는 우리의 삶에 보고, 듣고, 생각하는 '자아'가 존재한다는 그릇된 신념을 'āyatana(入處)'라고 불렀다. 6입처의 입처(入處)는 'āyatana'를 한역한 것이며, 혹자는 입(入) 또는 처(處)로 번역했다. 붓다가 우리의 그릇된 신념을 'āyatana'라고 부른 것은 당시의 우파니샤드 철학자들의 생각을 지적한 것으로 생각된다. 『찬도갸 우파니샤드』에서는 다음과 같은 대화가 있다.

"내가 브라만의 네 번째 부분들을 알려주겠다."
"말씀해주십시오."
물새가 사뜨야까마에게 말하기를
"총명한 소년아. 숨, 눈, 귀 그리고 마음이 그 네 번째 부분이다. 이들은 브라만이 머무는 자리(āyatana)의 이름이다."[36]

우리는 숨 쉬고, 보고, 듣고, 생각하면서 살아간다. 이러한 우리의 삶에 '자아'로서 브라만이 있으며, 숨 쉴 때는 숨에 머물고, 볼 때는 눈에 머물고, 들을 때는 귀에 머물며, 생각할 때는 마음에 머문다는 것이 우파

36 이재숙, 앞의 책, p. 316. *The Principal Upaniṣads*, 앞의 책, p. 411 대조.

니샤드 철학자들의 주장이다. 우리가 눈, 귀, 마음이라고 부르는 것은 브라만이 머무는 자리에 대한 이름이라는 것이다. 우리는 사물을 볼 때 '보는 자아가 있다'고 생각한다. 즉, '보는 자아가 눈에 머물면서 사물을 보고 있다'고 생각하는 것이다. 우파니샤드 철학자들이 눈, 귀에 대하여 'āyatana'라고 한 것은 이러한 우리의 생각을 대변한 것이다.

『수능엄경』에 다음과 같은 대화가 나온다.

아난이 부처님께 사뢰었다.

"이렇게 애락함은 저의 마음과 눈으로 하였나이다. 눈으로는 여래의 거룩한 상을 보옵고, 마음으로는 애락하였으므로 제가 발심하여 생사를 버리려 하였나이다."

부처님이 아난에게 말씀하셨다.

"네가 말한 바와 같이, 참으로 애락함은 마음과 눈으로 말미암느니라. 만일 마음과 눈이 있는 데를 알지 못하면, 진노(塵勞, 번뇌)를 항복 받을 수 없느니라. 마치 국왕이 대적의 침략을 받고 군대를 보내어 토벌할 적에 그 군대가 적병이 있는 데를 알아야 하는 것과 같으니라. 너로 하여금 (생사)유전케 함은 마음과 눈이 허물이니, 내 이제 너에게 묻노라. 마음과 눈이 어디에 있느냐?"

아난이 부처님께 사뢰었다.

"세존이시여, 일체 세간에 열 가지 이생(異生)의 마음은 모두 몸속에 있사오며, 여래의 청련화 같은 눈은 부처님의 얼굴에 있사옵고, 저의 부근사진(浮根四塵: 지수화풍 4대로 된 허망한 눈)은 제 얼굴에 있사오니, 이와 같이 인식하는 마음은 실로 몸속에 있나이다."

… (중략) …

"아난아, 너도 그러하니라. 너의 신령한 마음이 온갖 것을 분명하게 알거니와 만일 현재에 분명하게 아는 마음이 몸속에 있다면 몸속에 있는 것들을 분명하게 알아야 할 터인데, 먼저 몸속을 보고 나중에 밖에 있는 것을 보는 중생이 있겠느냐? … 그러므로 알아라. 네 말과 같이 깨닫고 알고 하는 마음이 몸속에 있다는 말은 옳지 아니하니라."

… (중략) …

아난이 부처님께 사뢰었다.

"세존이시여, 부처님의 말씀과 같이 속을 보지 못하는 탓으로 몸속에 있는 것이 아니옵고, 몸과 마음이 서로 알며, 서로 여의지 아니한 탓으로 몸 밖에도 있지 아니하오니, 지금 다시 생각하온즉 한 곳에 있는 줄을 알겠나이다."

부처님이 말씀하시었다.

"그 있는 데가 어디냐?"

아난이 말하였다.

"이 분명하게 아는 마음이 속을 알지 못하면서도 바깥 것을 잘 보는 터이온즉, 제 생각에는 근(根, 눈) 속에 들어 있겠나이다. …"

부처님이 아난에게 말씀하시었다.

"네 마음이 눈에 유리를 댄 것 같다면, 산과 강을 볼 적에 어째서 눈을 보지 못하느냐? …"[37]

이 경에서 아난은 인식의 주체로서의 마음이 실재하고, 이 마음이 눈을 통해 사물을 인식한다고 생각하고 있다. 아난은 우리의 몸속에 인식의

37 『首楞嚴經 註解』, 이운허 주해(동국역경원, 1974), pp. 12~18.

주체인 마음이 있어서 눈을 통해 외부의 사물을 인식한다는 생각을 버리지 못하고 눈 속에 마음이 머물고 있을 것이라는 생각에 이른 것이다.

붓다가 안이비설신의(眼耳鼻舌身意)를 'āyatana'라고 부른 것은 우파니샤드 철학자들과 『수능엄경』에서 아난이 보여준 중생들의 생각을 지칭한 것이다. 따라서 'āyatana'는 중생들이 '자아가 머무는 곳으로 생각하고 있는 것'을 의미한다고 할 수 있다. 이와 같이 인식할 때 인식의 주체로서 '자아'가 있다는 신념에서 형성된 '자아'가 5온이다. 붓다는 우리에게 이러한 잘못된 신념, 즉 'āyatana'에서 어떻게 중생들의 '자아'와 '세계'가 연기하는가를 보여주었으며, 이것이 연기설이다.

일반적으로 6입처(六入處)와 6근(六根)을 동일한 의미로 이해하고 있다. 12입처는 6근과 6경(六境)을 의미하고 18계는 6근, 6경, 6식(六識)을 의미한다고 생각하는 것이다. 그러나 위에서 살펴보았듯이 6입처는 결코 6근을 의미하지 않으며, 18계의 안이비설신의 색성향미촉법도 6근과 6경을 의미하는 것이 아니다. 근본불교를 바르게 이해하기 위해서는 먼저 붓다가 사용한 언어의 의미를 바르게 이해해야 한다. 그런데 근본불교의 기초개념인 6근, 6경, 12입처, 18계 등의 개념이 크게 오해되고 있기 때문에 근본불교가 바르게 이해되지 못하고 있다는 것이 필자의 생각이다. 필자는 이런 생각에서 6입처와 6근의 차이를 기회 있을 때마다 강조하였으며, 최근 「6입처와 6근은 동일한가」[38]라는 논문을 발표하여 그 차이를 밝힌 바 있다. 근본불교의 사상을 본격적으로 논하기 전에 먼저 그 기초가 되는 개념의 이해를 위해 6입처와 6근의 의미를 살펴보자. 다음 내용은 이 논문에 실린 것이다.

---

38 『범한철학』 제17집(범한철학회, 1998), pp. 291~311.

3

◆

6입처(六入處)와 6근(六根)

만약 6입처가 6근을 의미한다면 근본불교의 교리는 매우 큰 딜레마에 빠진다. 먼저 12연기의 이해에 문제가 생긴다. 12연기에 의하면 6입처는 무명(無明)에서 연기하여 무명이 사라지면 행(行), 식(識), 명색(名色)과 함께 차례로 사라진다고 한다. 만약 6입처가 6근(六根)을 의미한다면 6근이 무명에서 생긴다고 해야 할 뿐만 아니라 무명이 사라진 붓다는 6근이 없어야 할 것이다.

6입처에 대한 잘못된 이해는 단순히 한 개념의 오해에 그치는 것이 아니다. 앞에서 살펴보았듯이 6입처는 5온 성립의 근거가 된다. 불교의 여러 교리는 이와 같이 상호 밀접한 연관을 가지고 있다. 앞으로 살펴보겠지만 근본불교의 교리는, 12입처(十二入處)는 18계(十八界)로 발전하고, 18계는 5온(五蘊)로 발전하며, 5온은 12연기(十二緣起)로 발전한다. 이와 같이 불교의 사상적 특징으로 이야기되는 연기설은 12입처에서 시작되어 12연기에 이르는 전 과정을 의미한다. 그런데 연기설의 토대가 되는 6입처가 6근과 동일시됨으로써 근본불교의 교리에 대한 체계적이고 바른 이해가 어렵게 되었다.

6근의 안근(眼根)과 6입처의 안입처(眼入處)가 다르듯이 6입처의 안입처와 18계의 안계(眼界)도 동일한 개념이 아니다. 입처(入處)에서 계(界)가 형성되고, 계가 형성되었을 때 촉(觸)이 발생하여 5온이 집기(集起)한다는 것이 불교의 연기설이다. 입처(入處), 계(界), 촉(觸), 집(集), 온(蘊) 등의 술어는 이러한 연기설을 설명하기 위한 개념이며, 입처는 그 기초가 된다. 따라서 입처의 의미를 알지 못하면 계, 촉, 집, 온 등의 의미도 알 수 없으며, 연기설을 바르게 이해할 수도 없다.

6근의 의미도 새롭게 이해되어야 한다. 기존의 이해대로라면 6근은 감각기관을 의미한다. 그러나 경전의 내용을 통해 6근의 의미를 살펴보면 그것은 신체의 기관을 의미하는 것이 아니라 지각활동 내지는 인지활동을 의미한다. 6입처는 이러한 인지활동에서 발생하는 의식이다. 6근에 대한 이러한 이해는 6입처에 대한 바른 이해로 이어지고, 나아가 모든 근본불교의 바른 이해로 이어질 것이다.

이미 살펴본 바와 같이 'āyatana'는 중생들이 '자아가 머무는 곳'으로 생각하고 있는 것을 의미한다. 이러한 6입처는 구체적으로 어떤 것이며 붓다는 어떤 과정을 통해 이것을 발견했을까? 『잡아함 57경』은 6입처가 5온의 근거를 찾은 결과 드러난 것임을 다음과 같이 이야기하고 있다.

"만약 어떤 비구가 이 좌중에서 '어떻게 알고 어떻게 보아야 빨리 누(漏)를 다하게 될까?'라고 생각한다면 나는 이미 그것에 대하여 설한 바가 있다. 마땅히 여러 가지 음(陰, 五蘊)을 잘 관찰하여야 한다. 4념처(四念處), 4정단(四正斷), 4여의족(四如意足), 5근(五根), 5력(五力), 7각지(七覺分), 8성도분(八聖道分)이 5음(五陰)을 잘 관찰하는 길이다.

… (중략) …

어리석은 범부는 몸[色蘊]을 자기라고 보나니, 만약 자기라고 본다면 이것을 행(行)이라고 부른다. 저 행은 무엇이 인(因)이고, 무엇이 집기(集起)한 것이고, 무엇이 낳은 것이고, 무엇이 발전한 것인가? 무명촉(無明觸)이 애(愛)를 낳고, 애를 연(緣)으로 하여 저 행이 일어나는 것이다.
저 애는 무엇이 인이고, 무엇이 집기한 것이고, 무엇이 낳은 것이고, 무엇이 발전한 것인가? 저 애는 수(受)가 인이고, 수가 집기한 것이고, 수가 낳은 것이고, 수가 발전한 것이다.
저 수는 무엇이 인이고, 무엇이 집기한 것이고, 무엇이 낳은 것이고, 무엇이 발전한 것인가? 저 수는 촉(觸)이 인이고, 촉이 집기한 것이고, 촉이 낳은 것이고, 촉이 발전한 것이다.
저 촉은 무엇이 인이고, 무엇이 집기한 것이고, 무엇이 낳은 것이고, 무엇이 발전한 것인가? 저 촉은 6입처(六入處)가 인이고, 6입처가 집기한 것이고, 6입처가 낳은 것이고, 6입처가 발전한 것이다.
저 6입처는 무상(無常)하고 유위(有爲)이며 마음에서 연기한 법(法)이다. 저 촉이나 수나 애나 행도 무상하고 유위이며 마음에서 연기한 법이다."[39]

이 경에서 보여주듯이 6입처는 4념처(四念處) 등을 수행하여 5온의 근

39 『대정장』 2, p. 14a의 필자 번역.

원을 찾아간 결과 5온의 근거로 드러난 것이다. 5온은 중생들이 자아라고 생각하는 것이다. 4념처는 이들 5온이 과연 참된 자아인가를 성찰하는 관법(觀法)인데 4념처관(四念處觀)을 통해 보면 5온을 자아로 생각하는 것은 무명촉(無明觸)에서 비롯된 갈애[愛] 때문이라는 것이다. 그리고 이러한 갈애의 근원이 6입처이며 6입처는 마음에서 연기한 법(法)이라는 것이 이 경의 내용이다. 그런데 이 경에는 무명촉(無明觸)-애(愛)-행(行)이라는 연기 구조와 6입처(六入處)-촉(觸)-수(受)-애(愛)라는 연기 구조가 함께 나타나고 있다. 즉, 애의 원인으로 무명촉과 6입처가 제시되고 있는 것이다. 따라서 무명촉의 의미를 밝히면 6입처의 의미도 드러날 것이다.

무명촉이 무엇을 의미하는지는 앞에 인용한 『잡아함 294경』에 나타난다.

> 어리석고 배우지 못한 범부는 무명에 가리고 애욕에 묶여서 식(識)이 생기면, '몸 안에는 식(識)이 있고, 몸 밖에는 명색(名色)이 있다'고 분별한다. 이 두 인연으로 촉(觸)이 생긴다.[40]

이 경에 의하면 무명촉은 무명-행-식-명색-6입처-촉의 전 과정을 의미한다. 무아의 진리에 대한 무지[無明]에서 애욕에 묶여 자기와 타자를 구별하는 작용이 일어난다[行]. 그 결과 이전의 삶을 통해 형성된 마음[識]을 자기의 내적 자아로 삼고, 그 마음에 인식되는 명색[名色]을 외적 객관세계로 파악한다. 6입처는 이렇게 객관세계로 파악된 명색(名

40 『대정장』 2, p. 83c의 필자 번역.

色)을 보고, 듣고 생각할 때 인식의 주체가 안이비설신의(眼耳鼻舌身意)에 머물고 있다고 생각하는 중생의 신념이다. 이때 명색은 인식의 대상, 즉 6외입처(六外入處: 色聲香味觸法)가 된다. 무명촉은 이와 같이 무명에서 분별된 내적 자아(주관)와 외적 세계(객관)의 관계 맺음이다. 중생들은 그 관계 맺음을 통하여 자기 존재[五蘊]를 구성하게 되는데 그 과정이 6입처-촉-수-애이고, 자기 존재를 구성하는 작용이 행(行)이다. 자기 존재를 구성하는 삶은 무명이 사라지지 않는 한 계속되므로 무명을 연으로 하여 행은 끊임없이 반복된다.

12연기에서는 무명을 출발점으로 하고 있지만, 현실의 삶에서 연기의 출발점은 6입처이다. 12연기에서 6입처 앞의 무명, 행, 식, 명색은 과거의 삶을 통해 형성된 중생의 의식 세계이며 이 세계에서 중생들은 보고, 듣고, 만지고, 생각하면서 살아간다. 전술한 바와 같이 붓다는 이러한 삶에 "삶의 주체로서 불변의 자아는 없다(有業報而無作者)"라고 이야기한다. 우리가 인지(認知)의 주체, 즉 자아라고 생각하는 것은 인지활동의 결과[業報]일 뿐 자아라는 실체가 아니라는 것이다. 그러나 무명의 상태에 있는 중생들은 애욕에 묶여서 업보(業報)를 자아로 집착한다. 6입처는 이렇게 중생들에 의해서 보고, 듣고, 만지고, 생각하는 우리의 삶에 인지활동의 주체인 자아가 들어 있다는 그릇된 신념인 것이다.

근(根)의 원어 'indriya'는 원래 '인드라에 속하는'의 의미를 지닌 형용사인데 중성명사로 사용되면 '인드라가 지닌 힘이나 속성'을 의미한다. The Pali Text Society's Pali-English Dictionary에 의하면 'indriya'는 불교 심리철학과 윤리학의 가장 포괄적이고 중요한 카테고리의 하나로서 '지배적인 원리, 지배적인 힘'을 의미하며 감각적 지각능력과 관련해서는 '능력, 기능'을 의미하는데 왕왕 '감각기관(organ)'

으로 잘못 해석되고 있다고 한다.[41] 이 사전에서 6근을 감각기관이라고 이해하는 것이 잘못임을 지적한 것은 적절한 것이지만 6근의 근(indriya)을 '능력, 기능'의 의미로 해석하는 것은 6근의 의미를 충분히 살리지 못한 것이다. 『아함경』에서 6근은 지각을 설명하는 데 사용되는 개념이 아니라 수행체계 속에서 이야기되는 개념이다. 따라서 6근의 의미는 6근이라는 개념이 불교의 수행체계 속에서 어떤 의미로 사용되고 있는가에 의해 결정될 것이다.

6근은 근본경전에서 수호(守護)해야 할 것으로 이야기되는데, 『중아함 산수목건련경(算數目揵連經)』에서 6근의 수호는 처음 수행을 시작한 비구가 거쳐야 할 수행의 단계 가운데 다음과 같이 이야기된다.

① 신구의(身口意) 3업(三業)이 청정한 생활을 할 것. (身口意護命清淨)
② 자신의 신수심법(身受心法)을 여실하게 관(觀)할 것. (觀內身如身至觀覺心法如法)
③ 자신의 신수심법(身受心法)을 여실하게 관하고 욕망[欲相應念]을 일으키지 말 것. (觀內身如身莫念欲相應念)
④ 6근(六根)을 수호하여 항상 막을 것. (守護諸根常念閉塞)
⑤ 출입(出入)할 때 자신의 몸가짐을 잘 살피고, 일상생활을 잘 살필 것. (正知出入善觀分別)
⑥ 홀로 외딴곳에 머물면서 선정(禪定)을 닦아 4선(四禪)을 성취할 것. (獨住遠離無事處)[42]

41 The Pali Text Society's Pali-English Dictionary, ed. T. W. Rhys Davids and William Stede (London: The Pali Text Society, 1979), p. 121.
42 『대정장』 1, p.652 참조.

『중아함 상적유경(象跡喩經)』에서도 6근의 수호가 수행의 단계 속에서 이야기되는데 그 순서는 다음과 같다.

① 10선계(十善戒)를 잘 지켜 계취(戒聚)를 성취(成就)한다. (成就此聖戒聚)

② 6근(六根)을 수호하여 항상 막는다. (守護諸根常念閉塞)

③ 출입(出入)할 때 자신의 몸가짐을 잘 살피고, 일상생활을 잘 살핀다. (正知出入善觀分別)

④ 홀로 외딴곳에 머물면서 선정(禪定)을 닦아 4선(四禪)을 성취한다. (獨住遠離無事處)[43]

10선계(十善戒)는 ① 살생 ② 투도 ③ 사음 ④ 거짓말 ⑤ 이간질 ⑥ 욕설 ⑦ 아첨 ⑧ 탐심 ⑨ 진심 ⑩ 치심을 저지르지 않는 것이다. 여기서 사음은 신업(身業), 거짓말, 이간질, 욕설, 아첨은 구업(口業), 탐심, 진심, 치심은 의업(意業)으로 신구의(身口意) 3업(三業)이 청정한 삶을 의미한다. 그런데 『산수목건련경』에서 이야기하고 있는 신수심법(身受心法)을 관하는 4념처의 수행이 『상적유경』에는 보이지 않는다. 여기에서 6근의 수호는 4념처와 관련되어 있음을 알 수 있다. 6근의 수호란 지각활동을 할 때 대상에 의해 감정의 동요를 일으키지 않고 마음을 집중하는 것을 말한다. 이러한 6근의 수호는 4념처 수행이라는 것을 『잡아함 255경』에서 다음과 같이 이야기한다.

43 『대정장』 1, p.657 참조.

그대를 위하여 문(門)을 수호(守護)하는 것에 대하여 이야기하리라. 다문성제자(多聞聖弟子)는 눈[眼]으로 색(色)을 보고서 마음에 드는 색에 집착하는 마음을 내지 않고, 마음에 들지 않는 색에 싫어하는 생각을 내지 않고, 항상 그 마음을 모아서 신념처(身念處)에 머물면서 무량한 심해탈(心解脫)과 혜해탈(慧解脫)을 여실하게 알아 그에게 일어난 악불선법(惡不善法)을 남김이 없이 적멸(寂滅)한다.[44]

이 경에서 문(門)이라고 한 것은 6근을 의미한다. 6근의 수호는 4념처에 마음을 집중하여 정념(正念)의 상태를 떠나지 않고 지각활동을 하는 것을 의미한다. 따라서 『산수목건련경』에서는 4념처의 수행을 여러 단계로 나누어 구체적으로 이야기하고 있고, 『상적유경』에서는 이러한 4념처의 수행을 6근의 수호라고 표현하고 있음을 알 수 있다.

이와 같이 6근의 수호가 4념처 수행을 의미한다면 6근을 감각기관이나 감각기능으로 해석하는 것은 바람직하지 않다. 『산수목건련경』에 상응하는 『맛지마 니까야 107. Gaṇakamoggallānasuttaṁ(가나까목갈라나경)』에서는 6근의 수호를 다음과 같이 이야기하고 있다.

근(根)들에서(indriyesu) 문(門, dvāra)을 지켜라. 눈으로 色을 보고 나서 겉모습(相; nimitta)에 사로잡히지 말고 부수적인 모습 (別相; anubyañjana)에 사로잡히지 말라. 왜냐하면 이 안근(眼根, cakkhundriya)을 억제하지 않고 살아가면 貪愛나 근심과 같은 사악하고 불선(不善)한 법(法)들이 흘러들기 때문에, 그것을 막기 위하여, 마땅히 안근을

44 『대정장』 2, p. 64ab의 필자 번역.

지켜야 하고, 안근의 억제를 실천해야 한다.[45]

『맛지마 니까야』에서 '근(根)들에서(indriyesu: indriya의 복수 처격) 문(門)을 지키라'는 것이 『중아함경』에서는 '제근(諸根)을 수호하라(守護諸根)'로 번역되어 있음을 알 수 있다. 『아함경』에 의하면 6근은 수호의 대상이 된다. 그러나 『니까야』에 의하면 6근은 처격으로 사용되고 있으므로 장소나 시기 또는 어떤 행위가 벌어지고 있는 상황을 의미한다. 그리고 수호의 대상은 문(門)이다. 따라서 『니까야』의 의미로 해석한다면 6근은 '인지활동' 또는 '지각활동'이라고 해석하는 것이 좋다. 이런 의미로 해석하면 '근들에서 문을 지키라'는 말은 '지각활동을 할 때 마음에 나쁜 생각이 흘러들어오지 않도록 주의하라'는 의미가 된다.

37조도품(三十七助道品)의 5근(五根), 즉 신근(信根, saddhindriya), 정진근(精進根, viriyindriya), 염근(念根, satindriya), 정근(定根, samâdhindriya), 혜근(慧根, paññindriya)의 'indriya'도 '활동'의 의미로 해석하면 잘 어울린다. 신근은 여래(如來)에 대한 굳은 믿음의 실천을 의미하고, 정진근은 4정단(四正斷)을 부지런히 닦는 것을 의미하며, 염근은 4념처(四念處)를 관(觀)하는 것을 의미하고, 정근은 4선(四禪)을 구족하는 것을 의미한다. 그리고 혜근은 4성제(四聖諦)를 여실하게 아는 것을 의미한다.[46] 5근(五根)은 다섯 가지 수행의 실천인 것이다.

45 『맛지마 니까야』 vol. 3. p. 2의 필자 번역. 이 경은 『중아함 산수목건련경(算數目揵連經)』에 상응한다.

46 『잡아함 647경』 (『대정장』 2, p. 182bc.), 『쌍윳따 니까야』 48. 9. Vibhaṅga(1) (vol. 5. pp. 196~197) 참조.

4

◆

6입처(六入處)와 6근(六根)의 관계

전술한 바와 같이 6입처와 6근은 각기 다른 의미의 개념이다. 다음에 인용하는 『맛지마 니까야 43. Mahāvedallasuttaṁ(교리문답큰경)』은 6근과 6입처가 결코 동일한 의미일 수 없음을 보여준다.

> "존자여, 이들 5근(五根), 즉 안근(眼根), 이근(耳根), 비근(鼻根), 설근(舌根), 신근(身根)은 서로 다른 다양한 경계(境界, visaya)와 행처(行處, gocara: 활동영역)가 있어서 다른 것의 활동영역(gocaravisaya)을 인지(認知)하지(paccanubhoti) 못하오. 이와 같이 다른 것의 활동영역을 인지하지 못하는, 서로 다른 활동영역을 갖는 5근의 의지처는 무엇이며, 그들의 (모든) 활동영역을 인지하는 자는 누구인가? … 존자여, 이들 5근의 의지처는 의(意, mano)이며, 의가 그들의 활동영역을 인지하오.

존자여, 이들 5근, 즉 안근, 이근, 비근, 설근, 신근은 무엇에 의지하여(paṭicca) 머무는가(지속하는가, tiṭṭhanti). 존자여, 이들 5근은 수명(壽命, āyu)에 의지하여 머무오.

존자여, 수명은 무엇에 의지하여 머무는가? 존자여, 수명은 열(熱, usmā)에 의지하여 머무오.

존자여, 열은 무엇에 의지하여 머무는가? 존자여, 열은 수명에 의지하여 머무오."[47]

이 경은 안이비설신(眼耳鼻舌身)의 지각활동[五根]이 의근(意根)에 의지하여 지속되며, 이들 지각활동은 수명이 계속되는 한 지속된다는 것을 이야기하고 있다. 6입처는 무명에서 연기한 것이지만, 6근은 수명에 의지하여 지속된다는 것이다. 따라서 무명에서 연기한 6입처는 무명을 멸하고 멸진정(滅盡定)을 성취하면 사라진다. 그러나 6근은 멸진정에 들어도 사라지지 않고 생명활동이 끝나야 사라진다.[48]

6입처와 6근은 이렇게 서로 다른 것이지만 이들은 깊은 관련을 맺고 있다. 전술한 바와 같이 '업보(業報)'는 있으나 '작자(作者)'는 없다. 그러나 중생들은 업의 작자인 자아(自我)가 존재한다고 생각한다. 중생들이 자아로 생각하는 것은 인지활동(지각활동)에 기초하여 살아가는 가운데 무아의 진리를 모르고 애욕에 묶여 인지활동에서 생긴 의식 내용[業報]을 취착한 것이다. 6근은 삶의 기초가 되는 인지활동을 의미하고

47 『맛지마 니까야』 vol. 1. p. 295. 필자의 번역. ( ) 안의 빨리어는 참고하기 위해 원문을 적은 것.

48 "死者壽命滅訖 溫暖已去 諸根敗壞 比丘入滅盡定者 壽不滅訖 暖亦不去 諸根不敗壞" 『중아함 대구치라경(大拘絺羅經)』 (『대정장』 1. p. 791c.)

6입처는 인지활동에 인지의 주체인 자아가 존재하고 있다는 착각이다. 우리의 인지활동, 즉 6근에는 인지의 주체로서의 자아가 실재하는 것이 아님에도 불구하고 무명에 뒤덮인 중생들은 인지활동의 주체인 자아가 있다고 생각하는데, 이렇게 중생들에 의해 허구적으로 계탁(計度)된 인지의 주체로서의 자아가 6입처인 것이다. 이것을 『잡아함 334경』은 다음과 같이 이야기하고 있다.

> 보는 주관[眼]은 인(因)이 있고, 연(緣)이 있고, 박(縛)이 있다. 어떤 것이 보는 주관[眼]의 인(因)이 되고, 연(緣)이 되고, 박(縛)이 되는가? 보는 주관[眼]은 업(業)이 인(因)이 되고, 연(緣)이 되고, 박(縛)이 된다.
> 업(業)은 인(因)이 있고, 연(緣)이 있고, 박(縛)이 있다. 어떤 것이 업(業)의 인(因)이 되고, 연(緣)이 되고, 박(縛)이 되는가? 업(業)은 갈애[愛]가 인(因)이 되고, 연(緣)이 되고, 박(縛)이 된다.
> 갈애[愛]는 인(因)이 있고, 연(緣)이 있고, 박(縛)이 있다. 어떤 것이 갈애[愛]의 인(因)이 되고, 연(緣)이 되고, 박(縛)이 되는가? 갈애[愛]는 무명(無明)이 인(因)이 되고, 연(緣)이 되고, 박(縛)이 된다.
> 무명은 인(因)이 있고, 연(緣)이 있고, 박(縛)이 있다. 어떤 것이 무명의 인(因)이 되고, 연(緣)이 되고, 박(縛)이 되는가? 무명은 부정사유(不正思惟)가 인(因)이 되고, 연(緣)이 되고, 박(縛)이 된다.
> 부정사유는 인(因)이 있고, 연(緣)이 있고, 박(縛)이 있다. 어떤 것이 부정사유의 인(因)이 되고, 연(緣)이 되고, 박(縛)이 되는가? 보는 주관[眼]과 보이는 형색[色]을 연(緣)하여 생긴 부정사유가 어리석음[癡]을 낳는다.
> 보는 주관[眼]과 보이는 형색[色]을 연하여 부정사유가 생기고 어리

석음을 낳는다. 그 어리석음이 무명이다. 어리석음으로 추구하는 욕(欲)을 갈애[愛]라고 한다. 갈애[愛]가 짓는 행위를 업이라고 한다.[49]

6입처를 무상한 것으로 관찰하는 것이 정사유(正思惟)이다. 6입처를 바르게 사유하여 무상함을 관찰함으로써 6입처에 대한 욕탐을 끊으면 마음이 바르게 해탈할 수 있다.[50] 그런데 바르게 사유하지 못하는 어리석음에서 욕탐을 일으켜 업을 짓기 때문에 6입처가 나타난다는 것이 이 경의 내용이다. 6근의 수호는 6입처의 무상함을 관찰함으로써 이루어진다. 인지활동[六根]을 할 때 인지의 주체[六入處]가 무상하고 무아라고 생각하여[正思惟] 욕탐을 일으키지 않는 것이 6근의 수호이다. 바르지 못한 사유[不正思惟]는 인지활동[六根]을 할 때 인지의 주체[六入處]가 무상하고 무아라고 사유하지 못하는 것을 의미한다. 이러한 어리석음[無明]에서 욕탐을 일으켜[愛] 그 욕탐을 만족시키기 위한 업을 짓고, 그 결과 업을 짓는 업의 주체, 즉 자아로 취착된 것이 6입처인 것이다.

이와 같이 6근은 인지활동을 하며 살아가는 우리의 삶을 의미하고, 6입처는 이러한 삶의 실상을 여실하게 알지 못하고 욕탐을 일으켜 인지활동의 주체로 취착(取著)하고 계탁(計度)한 자아라고 할 수 있다. 이러한 자아, 즉 6입처는 망념(妄念)이기 때문에 멸진(滅盡)해야 하지만 6근은 우리의 삶을 의미하기 때문에 바른 삶이 되도록 수호해야 한다. 즉, 6근의 수호를 통해 망념인 6입처를 멸진하고 무아의 삶을 살아야 하는 것이다. 이것이 연기설의 유전문(流轉門)과 환멸문(還滅門)이다. 무

49 『대정장』 2, p. 92bc의 필자 번역.

50 "於眼當正思惟 觀察無常 所以者何 於眼正思惟 觀察無常故 於眼欲貪斷 欲貪斷故 我說心正解脫" 『잡아함 189경』 (대정장 2, p. 49b.)

명에서 6입처가 연기하여 생사유전(生死流轉)한다는 것이 유전문이고, 6근을 수호하여 무명과 무명에서 연기한 6입처를 멸하는 것이 환멸문인 것이다. 6입처와 6근은 이렇게 연기설의 유전문과 환멸문을 이루고 있다.

이와 같이 근본불교의 교리와 수행은 6입처와 6근을 토대로 이루어져 있다. 이 두 개념이 지금까지 잘못 이해됨으로써 밀접한 연관이 있는 불교 이론과 실천은 별개의 분야처럼 다루어져 왔고, 서로 모순된 것처럼 이해되기도 했다. '업설'과 '무아설'은 '연기설'의 기초 위에 세워진 실천과 이론을 대표하는 사상인데, 이 두 사상이 서로 모순된 사상으로 이해되고 있는 것은 6입처와 6근에 대한 이해의 부족 때문이다. 6근이 우리의 인지활동을 의미한다면 그것은 업을 의미한다. 6입처는 이 업을 실체화하여 자아로 취착한 것이다. 그리고 무아설은 이러한 6입처에 자아가 존재하지 않음을 이야기한 것이다. 이와 같이 무아설과 업설은 모순되는 것이 아니라 연기설 속에서 이론과 실천이라는 긴밀한 관계를 맺고 있다.

7장

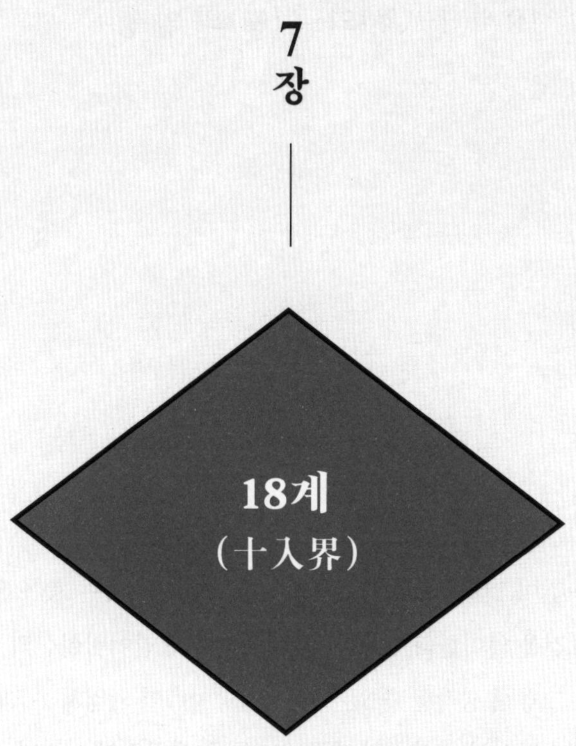

18계（十入界）

1

◆

18계(十八界)와 촉(觸)의 발생

전술한 바와 같이 입처(āyatana)는 중생들이 '자아가 머무는 곳'으로 착각하고 있는 것을 의미한다. 그런데 12입처 가운데 안이비설신의 내입처(內入處)는 그렇게 생각할 수 있지만, 색성향미촉법 외입처(外入處)는 자아가 아니라 인식의 대상이기 때문에 그렇게 생각하기 어렵다. 그러나 당시의 바라문교에서는 모든 사물의 내부에 '아트만'이 머물고 있다고 생각했고, 그것이 모든 사물의 '자아'라고 생각했다.

이러한 생각은 우리의 상식과도 일치한다. 우리는 어떤 사물을 보면, 보이는 사물이 외부에 실재하고 있다고 생각한다. 예를 들어 꽃을 볼 때 우리는 꽃이 실재하면서 피고 진다고 생각한다. 그렇다면 꽃은 피기 전에 어디에 있다가 필 때 나타나고, 지고 나면 어디로 가는 것일까? 꽃 속에 꽃이라고 할만한 것은 없다. 꽃은 여러 가지 인연에 의해 나타나고, 인연 따라 끊임없이 변화하다가 인연이 다하면 사라진다. 이렇게 실체가 없이 무상하여 생기면 반드시 사라지는 현상을 꽃이라고 부를 뿐이다. 이러한 허망한 꽃에 대하여 실체로서의 꽃이 존재한다고 생각하게 되는 근거는 보이고[色], 냄새나고[香], 만져지기[觸] 때문이다. 보이고 냄새나기 때문에 색과 향 속에 그 색과 향을 가지고 있는 실체로서의 꽃이 존재한다고 생각하는 것이다. 이와 같이 외입처는 외부의 대상이 실체로서 존재한다는 우리의 신념의 근거가 된다. 따라서 그것을 외입처라고 한 것이다.

12입처는 이렇게 자아가 존재한다는 신념의 근거가 되는 내입처와 외부의 사물이 존재한다는 신념의 근거가 되는 외입처를 의미한다. 자아와 세계는 이러한 그릇된 신념에서 비롯된 것이다. 붓다는 중생들이 생각하는 자아와 세계는 이와 같이 그릇된 신념에서 비롯된 것이라고 생각하여 "일체는 12입처"라고 이야기한 것이다.

우리가 이러한 그릇된 신념을 가지고 보고, 듣고, 생각하면 대상에 대하여 분별하는 인식이 생긴다. 우리가 꽃을 보고, '이 꽃은 붉고, 향기로운 장미꽃이다'라고 생각한다면 이것은 12입처를 인연으로 하여 생긴 식(識)이다. 즉, 봄으로써 붉은빛이라는 의식이 생기고, 냄새 맡음으로써 향기롭다는 의식이 생기고, 생각함으로써 '모양이나 향기로 보아 이것은 장미다'라는 의식이 생긴 것이다. 사물을 분별하는 의식은 이렇게 12입처를 인연으로 생긴다. 이것이 6식(六識)이다. 봄으로써 생긴 의식이 안식(眼識)이고, 들음으로써 생긴 의식이 이식(耳識)이며, 냄새 맡음으로써 생긴 의식이 비식(鼻識)이고, 맛봄으로써 생긴 의식이 설식(舌識)이다. 그리고 만져봄으로써 생긴 의식이 신식(身識)이고 생각함으로써 생긴 의식이 의식(意識)이다.

이와 같이 사물을 분별하는 의식은 12입처에서 연기한 것이다. 그런데 중생들은 사물을 분별하는 의식이 인식의 주체로서 우리의 몸 안에 있고, 이름과 형태를 가진 사물[名色]은 몸 밖에 있으며, 몸 안에 있는 의식이 감관을 통해 외부의 사물을 인식한다고 생각한다. 『중아함 차제경(嗏帝經)』과 이에 상응하는 『맛지마 니까야 38. Mahātaṇhāsaṅkhayasuttaṃ(갈애[愛]의 소멸 큰 경)』에서 이런 생각을 버리지 못하는 비구에게 붓다는 다음과 같이 이야기한다.

세존께서 물었다.

"그대는 실로 '내가 알기로는 세존께서 이 식(識)이 변함없이 유전하고 윤회한다'고 이야기했는가?"

차제(嗏帝, Sāti) 비구가 세존께 대답했다.

"저는 실로 '내가 알기로는 세존께서 이 식이 변함없이 유전하고 윤회한다고 말씀하시었다'고 이야기했나이다."

세존께서 물었다.

"식은 어떤 것이냐?"

차제 비구가 대답했다.

"세존이시여, 이 식은 말하는 자이며, 느끼는 자이며, 선악업(善惡業)을 지어 그 과보를 받는 자이옵니다."

세존께서 꾸짖어 말했다.

"차제여, 너는 어떻게 해서 내가 이와 같이 이야기했다고 알고 있느냐? 너는 누구의 입에서 내가 이와 같이 이야기했다고 들었느냐? 너 어리석은 사람아, 내가 한결같이 하지 않은 이야기를 너는 한결같이 이야기했다고 하는구나."

… (중략) …

"나는 식(識)은 인연 때문에 일어난다고 말했다. 식은 인연이 있으면 생기고, 인연이 없으면 사라진다. 식은 연이 되는 것을 따라서 생긴다. 그 연을 이야기하자면, 안(眼)과 색(色)을 연하여 식이 생기며 생긴 식을 안식(眼識)이라고 말한다."[51]

사물을 분별하는 식(識)은 자아와 세계가 개별적으로 존재한다는 그릇된 신념으로 보고, 듣고, 생각할 때 생긴 것이다. 이것을 붓다는 "식은 12입처에서 연기한 것"이라고 이야기한 것이다. 이렇게 12입처를 연하여 6식이 발생하면 우리는 외부의 대상은 색성향미촉법을 가지고 있고, 우리는 안이비설신의를 가지고 있으며, 우리의 내부에는 안이비설신의를 통해 색성향미촉법을 인식하는 안식(眼識) 내지 의식(意識)의 6식이 있다는 생각을 하게 된다. 이렇게 외부의 세계를 구성하는 것으로 생각되고 있는 것이 외6계(外六界)인 색·성·향·미·촉·법계이고, 자기의 내부를 구성하고 있는 것으로 생각되고 있는 것이 내6계(內六界)인 안·이·비·설·신·의계 이며, 인식의 주체로 생각되고 있는 것이 6식계(六識界), 즉 안식계(眼識界) 내지 의식계(意識界)이다. 이것을 18계라고 부른다. 18계는 이렇게 12입처를 인연으로 식이 발생함으로써 형성되는 우리의 의식 상태를 의미한다. 즉, 외적 세계는 색성향미촉법 등의 외6계로 되어있고, 내적 자아는 안이비설신의로 되어있으며, 자신의 내부에 외부의 세계를 인식하는 안식 내지 의식의 6식이 있다고 분별하는 마음이 18계인 것이다.

51 『대정장』 1, p. 767a와 『맛지마 니까야』 vol 1. pp. 258~259를 대조한 필자 번역.

촉(觸)은 이러한 18계의 의식 상태에서 발생한다. 앞에 인용한 『잡아함 294경』에서 붓다는 다음과 같이 이야기한다.

> 어리석고 배우지 못한 범부는 무명에 가리고 애욕에 묶여서 식(識)이 생기면, '몸 안에는 식(識)이 있고, 몸 밖에는 명색(名色)이 있다'고 분별한다. 이 두 인연으로 촉(觸)이 생긴다.

무명에 가리고 애욕에 묶여있는 상태가 12입처이다. 범부들이 12입처의 상태에서 보고, 듣고 생각하는 삶을 살아갈 때, 분별하는 의식인 식(識)이 발생한다. 이 식이 발생하면, 안이비설신의로 된 몸 안에 사물을 분별하는 6식(六識)이 있고, 몸 밖에는 색성향미촉법으로 된 이름과 형태를 가진 사물[名色]이 있다고 생각한다. 전술한 바와 같이 이러한 중생의 의식 상태를 붓다는 18계라고 불렀다. 근본불경의 여러 곳에서 촉(觸)은 18계를 인연으로 하여 생긴다고 이야기하고 있는데, 이것은 위에 인용한 경과 결코 다른 의미가 아니다.

촉은 몸 안의 식이 감각기관을 통해 몸 밖의 명색(名色)을 접촉하고 있다는 중생들의 착각이다. 예를 들어 '화단에 붉고 향기로운 장미가 있다'는 말은 '몸 안에 있는 식(識)이 눈을 통해 밖에 있는 붉고 향기로운 모습을 한 장미라는 이름을 가진 사물을 접촉하고 있다'는 말이다. 즉, '외부에 무엇인가가 존재한다'는 것은 '식이 명색과 접촉하고 있다'는 것을 의미한다. 촉의 원어 'phassa'는 '접촉'을 의미하므로 붓다는 식과 명색의 접촉을 'phassa'라고 표현한 것이다. 이와 같이 '외부에 어떤 사물이 존재한다'는 생각은 '식과 명색의 접촉', 즉 '촉(觸)'을 의미하므로 촉은 '외부에 사물이 존재한다는 중생들의 착각'이라고 할 수 있다.

2

◆

식(識)과 명색(名色)

붓다가 이야기하는 촉은 식과 명색의 접촉을 의미하므로 촉의 의미를 보다 분명하게 이해하기 위해 식과 명색에 대하여 살펴보기로 하자. 전술한 바와 같이 식(識)은 중생들이 인식의 주체로 생각하는 것이고, 명색(名色, nāma-rūpa)은 인식의 대상으로 생각하는 것이다. 명색이라는 개념이 외부의 사물을 의미하기 시작한 것은 『우파니샤드』에서라고 생각된다. 『브리하다란야까 우파니샤드』에서는 다음과 같이 이야기한다.

> 그때 이 (우주)는 구별되지 않았다. 이 우주가 이름(nāma, 名)과 형태(rūpa, 色)에 의해 구별되었기 때문에, 그는 이러한 이름을 가지고 있고, 이러한 모습을 가지고 있다(고 우리는 이야기한다.) 그러므로 지금도 이 우주는 이름과 형태(nāma-rūpa)로 구별되고 있으며, 그는 이러한

이름을 가지고 있고, 이러한 모습을 가지고 있다(고 우리는 이야기한다.) 그(구별된 개체의 자아, 아트만)는 여기, 마치 칼집 속에 숨겨져 있는 칼처럼, 장작 속에 숨겨져 있는 불처럼 손톱 끝까지 들어와 있다. 그가 전모를 드러내지 않으므로 그를 사람들은 보지 못한다. 숨 쉴 때 그는 숨이라 불리고, 말할 때 목소리라 불리고, 볼 때 눈이라 불리고, 들을 때 귀라 불리고, 생각할 때 마음이라 불린다. 이들은 단지 그의 행위의 이름일 뿐이다.[52]

『찬도갸 우파니샤드』에서는 다음과 같이 이야기한다.

그 신(브라만)은 '이제 이 세 가지 신들 속에 살아있는 아트만으로 들어가 여러 가지 이름과 형태(nāma-rūpa)로 나뉘리라'고 생각했다.[53]

본래 이 우주는 개개의 사물로 구별되지 않았으나 이름과 형태에 의해 구별되었으며, 이렇게 이름과 형태에 의해 구별된 개체 속에는 보이지 않는 '아트만'이 들어 있다는 것이다. 그리고 보고, 듣고, 말하고 생각하는 우리의 삶에 그 행위의 주체로서 '아트만'이 존재한다는 것이다.

우리는 사물을 이름과 형태로 인식한다. 이름이 없는 것은 인식할 수 없고, 형태가 없는 것은 비록 이름이 있어 인식한다 해도 무의미한 인식이 된다. 예를 들어 책상이나 의자라는 이름이 없다면 우리는 나무로 된 책상과 의자를 책상이나 의자로 인식하지 못하고 나무라고 인식

52 *The Principal Upaniṣads*, 앞의 책, p. 166의 필자 번역.
53 위의 책, p. 450의 필자 번역.

할 것이다. 나무라는 이름이 없다면 나무가 속하는 다른 이름으로 인식할 것이다. 이와 같이 이름이 없으면 그 이름이 지시하는 사물을 인식할 수 없다. 한편 이름만 있고 형태가 없어도 인식은 성립되지 않는다. 예를 들어 '토끼의 뿔'이나 '거북의 털'은 이름은 있지만, 형태가 없으므로 우리는 인식할 수 없다.

우파니샤드의 철학자들은 모든 사물이 이름과 형태를 통해 인식된다는 것을 알고, 이러한 이름과 형태를 지닌 사물 속에 그 사물의 본질로서 '아트만'이 내재한다고 생각했다. 이러한 우파니샤드 철학자들의 생각은 사물이 이름과 형태를 가지고 실재한다고 생각하는 우리의 상식과 상통한다. 붓다는 이러한 우리의 상식적인 생각에 기초한 사물의 이름과 형태를 명색(名色)이라고 불렀다.

그렇다면 과연 모든 사물은 본래 이름과 형태를 가지고 외부에 실재하는 것일까? 우리는 이름, 즉 언어나 개념이 객관적인 사물을 지시하고 있다고 생각한다. 이러한 생각의 근저에는 모든 사물이 본래 고유의 이름을 가지고 있다는 신념에서 비롯된 것이다. 산은 본래부터 산이고, 강은 본래부터 강이기 때문에 우리는 산을 산이라고 부르고 강을 강이라고 부른다고 생각한다. 그러나 이름은 객관적인 사물을 지시하는 것이 아니라 우리의 의도와 욕구의 반영이다. 아프리카의 부시맨에게는 책상이 없다. 그들에게는 책상이라는 개념, 즉 이름이 없다. 따라서 그들은 책상을 인식하지 못한다. 부시맨에게 나무로 된 책상을 보여주며 무엇이냐고 묻는다면 그들은 아마 나무라고 대답할 것이다. 만약 사물이 본래 이름과 형태를 가지고 있고, 우리가 그것을 인식한다면 부시맨이든 미국인이든 책상을 보면 책상으로 인식해야 할 것이다. 그러나 부시맨은 나무라고 인식하고 미국인은 책상이라고 인식한다면 책상은 객관적인 사물의 고유한 이름이라고 할 수 없다.

동일한 사물을 동일한 사람이 본다고 해서 동일한 인식이 성립되는 것은 아니다. 책을 놓고 보려는 의도로 보면 책상으로 인식되는 것이 밥을 놓고 먹으려는 의도로 보면 식탁으로 인식될 수 있는 것이다. 따라서 이름은 인식의 대상이 소유하고 있는 것이 아니라 인식하는 사람의 의도나 욕구를 반영하고 있다고 할 수 있다. 즉, "이것은 책상이다"라는 말은 "이것은 내가 책을 놓고 보려는 욕구가 있을 때 그 욕구를 만족시켜주고 있다"는 말과 동일한 의미인 것이다. 이름은 이렇게 욕구를 지닌 의식(意識)에 의해서 형성된 것이다.

12연기에서 '무명을 연하여 행이 있고, 행을 연하여 식이 있으며 식을 연하여 명색이 있다'고 하는 것은 이를 의미한다. 모든 사물에 실체성이 없다는 것을 알지 못하고 자아와 세계가 공간 속에 개별적으로 존재한다는 생각이 무명이다. 이 어리석은 생각에서 욕구를 가지고 살아가는 삶이 행(行)이다. 이러한 삶의 결과 형성된 욕구를 지닌 마음이 식(識)이며, 이 식이 형성되었을 때 명색(名色)이 식의 대상으로 분별된다. 즉, 우리처럼 책을 놓고 보려는 욕구를 가지고 있는 사람에게 책상을 분별할 수 있는 의식이 형성되어 있을 때, 책상은 이름과 형태를 지닌 존재로 인식되지만, 부시맨처럼 책상을 분별할 수 있는 의식이 형성되지 않은 상태에서는, 책상이라는 이름과 형태를 가진 사물은 인식되지 않는다는 것을 식을 연하여 명색이 있다고 이야기한 것이다.

우리는 사물을 인식하는 식(識)이 본래 우리 내부에 존재한다고 생각하고, 사물은 이름과 형태를 가지고 외부에 존재한다고 생각하지만, 이미 살펴보았듯이, 식은 12입처라는 중생의 망념에서 연기한 것이고 명색은 이러한 식에서 연기한 것이다. 따라서 중생들은 식이 명색을 공간 속에서 접촉한다고 생각하지만, 식과 명색의 접촉은 공간 속에서의 접촉이 아니라 중생의 망념인 18계, 즉 외6계와 내6계와 6식계의 화합이다. 그래서 붓다는 『잡아함 306경』에서 다음과 같이 이야기한다.

> 두 가지 법[二法]이 있다. 어떤 것이 둘인가? 안(眼)과 색(色)이 둘이다. … (중략) … 안과 색을 연하여 안식이 발생한다. 삼사화합(三事和合: 안, 색, 안식의 화합)이 촉(觸)이다.[54]

보는 나(주관)와 보이는 세계(객관)가 개별적으로 존재한다는 생각에서 사물을 분별하는 의식이 발생하고, 이 의식이 보는 나와 보이는 세계가 있다는 생각과 화합할 때 외부에 사물이 존재한다는 생각이 있게 된다는 것이다. 이와 같이 촉(觸)은 중생들이 볼 때는 공간 속에서 자아와 세계가 접촉하는 것을 의미하지만, 그 실상은 무명에서 연기한 망념의 접촉이며 화합이다. 이런 착각은 무명에서 비롯된 것이므로 무명이 사라지면 사라진다. 그러나 자아와 세계가 공간 속에서 접촉하고 있다는 생각을 버리지 못하는 중생들의 입장에서 보면 촉은 엄연한 현실이다. 세계와 자아가 상존하는가 유한한가 하는 등의 사견은 식(자아)과 명색(세계)의 실상을 알지 못하고 촉을 가장 신뢰할 수 있는 현실로 인식함으로써 나타난 것이다. 붓다가 앞에서 인용한 『장아함 청정경』에서 외도들의 모든 사견은 촉을 인연으로 하여 생긴 것[55]이라는 말씀의 의미가 여기에 있다.

---

54 『대정장』 2, p. 87c의 필자 번역.

55 "是沙門婆羅門 皆因觸因緣 若離觸因而能說者 無有是處" 『대정장』 1, p. 76a.

3

◆

18계(十八界)와 6계(六界)

사물을 볼 때 만약 18계 안에 없는 것을 본다면 우리는 '그것이 있다'는 것을 느낄 수 없다. 우리나라 사람들은 옛날에 무지개를 오색 무지개라고 했다. 그런데 요즘 사람들은 무지개가 일곱 가지 색이라고 이야기한다. 같은 무지개를 보고서 옛날 사람은 다섯 가지 색이 있다고 느끼고, 요즘 사람은 일곱 가지 색이 있다고 느끼는 것은 옛날의 무지개와 요즘 무지개의 색이 다르기 때문이 아니다. 무지개는 빛의 스펙트럼이기 때문에 빨간색으로 인식될 수 있는 긴 파장에서 보라색으로 인식될 수 있는 짧은 파장까지 무한히 많은 색으로 인식될 수 있는 파장이 연속되어 있다. 따라서 우리에게 비치는 무지개의 색은 그 수가 무한하다. 그런데 옛날 사람의 안식계에는 다섯 가지 색으로 분별하는 의식이 있기 때문에 5색으로 보았고, 요즘 사람들의 안식계에는 일곱 가지 색으로 분별하는 의식이 있기 때문에 7색으로 보는 것이다. 원시생활을 하는 원주민 가운데는 색을 '밝음과 어둠'으로만 구별하는 원주민이 있다고 한다. 그들의 안식계에는 밝음과 어둠만을 분별하는 의식뿐이기 때문에 '어둡거나 밝은 것이 있다'는 느낌만을 갖게 되는 것이다. 의식계 속에 책상을 분별하는 의식이 없는 사람들은 책상이 있다는 느낌을 가질 수가 없다. 그들은 책상을 보아도 '책상이 있다'고 느끼는 것이 아니라 '처음 보는 형태의 나무가 있다'고 느낄 것이다. 이렇게 '무엇이 있다'는 느낌, 즉 촉(觸)은 우리의 18계 안에 그것을 분별하는 의식이 있을 때 생긴다.

'무엇이 있다'는 느낌은 이렇게 우리의 18계에 그것을 인식할 수 있는 의식이 있을 때 나타나는 느낌이다. 그리고 이런 느낌이 생기는 것은 안이비설신의계라고 하는 '자아계'와 색성향미촉법계라고 하는 '대상계'와 안식 내지 의식계라고 하는 '의식계'가 함께 모일 때, 즉 3사(三事)가 화합할 때이다. 안식계에 붉은색을 알아보는 의식이 있다고 할지라도 '자아계'의 보는 자아와 '대상계'의 보이는 대상이 나타나지 않으면, 즉 안과 색이 나타나지 않으면 '붉은색이 있다'는 느낌은 생기지 않는다.

보는 자아와 보이는 대상은 온 곳 없이 나타나서 간 곳 없이 사라지는 허망한 것이다. 이러한 허망한 의식이 욕탐에 의해 18계 속에 모여있다. 그러다가 무엇인가를 보게 되면, 즉 본다는 행위를 할 때 '보는 자아'와 '보이는 대상'으로 나타난다. 바꿔 말하면 보지 않을 때는 보는 자아와 보이는 대상이 18계라는 의식 속에서 나타나지 않는다. 그래서 안식계 속에 붉은색을 분별하는 의식이 있다고 해도 본다는 행위를 통해 이들이 나타나지 않으면 '붉은색이 있다'는 느낌은 결코 생기지 않는다.

이와 같이 형색[색(色)]을 알아보는 의식, 즉 안식(眼識)이 없으면, 보아도 있다는 느낌이 생기지 않고, 보는 주관[眼]과 보이는 형색[色]이 없으면 안식계(眼識界) 속에 어떤 형색[色]을 알아보는 안식(眼識)이 있어도 그것이 있다는 느낌은 생기지 않는다. 따라서 '무엇이 있다'는 느낌은 반드시 이 세 가지가 한자리에 있을 때, 즉 3사(三事)가 화합할 때 나타난다고 할 수 있다. 이것을 촉(觸)이라고 부른다. 그러므로 촉은 우리의 마음속에서 3사가 화합할 때 생기는 '무엇이 존재하고 있다'라고 느끼는 느낌이라고 할 수 있다. 촉은 이렇게 접촉의 의미와 함께 느낌의 의미가 있다.

우리가 '무엇이 있다', '무엇이 없다'라고 이야기하는 것은 그것이 외부에 존재하거나, 존재하지 않아서가 아니라 촉의 작용으로 인해서 그렇게 이야기하는 것이다. 세계나 영혼에 대해서도 마찬가지이다. 그런데 외도들은 이것을 모르고 죽지 않는 영혼이 있는지 없는지, 영원히 존재하는 세계가 있는지 없는지의 문제를 놓고 서로의 주장을 고집했다. 그래서 붓다는 유무중도(有無中道)를 이야기하면서 유무 2견(二見)은 모두 촉을 취한 것이므로 촉을 취하지 않으면 허망한 생각을 꾸미지 않을 것[56]이라고 한 것이다.

이러한 촉을 붓다는 입처(āyatana)라고 부른다. 왜 붓다는 '무엇이 있다는 느낌'인 촉을 입처라고 불렀을까? 전에 살펴본 바와 같이 입처는 중생들이 '자아가 머물고 있다고 생각하는 곳'을 의미하며, 한편으

56 "世間有二種依 若有若無 爲取所觸 取所觸故 或依有或依無 若無此取者 心境繫著使不取不住不計" 『대정장』 2, p. 85c.

로는 중생들의 허망한 세계가 성립하는 근거가 되는 의식이다. 12입처는 중생들이 자아가 머물고 있다고 생각하는 곳이면서 동시에 18계가 성립하는 근거가 되는 허망한 의식이므로 입처라고 부른다. 그렇다면 촉은 어떤 계가 성립하는 바탕이 되기에 입처라고 부르는 것일까?

촉은 '무엇이 있다는 느낌'이다. 이러한 느낌을 느낄 때 우리는 그 느낌의 주체로서 자아가 사물을 접촉하는 곳에 머물고 있다고 생각한다. 우리가 '있다'고 하는 모든 것은 이러한 촉에서 비롯된다. 그렇다면 우리가 있다고 하는 것에는 무엇이 있을까? 우선 물질이 있다고 할 수 있다. 산, 물, 불, 바람, 돌, 흙, 이 모든 것이 있다. 고대 인도에서는 이런 물질을 이루고 있는 요소를 지수화풍(地水火風) 4대(四大)라고 했다.

다음으로 이런 물질이 존재하기 위해서는 공간이 있어야 한다. 마지막으로 이런 물질과 공간을 인식하는 의식이 있다. 당시의 외도들이 갖가지 요소설을 주장했지만 정리해 보면 지, 수, 화, 풍, 공(空), 식(識) 여섯 가지라고 할 수 있다. 외도들은 이들 여섯 가지 요소가 외부에 실재하고 있다고 생각했다. 그러나 지금까지 살펴보았듯이 '있는 것'은 모두 촉에서 비롯된 것이다. 따라서 촉은 이들 여섯 가지가 성립하는 근거라고 할 수 있다. 붓다는 이들 여섯 가지를 6계라고 불렀고 6계가 촉을 근거로 한다는 의미에서 촉을 입처라고 부른 것이다.

6계는 우리의 인식을 통해 나타난 것이다. 지수화풍은 물질을 구성하고 있는 요소가 아니다. '있는 것'은 모두 '있다는 느낌'인 촉을 인연으로 해서 나타난 것이지 요소가 모여있는 것은 아니기 때문이다. 그런데 외도들은 이것을 알지 못하고 '있는 것'이 외부에 실재한다고 믿고, 그것을 구성하고 있는 것이 지수화풍이라고 생각하여 이들을 4대라고 불렀다. 그러나 지수화풍도 '있다는 느낌'에 의해 '있는 것'으로 인식되고 있을 뿐이다. 『중아함 상적유경』과 이에 상응하는 『맛지마 니까야 28. Mahāhatthipadopamasuttaṃ(코끼리 발자국의 비유 큰 경)』에서는 다음과 같이 이야기하고 있다.

> 여러분, 어떤 것이 4대(四大)인가? 지계(地界), 수화풍계(水火風界)를 말한다. 여러분, 어떤 것이 지계인가? 지계에는 내지계(內地界)와 외지계(外地界)가 있다. 여러분, 어떤 것이 내지계(內地界)인가? 몸 안에 있는 개개의 단단한 것과 단단한 상태라고 취해진 것(yaṃ ajjhattaṃ paccataṃ kakkhaḷaṃ kharigataṃ upâdiṇṇaṃ)을 말한다. … 여러분, 지계라고 불리는 것은 늙은 여자처럼 무상(無常)하다는 것을 알아야 하고, 소멸(消滅)하는 법이라는 것을 알아야 하고, 쇠멸(衰滅)하는 법이라는 것을 알아야 하고, 변역법(變易法)이라는 것을 알아야 한다.[57]

지계(地界)가 단단하다고 느껴진 것이듯이 수계(水界)는 축축하다고 느껴진 것이고, 화계(火界)는 따뜻하다고 느껴진 것이며, 풍계(風界)는 움직인다고 느껴진 것이다. 이와 같이 이 경은 당시 유물론자들이 물질을 구성하는 요소로 생각한 4대(四大)에 대하여 그것은 우리가 지각을 통해 느낀 의식 내용을 취하여 구성한 것일 뿐이라고 이야기하고 있다. 따라서 4대도 불변의 실체가 아니라 무상하고 변역하는 법(法)에 지나지 않는다. 붓다는 외도들이 실체로 생각한 4대를 마음에서 연기한 무상한 법을 같은 종류끼리 모아놓은 것이라는 의미에서 4계(四界)라고 불렀다.

57 『대정장』 1, p. 464c와 『맛지마 니까야』 vol 1. p. 185를 대조한 필자 번역.

우리는 물질이 없으면 공간이 있다고 말한다. 공간은 아무것도 없다는 느낌인 것이다. 그리고 식은 물질이나 공간을 인식하는 존재라고 느껴진 것이다. 이러한 공간과 식을 4계와 함께 6계라고 부른다. 따라서 18계는 의식 내부에 형성되어 있는 분별심(分別心)이고, 6계는 이 분별심[18계]을 인연으로 발생한 촉(觸), 즉 외부에 사물이 존재한다는 느낌을 통해 당시의 인도인들이 존재의 근본 요소로 생각한 것을 불교의 입장에서 해명한 것이라고 할 수 있다.

8장

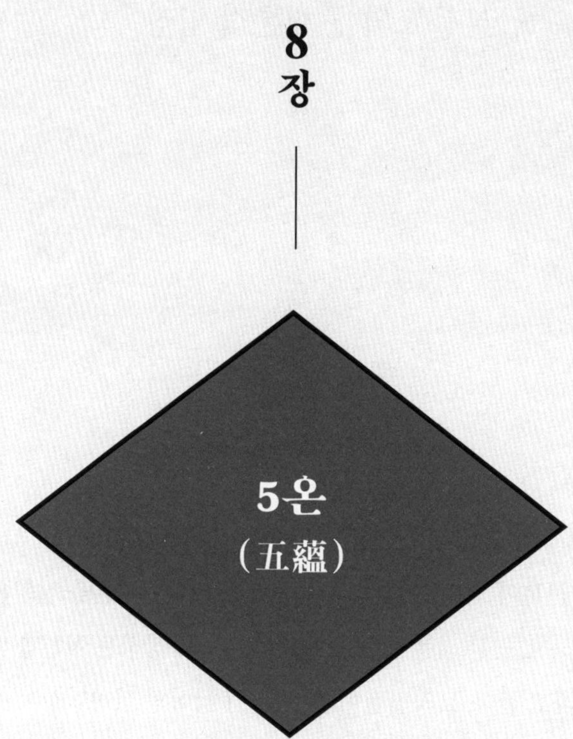

1

◆

근본불교의 존재론적 입장

모든 존재의 근본이 되는 존재는 하나라고 주장하는 이론을 일원론(一元論)이라고 하고, 근본 되는 존재가 여럿이라고 주장하는 이론을 다원론(多元論)이라고 한다. 브라만신이 변해서 이 세상의 삼라만상이 이루어졌다는 바라문교의 전변설은 일원론이고, 4대와 같은 여러 요소들이 모여서 이 세상을 이루고 있다는 사문들의 적취설은 다원론이다. 한편 그 근본이 되는 존재가 물질이냐 정신이냐에 따라서 유물론과 유심론으로 나누기도 한다. 4대와 같은 물질이 근본존재라고 주장하는 사문들의 요소설은 유물론이고, 브라만이라는 정신적인 실체가 세계의 근본이라고 주장하는 바라문교의 전별설은 유심론이라고 할 수 있다.

그렇다면 불교는 어떤 입장일까? 흔히 '우리의 몸은 4대(四大)가 모여 있다가 흩어지는 것이다'라고 이야기한다. 이런 이야기를 통해 불교를 유물론과 다원론으로 오해할 수도 있다. 그러나 앞서 살펴본 바와 같이 불교에서 이야기하는 4대는 물질을 의미하지 않는다. 그런가 하면 '일체유심조(一切唯心造)'라는 말을 일원론적 유심론으로 오해할 수도 있다. 그러나 불교에서 이야기하는 마음은 실체가 아니라 삶, 즉 업을 통해 형성된 것이다. 『성유식론(成唯識論)』에서는 이것을 다음과 같이 이야기한다.

> 이 아뢰야식(阿賴耶識)은 능히 모든 중생의 세계와 중생을 이끌어내는 선악업(善惡業)이 다르게 성숙하여 나타난 결과[異熟果]이다. 그래서 이숙[異熟]이라고 부른다.[58]

중생의 세계와 중생을 이루어내는 마음인 아뢰야식은 업이 성숙하여 나타난 결과라는 것이다. 80권 『화엄경』에서는 또 다음과 같이 이야기하고 있다.

> 일체의 중생 세계는 3세(三世) 가운데 있고, 3세의 모든 중생은 5온(五蘊) 가운데 머물고 있다. 모든 온(蘊)은 업(業)이 근본이 되며, 모든 업은 마음이 근본이 된다.[59]

업을 통해 형성된 마음으로 업을 지어 5온이라는 중생의 세계와 중생이 나타난다는 것이다. 이와 같이 불교는 어떤 실체를 전제하지 않기

58 "此是能引諸界趣生善不善業 異熟果故說名異熟" 『대정장』 31. p. 7c.
59 『대정장』 10, p. 101b의 필자 번역.

때문에 일원론도 아니고, 다원론도 아니며, 유물론도 아니고, 유심론도 아니다.

붓다는 유물론이건, 유심론이건, 일원론이건, 다원론이건, 모두가 옳지 않다는 입장이다. 붓다가 이들 모든 이론이 옳지 않다고 하는 이유는 촉(觸)에 있다. 우리가 '있다'고 인식하는 모든 것은 18계를 인연으로 해서 생긴 촉에서 발생한 의식이다.

그렇다면 우리에게 '있다'고 느껴지는 것에는 어떤 것들이 있을까? 먼저 물질이 있다고 느껴질 것이다. 책상, 나무, 돌, 우리의 몸, 이런 것들을 우리는 물질이라고 하며 5온의 색(色)에 해당한다.

다음에는 정신이 있다고 느껴질 것이다. 그런데 정신에는 여러 가지가 있다.

첫째는 느끼는 정신이 있다. 우리는 괴로움을 느끼고, 즐거움을 느끼고, 아름다움과 추함을 느낀다. 이렇게 느낄 수 있는 것은 느끼는 존재가 있다고 생각하기 때문이다. 우리는 이렇게 느끼는 존재를 감정이라고 하며 5온의 수(受)에 해당한다.

둘째는 생각하는 정신이 있다. 우리가 이것과 저것을 비교하고, 논리적으로 사유하고, 추리할 수 있는 것은 모두 생각하는 존재가 있기 때문일 것이다. 이렇게 생각하는 존재를 이성이라고 하며 5온의 상(想)에 해당한다.

셋째는 행위를 선택하고 결정하는 정신이 있다. '산에 가고 싶다, 부자가 되고 싶다, 자동차를 갖고 싶다, 이 일을 해야겠다'는 등의 어떤 일을 하고 싶어 할 수 있는 것은 이렇게 행위를 선택하고 결정하는 존재가 있기 때문일 것이다. 이것을 우리는 의지라고 부르며 5온의 행(行)에 해당한다.

넷째는 사물을 분별하여 인식하는 정신이 있다. '이것은 꽃이다, 이것은 책상이다, 이것은 나의 몸이다, 이것은 밖에 있는 사물이다.' 이렇게 사물을 분별하여 인식할 수 있는 것은 우리에게 인식하는 존재가 있기 때문일 것이다. 이것을 우리는 의식이라고 부르며 5온의 식(識)에 해당한다.

우리가 있다고 하는 것은 이렇게 물질, 감정, 이성, 의지, 의식 다섯 가지이다. 이 외에 다른 것은 없을 것이다. 이 다섯 가지 존재에 대하여 우리는 물질은 물질을 구성하고 있는 물질적 요소로 되어있다고 생각하고, 감정, 이성, 의지, 의식은 우리의 정신이 가지고 있는 정신작용이라고 생각한다. 따라서 이 세상에는 물질적 존재와 정신적 존재가 있다고 할 수 있다.

불교에서는 이 다섯 가지 존재를 5온(五蘊)이라고 부른다. 불교에서 이렇게 이 세상의 모든 것은 5온으로 되어있다고 하고 있으므로 불교는 5요소설이라고 생각할 수도 있다. 그러나 불교는 요소설이 아니다. 불교에서 이야기하고 있는 5온은 외도들의 4대와 같은 요소가 아니다. 붓다는 5온이 우리의 외부에 실재하고 있는 다섯 가지 요소가 아니라 18계에서 연기한 촉을 통해 '존재로 느껴지고 있는 것'이라고 이야기한다. 5온은 우리의 마음에서 연기한 것이라는 말이다. 그리고 이러한 5온이 연기하는 데 바탕이 되는 것이 12입처와 촉입처(觸入處)이다. 불교의 존재론은 이렇게 우리가 생각하는 존재가 마음에서 연기한 것이라고 이야기하므로 연기설이라고 할 수 있고, 마음은 실체가 아니라 삶, 즉 업을 통해 형성되는 것이라고 이야기하므로 업설이라고 할 수 있다. 이러한 불교의 연기설과 업설은 어떤 근본 실체를 전제하여 존재를 설명하는 유물론이나 유심론이 아니라는 점에서 여타의 존재론과 구별된다.

2

◆

5온(五蘊)의 근원

12입처를 인연으로 6식이 발생하면 우리의 마음은 18계의 상태가 된다. 12입처를 인연으로 한다는 것은 12입처의 의식 상태에서 보고, 듣고, 만지고, 생각한다는 것을 의미한다. 인연이라는 행위, 즉 업을 의미하기도 한다. 우리가 인연을 짓는다는 것은 업을 짓는 것을 의미한다. 보는 것도 업이고, 듣는 것도 업이고, 생각하는 것도 업이다. 그러므로 '안과 색을 인연으로 안식이 생긴다'[60]는 것은 볼 때 사물을 분별하는 의식이 생긴다는 의미이다.

이와 같이 12입처를 인연으로 6식이 생긴다는 것은 인지활동을 통해 사물을 분별하는 의식이 발생한다는 것을 의미한다. 그리고 이렇게

60 "眼因緣色眼識生" 『잡아함 238경』 (『대정장』 2, p. 57c.)

사물을 분별하는 의식이 생기면 이 분별심에 의해 주관계(主觀界: 眼界 - 意界), 대상계(對象界: 色界 - 法界), 의식계(意識界: 眼識界 - 意識界)가 분별되며, 이렇게 분별되어 있는 의식 상태가 18계이다.

12입처에서 6식이 발생하여 18계가 성립하는 것은 욕탐 때문이다. 예를 들어 어떤 사람이 처음으로 무지개를 보았다고 하자. 그 사람은 무지개를 분별하여 인식하는 의식이 자신의 18계 안에 없기 때문에 무지개라고 인식하지 못한다. 만약에 무지개가 구름처럼 별 색깔이 없어서 관심이 가지 않는 것이라면 보지 못하고 지나치거나, 보았다고 하더라도 좀 이상하게 생긴 구름이 있다고 느끼고 말 것이다. 그러나 관심이 있으면 보는 주관[眼]과 보이는 무지개[色]가 의식된다. 이와 같이 주관, 대상, 의식이 함께 나타날 때 우리는 사물을 인식할 수 있으며, 이러한 인식은 관심이나 욕구에 의해 성립하는 것이다. 즉, 우리는 모든 것을 인식하는 것이 아니라 배고픈 사람은 먹을 것을 보고, 옷에 관심이 있는 사람은 옷을 보듯이 우리의 인식의 바탕에는 욕탐이 있다. 이와 같이 12입처와 18계 등은 관심, 즉 욕탐이 있어야 나타난다. 『잡아함 224경』에서는 다음과 같이 이야기하고 있다.

> 그때 세존께서 여러 비구들에게 말했다.
> "일체의 욕법(欲法)은 마땅히 끊어야 한다. 어떤 것이 마땅히 끊어야 할 욕법인가? 안(眼)이 마땅히 끊어야 할 일체의 욕법이다. 그리고 색(色), 안식(眼識), 안촉(眼觸), 안촉을 인연으로 하여 생기는 수(受), 즉 안으로 느끼는 괴롭고, 즐겁고, 괴롭지도 즐겁지도 않은 느낌, 저 일체의 욕법은 마땅히 끊어야 한다. 이비설신의(耳鼻舌身意)도 마찬가지

이다."[61]

12입처와 12입처에서 연기한 식(識), 촉(觸), 수(受)를 모두 욕법(欲法)이라고 하는 것은 이들이 욕탐이 있을 때 나타나기 때문이다. 『잡아함 334경』에서는 다음과 같이 이것을 자세히 설명하고 있다.

그때 세존께서 여러 비구들에게 말했다.

"이제 너희들을 위하여 법을 설하겠다. 처음도, 중간도 마지막도 좋은, 선의(善義), 선미(善味)의 순일(純一)하고 청정함이 충만하며 범행청백(梵行淸白)한 것이니 잘 듣고 잘 생각하라. 인(因)이 있고, 연(緣)이 있고, 결박(結縛)이 있다는 것을 이야기한 경이니라. 그것은 어떤 것인가?

보는 주관[眼]은 인(因)이 있고, 연(緣)이 있고, 박(縛)이 있다. 어떤 것이 보는 주관[眼]의 인(因)이 되고, 연(緣)이 되고, 박(縛)이 되는가? 보는 주관[眼]은 업(業)이 인(因)이 되고, 연(緣)이 되고, 박(縛)이 된다.

업(業)은 인(因)이 있고, 연(緣)이 있고, 박(縛)이 있다. 어떤 것이 업(業)의 인(因)이 되고, 연(緣)이 되고, 박(縛)이 되는가? 업(業)은 갈애[愛]가 인(因)이 되고, 연(緣)이 되고, 박(縛)이 된다.

갈애[愛]는 인(因)이 있고, 연(緣)이 있고, 박(縛)이 있다. 어떤 것이 갈애[愛]의 인(因)이 되고, 연(緣)이 되고, 박(縛)이 되는가? 갈애[愛]는 무명(無明)이 인(因)이 되고, 연(緣)이 되고, 박(縛)이 된다.

무명은 인(因)이 있고, 연(緣)이 있고, 박(縛)이 있다. 어떤 것이 무명의 인(因)이 되고, 연(緣)이 되고, 박(縛)이 되는가? 무명은 부정사유(不正

61 『대정장』 2, p. 55b의 필자 번역.

思惟)가 인(因)이 되고, 연(緣)이 되고, 박(縛)이 된다.

부정사유는 인(因)이 있고, 연(緣)이 있고, 박(縛)이 있다. 어떤 것이 부정사유의 인(因)이 되고, 연(緣)이 되고, 박(縛)이 되는가? 보는 주관[眼]과 보이는 형색[色]을 연(緣)하여 생긴 부정사유가 어리석음[癡]을 낳는다.

보는 주관[眼]과 보이는 형색[色]을 연하여 부정사유가 생기고 어리석음을 낳는다. 그 어리석음이 무명이다. 어리석음으로 추구하는 욕(欲)을 갈애[愛]라고 한다. 갈애[愛]가 짓는 행위를 업이라고 한다.[62]

이 경의 내용을 요약하면 주관(자아)과 대상(세계)이 개별적으로 실재한다는 어리석은 무명에서 사물을 보고 욕탐을 추구하는 삶을 살 때 12입처가 연기한다는 것이다. 이렇게 욕탐을 가지고 사물을 봄으로써 12입처가 나타나고, 12입처를 인연으로 보이는 것을 분별하는 의식이 나타난다. 만약 이 분별하는 의식이 이미 18계 안에 있다면 그 식이 나타나서 '무지개가 있다'고 느낄 것이다. 즉, 촉이 발생하는 것이다. 그러나 무지개를 분별하는 식이 없을 때는 그것을 분별할 수 있는 의식이 새롭게 형성된다.

무지개를 분별하는 의식이 없으면 우리는 무지개를 보면서도 모른다고 이야기한다. 그러나 사실 모르는 것은 무지개가 아니라 무지개의 이름이다. 여러 가지 색이 층을 이루고서 커다란 반원으로 하늘 높이 걸려있는 무지개의 모습은 눈을 통해 알고 있다. 단지 그것을 무엇이라고 부르는지를 모르고 있을 뿐이다. 그 사람은 무지개의 여러 가지

62 『대정장』 2, p. 92bc의 필자 번역.

색은 알아볼 것이다. 무지개의 여러 가지 색은 알아보면서도 그것이 무엇인지 모르는 것은 그 사람의 안식계 속에는 여러 가지 색(色)을 분별할 수 있는 안식(眼識)은 있지만, 의식계 속에 무지개라는 이름의 사물[法]을 분별할 수 있는 의식은 없기 때문이다. 이렇게 무지개를 분별하지 못하다가 누군가가 그 이름을 알려주거나 스스로 이름을 붙이면, 이때 비로소 무지개를 분별하여 알아볼 수 있는 의식이 생겨서 의식계 속에 들어간다.

이와 같이 18계는 보고, 듣고, 생각하는 우리의 삶, 즉 업에 의해 형성되어 같은 종류끼리 계역(界域)을 형성하고 있는 의식의 집단이다. 이 18계는 구체적인 인연이 주어지지 않으면 현실적으로 나타나지 않는다. 그리고 이것은 하나씩 나타나지 않고 반드시 셋이 모여서 나타난다. 보이는 대상[色]이 없으면 보는 주관[眼]이 나타나지 않고, 보는 주관[眼]이 없으면 보이는 대상[色]이 나타나지 않으며, 보는 주관과 보이는 대상이 없으면 보이는 대상을 분별하는 의식[眼識]이 나타나지 않는다. 이들이 나타나는 계기는 행위, 즉 업이다.

어떤 욕탐을 가지고 보고, 생각하느냐에 따라 각기 다른 보는 주관, 보이는 대상, 이것을 분별하는 의식이 나타나 함께 화합한다. 이것이 촉이다. 우리가 '있다, 존재한다.'라고 생각하는 것은 모두가 촉을 인연으로 해서, 즉 업에 의해 형성된 '18계'가 화합하여 나타난 것이다. 예를 들면 책을 놓고 보고자 하는 욕구를 가지고 상을 보면 책을 놓고 읽기에 알맞게 보이고, 이때 책상을 분별하는 의식이 나타나서 '여기에 책상이 있다'는 생각을 하게 된다. 그러나 욕구가 다르면 다른 인식을 하게 된다. 예를 들어, 음식을 놓고 먹으려는 의도를 가지고 보면 동일한 상이 밥상으로 인식되고, 불을 피우려는 의도로 보면 그 상은 땔감이 된다.

촉은 이렇게 모든 존재가 성립하는 근거가 되는 의식 상태이다. 18계라는 의식 세계 속에 있는 의식 내용을 '존재', 즉 '있는 것'으로 드러내는 것이 촉이다. 이와 같이 우리가 존재한다고 생각하고 있는 모든 것은 촉을 근거로 하고 있다. 그리고 불교에서는 모든 존재를 5온(五蘊)으로 분류하므로 촉은 5온의 근원이 된다.

3

◆

5온(五蘊)의 발생과 성립

촉은 '무엇인가 존재하고 있다'는 느낌이다. 촉을 통해서 있다고 느끼는 것은 18계에 있는 것들이다. 18계에는 12입처와 6식이 있다. 18계라는 계역(界域) 속에 나누어져 있는 이들은 우리의 인식행위를 통해 화합하게 된다. 이것을 촉이라고 한다. 촉을 통해 비로소 우리의 마음 속에 같은 종류끼리 모여있는 12입처와 6식이 존재하고 있는 것으로 느껴지는 것이다. 예를 들면 책상이 있다고 느끼는 것은, 책을 놓고 보기에 적합한 모양의 사물을 보면 12입처의 내입처와 외입처가 6식의 책상을 분별하는 의식과 화합함으로써 그렇게 느끼는 것이다.

먼저 눈으로 색깔과 모양을 보면 책상의 모습이 있다고 느껴진다. 손으로 만져보면 책상의 강도와 매끄러운 정도가 있다고 느껴진다. 그리고 이러한 책상의 모습과 감촉 등을 종합하여 마음으로 판단해 보면 책상이 있다고 느껴진다. 이렇게 보고, 듣고, 냄새 맡고, 맛보고, 만져보아서 우리에게 있다고 느껴지는 것을 우리는 물질이라고 한다. 물질은 이렇게 보이고, 들리고, 냄새나고, 맛이 나고, 만져지는 것이다. 따라서 물질은 촉을 통해서 있다고 느껴진 것이라고 할 수 있다.

우리는 물질이 인식되면 물질을 인식하는 것도 있다고 느낀다. 책상만 있다고 느끼는 것이 아니라 책상을 보고 만지는 의식도 있다고 생각하는 것이다. 보는 의식은 눈을 통해 보고, 듣는 의식은 귀를 통해 듣는다고 생각한다. 이렇게 인식하는 주체로 생각되고 있는 것이 식(識)이다. 그리고 눈, 귀, 코 등은 우리의 몸을 이루고 있는 물질이라고 생각한다. 우리는 눈, 귀, 코, 혀, 몸을 우리의 육체라고 생각하고 있고, 우리의 육체는 물질로 이루어졌다고 생각하는 것이다. 따라서 물질은 12입처 가운데 의(意)와 법(法)을 제외한 안(眼), 이(耳), 비(鼻), 설(舌), 신(身)과 색(色), 성(聲), 향(香), 미(味), 촉(觸) 열 가지가 촉을 통해서 '존재'로 느껴지고 있는 것이라고 할 수 있다.

이와 같이 촉을 통해서 존재로 느껴지고 있는 것이 물질과 의식이다. 그러나 우리가 존재로 생각하고 있는 것은 18계에 있는 것만은 아니다. 우리가 '존재'한다고 생각하고 있는 것은 앞에서 살펴본 바와 같이 물질과 의식 이외에도 감정, 이성, 의지가 있다.

우리가 18계에 없는 감정, 이성, 의지 같은 것을 존재로 인식하는 까닭은 무엇일까? 그것은 촉을 통해서 새로운 의식이 발생하기 때문이다. 물질과 의식은 촉을 통해서 18계라고 하는 의식 내부에 있는 것들이 밖에 존재하고 있는 것처럼 느껴진 것들인데, 이렇게 물질과 의식이 존재하는 것으로 느껴지면 이 느낌을 통해서, 즉 촉을 인연으로 해서 새로운 의식들이 나타난다. 『잡아함 306경』은 이것을 설명하고 있다.

> 두 법(二法)이 있나니 안(眼)과 색(色)이 두 법이다. 안과 색을 연하여 안식(眼識)이 생기고, 3사(三事)의 화합이 촉(觸)이다. 촉에서 수(受), 상(想), 사(思)가 함께 생긴다. 이것이 4무색음(四無色陰: 識과 受, 想, 思)이다. 안과 색 그리고 이들 법(4무색음)을 사람이라고 하면서 이들 법에서 사람이라는 생각, 중생이라는 생각, 인간계라는 생각, 어린이라는 생각 등을 하여 다음과 같이 말한다. "내가 눈으로 색을 보고, 내가 귀로 소리를 듣고, 내가 마음으로 법을 인식한다." 또 이렇게 말한다. "이 존자는 이름은 이러하고, 성은 이러한데 이렇게 살다가 이렇게 죽었다."[63]

우리가 감정, 이성, 의지라고 이야기하는 것을 불교에서는 수(受), 상(想), 사(思)라고 부른다. 이 경에서는 촉에서 수, 상, 사가 생긴다고 하고 있다. 수, 상, 사란 5온의 수, 상, 행에 해당한다. 촉을 통해서 18계 속에 있던 12입처와 6식은 5온의 색과 식이 되고, 촉을 통해서 새롭게 생긴 수, 상, 사는 5온의 수, 상, 행이 되는 것이다. 이와 같이 촉을 통해서 5온이 발생한다. 그러나 촉을 통해서 발생한 '있다는 느낌들'이 곧 5온은 아니다. 다음에 자세히 살펴보겠지만 촉을 통해서 발생한 것은 5온의 질료가 되는 것들이다. 5온은 이들 의식이 발생하여 활동함으로써 이루어진다. 5온의 성립과정은 뒤에 살펴보기로 하고 촉에서 수, 상, 사가 생긴다는 것은 구체적으로 어떤 것을 의미하는지를 살펴보자.

예를 들어 아름답게 피어있는 장미를 본다고 하자. 아름다운 장미를 보면 즐거움을 느낀다. 이렇게 '무엇이 아름답다' 또는 '무엇이 보기

---

63 『대정장』 2, p. 87ca의 필자 번역.

싫다'고 느끼는 것을 수(受)라고 한다. 이러한 수는 촉에서 생긴 것이다. 만약 장미가 있다는 느낌이 없으면 그 장미가 아름답다는 느낌이 생길 수 없기 때문이다.

장미를 보고서 아름답다고 느끼는 것만은 아니다. 이 장미는 보통 장미보다 '더 붉고, 더 크다'라고도 생각할 것이다. 이렇게 다른 것과 비교하고 사유하는 것을 상(想)이라고 부른다. 이러한 상도 장미가 있다고 느끼기 때문에 생긴 것이다. 따라서 상도 촉에서 생긴 것이다.

한편 장미를 보고 이것을 꺾어 꽃병에 꽂아놓고 보고 싶다는 생각도 들 것이다. 이렇게 어떤 것을 가지고 무엇인가를 하고 싶다는 생각이 드는 것은 사(思)라고 한다. 따라서 사도 촉에서 생겼다고 할 수 있다.

이렇게 수(受), 상(想), 사(思), 즉 우리의 감정, 이성, 의지는 촉에서 생긴 것이다. 그런데 우리는 우리의 마음에 느낌과 생각과 의지를 일으키는 정신적 실체가 본래부터 존재한다고 생각한다. 예를 들어 어떤 것을 보고 느낌이 생기면 아름다움과 추함, 즐거움과 괴로움을 느끼는 감정이 존재하고 있다가 아름다운 꽃을 보면 아름답다고 느끼고, 더러운 오물을 보면 괴롭게 느낀다고 생각한다. 그러나 우리의 마음에 미추와 고락을 느끼는 감정이 본래부터 있다가 즐거운 것을 보면 즐겁게 느끼고, 괴로운 것을 보면 괴롭게 느끼는 것은 아니다. 아무리 맛있는 음식도 배가 부를 때 먹으면 괴롭다. 만약 고락을 느끼는 감정이 존재한다면 맛있는 것은 언제 먹어도 즐거움을 느껴야 할 것이다. 그러나 배고플 때는 맛없는 것을 먹어도 즐겁고, 배부를 때는 아무리 맛있는 음식을 먹어도 괴롭다는 것은 감정이 존재하지 않다는 것을 보여준다. 그렇다고 감정이 없다는 것은 아니다. 단지 감정은 촉에서 생기는 것이지 본래부터 우리의 마음에 존재하는 게 아니라는 것이다.

이성도 마찬가지이다. 10평 작은 집에서 살 때는 20평 집만 보아도 넓다고 생각한다. 그러나 30평 집에 살다가 20평 집을 보게 되면 좁다고 생각한다. 의지도 마찬가지다. 어제는 하고 싶던 일이 오늘은 하기 싫고, 어제는 하기 싫은 일이 오늘은 하고 싶기도 하다. 따라서 이성이나 의지가 우리의 마음에 존재한다는 것은 우리의 착각이라고 하지 않을 수 없다.

그런데 우리는 이렇게 촉에서 생긴 것을 본래부터 존재한다고 생각하여, 인간은 육체, 감정, 이성, 의지, 의식을 본래부터 가지고 있다고 믿고 있다. 그래서 이런 것을 가지고 인간이라고 부르고, 그 사람은 몸이 어떻고, 감정이 어떻고, 이성이나 의지나 의식이 어떻다고 이야기한다. 그리고 나는 이러이러한 몸과 감정과 이성과 의지와 의식을 가진 사람이라고 말한다. 또 내가 나의 눈으로 보니 어떤 것이 있다. 내가 나의 감정으로 느껴보니 그것은 즐겁다. 내가 나의 이성으로 생각해보니 그것은 옳다는 등의 주장을 하기도 한다.

우리가 나의 존재라고 주장하고 있는 것은 촉에서 생긴 5온에 지나지 않는다. 그리고 5온은 촉에서 생겨 무상하게 생멸(生滅)하는 허망한 것이다. 그런데 우리는 5온이 존재한다고 믿기 때문에 그 5온을 '나'라고 하면서 내가 세상에 태어나서 죽는다는 허망한 생각에 빠져있다. '나는 지금까지 몇 년을 살았다'라고 주장하지만 5온 가운데 그동안 존재하고 있는 것은 아무것도 없다. 인연 따라서 촉에서 생겼다가 간 곳 없이 사라지는 무상한 것이 5온이다. 그런데 우리는 이 무상한 것을 '나'라고 믿기 때문에 내가 태어나서 늙고 병들어 죽어간다는 생각 속에서 온갖 괴로움을 느낀다. 그래서 붓다는 『잡아함 9경』에서 다음과 같이 말한다.

> 색(色)은 무상(無常)하다. 무상하기 때문에 괴로움을 주는 것이다. 이렇게 괴로움을 주는 것은 '나'가 아니다. '나'가 아닌 것은 '나의 것'도 아니다. 이와 같이 관찰하는 것을 진실된 바른 관찰이라고 한다. 이처럼 수(受), 상(想), 행(行), 식(識)도 무상하다.[64]

또 『잡아함 1경』에서는 이렇게 말한다.

> 마땅히 색(色)을 무상(無常)하다고 관찰해야 한다. 이와 같이 관찰하는 사람이 바르게 관찰한 것이다. 바르게 관찰한 사람은 색을 싫어하게 되고, 싫어하는 사람은 그것을 즐기려는 욕탐이 없어진다. 그것을 즐기려는 욕탐이 없어진 사람을 마음이 해탈했다고 한다. 이와 같이 수(受), 상(想), 행(行), 식(識)도 무상하다.[65]

우리가 '나와 세계'를 구성하고 있다고 생각하는 5온은 이렇게 촉에서 생긴 무상하고 괴로운 것이다. 따라서 촉을 없애고 5온을 없애야 해탈이 있고, 열반의 성취가 있다. 그리고 해탈과 열반을 성취하기 위해서는 촉이 어떻게 생기고, 촉에서 어떤 것이 생기는지를 바르게 알아야 한다. 붓다가 촉을 멸하고 5온을 멸하라고 하는 까닭이 여기에 있다. 『잡아함 41경』에서는 5온을 다음과 같이 설명하고 있다.

> 어떤 것이 색(色)을 여실하게 아는 것인가? 존재하는 모든 색은 일체

64 『대정장』 2, p. 2a의 필자 번역.
65 『대정장』 2, p. 1a의 필자 번역

의 4대(四大)와 4대를 취하고 있는 것이며, 이것을 색이라고 부른다. 이와 같이 색을 여실하게 안다.

어떤 것이 색의 집(集)을 여실하게 아는 것인가? 색에 대하여 희탐(喜貪)과 갈애(渴愛)가 있으면 이것을 색의 집이라고 부른다. 이와 같이 색의 집을 여실하게 안다.

… (중략) …

어떤 것이 수(受)를 여실하게 아는 것인가? 6수신(六受身)을 말한다. 안촉(眼觸)에서 생긴 수(受), 이비설신의촉(耳鼻舌身意觸)에서 생긴 수(受), 이것을 수라고 부른다. 이와 같이 수를 여실하게 안다.

어떤 것이 수(受)의 집(集)을 여실하게 아는 것인가? 촉(觸)의 집이 수의 집이다. 이와 같이 수의 집을 여실하게 안다.

… (중략) …

어떤 것이 상(想)을 여실하게 아는 것인가? 6상신(六想身)을 말한다. 안촉(眼觸)에서 생긴 상(想), 이비설신의촉(耳鼻舌身意觸)에서 생긴 상(想), 이것을 상이라고 부른다. 이와 같이 상을 여실하게 안다.

어떤 것이 상(想)의 집(集)을 여실하게 아는 것인가? 촉(觸)의 집이 상의 집이다. 이와 같이 상의 집을 여실하게 안다.

… (중략) …

어떤 것이 행(行)을 여실하게 아는 것인가? 6사신(六思身)을 말한다. 안촉(眼觸)에서 생긴 사(思), 이비설신의촉(耳鼻舌身意觸)에서 생긴 사(思), 이것을 행이라고 부른다. 이와 같이 행을 여실하게 안다.

어떤 것이 행(行)의 집(集)을 여실하게 아는 것인가? 촉(觸)의 집이 행의 집이다. 이와 같이 행의 집을 여실하게 안다.

… (중략) …

어떤 것이 식(識)을 여실하게 아는 것인가? 6식신(六識身)을 말한다. 안식신(眼識身), 이비설신의식신(耳鼻舌身意識身), 이것을 식신(識身)이라고 부른다. 이와 같이 식신을 여실하게 안다.

어떤 것이 식(識)의 집(集)을 여실하게 아는 것인가? 명색(名色)의 집을 말한다. 이것을 식집(識集)이라고 부른다. 이와 같이 식의 집을 여실하게 안다.[66]

이 경에서 5온의 색(色)은 4대(四大)와 4대를 취하고 있는 것이라고 하고 있다. 이러한 설명은 5온의 색이 지수화풍 4대라는 요소와 그 요소가 모여서 이루어진 물질을 의미하는 것으로 생각하게 한다. 그러나 이미 살펴본 『중아함 상적유경』에서 이야기하고 있듯이 불교에서 보는 4대는 물질을 이루는 불변의 실체가 아니라 우리의 지각을 통해 단단하다고 느껴지고[地], 촉촉하다고 느껴지고[水], 따뜻하다고 느껴지고[火], 움직인다고 느껴진[風] 것, 즉 4계(四界)이다. 따라서 5온의 색이 4대와 4대를 취하고 있는 것이라는 말은, 우리가 물질[色]이라고 이야기하는 것은 지각을 통해 느껴진 느낌과 그런 느낌들을 취한 것임을 표현한 것이다. 중생들은 이런 의미에서 색, 즉 물질을 바르게 보지 못하고 있다. 우리가 물질적 실체들의 집합체로 알고 있는 색은 우리의 지각을 취하여 존재로 생각한 것에 지나지 않음을 아는 것이 색을 사실 그대로(여실하게) 알게 된다는 게 이 경의 의미이다.

색이 4대라는 실체의 집합이 아니라 지각을 통해 느껴진 느낌을 취하고 있다는 것은 색의 집(集)이 색에 대한 희탐과 갈애라는 설명에

66 『대정장』 2, p. 10의 필자 번역.

서 뚜렷이 드러난다. 집은 'samudaya'의 한역(漢譯)이다. 'samudaya'는 '함께'를 의미하는 'sam'과 '증가, 생기(生起), 수집'을 의미하는 'udaya'의 합성어로서 '함께 모여 나타남'의 의미이다. 이것은 '집기(集起)'로 한역되기도 하며, 4성제의 집성제(集聖諦)는 'samudaya'를 의미한다. 우리가 존재라고 생각하고 있는 것들은 모두가 무명에서 연기한 망념이 집기한 것이다. 우리가 물질이라고 생각하고 있는 것, 즉 색도 지각된 내용이 함께 모여 나타난 것이다.

그렇다면 우리에게 지각된 내용은 왜 함께 모여, 즉 집기하여 색이 되는가? 붓다는 지각된 것에 대하여 그것을 갈망하고 기쁨을 느끼고자 하기 때문이라고 이야기한다. 우리가 지각하는 내용은 동일한 것이 아니다. 지각하는 자신도 변화하고 지각되는 내용도 변화한다. 어제 본 장미와 오늘 보는 장미는 같은 장미가 아니고, 어제 장미를 본 눈과 오늘 장미를 보는 눈도 같은 눈이 아니다. 그러나 우리는 어제 본 장미를 오늘도 보고 있다고 생각한다. 장미는 피어나면서부터 끊임없이 변화하고 있고 장미를 보는 나의 눈도 변화하고 있지만, 어제 장미를 볼 때 생긴 지각 내용과 오늘 생긴 지각 내용이 우리의 욕구를 충족시켜주기 때문에 동일한 장미라고 생각하며, 동시에 그 장미를 보는 눈도 동일한 눈이라고 생각한다. 만약 장미가 시들어서 우리의 욕구를 충족시켜주지 못하면 우리는 장미가 사라졌다고 말하고, 눈이 장미를 제대로 볼 수 없게 되면 눈이 나빠졌다고 말한다. 이렇게 시간적인 동일성을 가지고 존재한다고 생각하고 있는 장미와 눈이라는 물질[色]은 욕구나 갈애를 통해 어제의 지각과 오늘의 지각이 함께 모여 나타나고 있는 현상이다.

수(受), 즉 우리가 감정이라고 생각하고 있는 마음은 촉에서 발생하는 느낌이다. 그런데 촉, 즉 사물이 존재한다는 느낌이 반복되어 함께 모여 나타나면, 그 느낌도 함께 모여 마치 감정이라는 존재가 있는 것처럼 생각하게 된다. 이성[想]이나 의지[行]도 마찬가지다.

식(識)은 12입처를 인연으로 발생하고 있는 분별하는 마음이다. 사물의 인식은 이름과 형태를 통해서 이루어진다. 우리의 의식 속에 책상이라는 이름과 책상의 형태가 있을 때 그 형태와 같은 것을 보면 우리는 그것을 책상이라고 인식한다. 이와 같이 우리가 사물을 인식하는 존재라고 생각하고 있는 식은 명색(名色)이 함께 모여 나타난 현상이다.

집(集)은 이렇게 중생들이 존재로 생각하는 5온의 원인이다. 4성제(四聖諦)에서 5취온이 괴로움이고, 5취온의 원인이 집이라고 하는 까닭이 여기에 있으며, 집은 욕탐에 의해 일어나는 현상이므로 괴로움을 멸하기 위해서 욕탐을 멸해야 한다고 강조하는 것이다.

1) 5온(五蘊)의 질료

5온은 색(色), 수(受), 상(想), 행(行), 식(識)의 순서로 설해진다. 이러한 5온의 순서는 매우 큰 의미가 있다. 5온의 순서를 보면 식(識)이 맨 뒤에 위치한다. 우리가 지금까지 살펴본 바에 의하면 식은 12입처를 인연으로 생긴 것이다. 그러므로 식은 촉을 통해 새롭게 발생한 수(受), 상(想), 사(思)를 의미하는 5온의 수(受), 상(想), 행(行)보다 먼저 나타난 것이라고 할 수 있다. 따라서 5온이 나타난 순서대로 정해졌다고 한다면 5온의 순서는 식(識), 색(色), 수(受), 상(想), 행(行)이 되어야 할 것이다.

그런데 5온에서 식은 맨 뒤에 위치한다. 식은 12입처를 인연으로 발생한 분별심이다. 촉을 통해서 18계라고 하는 의식의 세계를 6계라고 하는 존재의 세계로 인식하는 것도 식이다. 그리고 촉을 통해서 새롭게 발생한 수, 상, 사라는 의식을 5온의 수, 상, 행이라는 존재로 인식하는 것도 식이다. 이렇게 식은 우리의 의식 현상을 존재로 인식하면서, 인식하는 자신까지도 인식하는 존재로 인식하게 된다. 대상을 인식함으로써 그것을 인식하는 자신도 존재라고 인식하게 되는 것이다. 따라서 식이 자신을 존재로 인식하게 되는 것은 다른 것들을 존재로 인식한 후가 된다고 할 수 있다. 5온의 식은 이렇게 대상의 인식을 통해 존재로 인식된 식이다. 그러므로 식이 존재로 인식되는 것은 맨 마지막이 된다고 할 수 있다. 『잡아함 374경』은 이것을 이야기하고 있다.

> 네 가지 음식[四食]이 있어서 중생이 되도록 돕고, 세간에 머물면서 자라게 한다. 어떤 것이 네 가지 음식인가? 첫째는 단식(摶食)이고, 둘째는 촉식(觸食)이며, 셋째는 의사식(意思食)이고, 넷째는 식식(識食)이다. 만약 비구가 이 음식을 좋아하고 탐내는 마음을 갖게 되면 식이 머물면서 커간다. 식이 머물면서 커가기 때문에 명색(名色)이 나타난다. 명색이 나타나기 때문에 모든 행(行)이 커가고, 행이 커가기 때문에 다음 세상의 나의 존재가 커간다. 다음 세상의 나의 존재가 커가기 때문에 생로병사와 같은 괴로움이 집기(集起)한다.[67]

이 경에서 이야기하는 명색(名色)이란 존재로 인식된 것을 의미한다. 우리가 존재로 인식하는 모든 것은 이름과 형태를 가지고 있다. 책상이라는 존재는 책상이라는 이름과 책상의 형태를 가진 것이다. 만약 우리

67 『대정장』 2, pp. 102c~103a의 필자 번역.

의 마음에 책상의 이름과 형태가 없다면 우리는 책상을 존재로 인식하지 못한다. 책상을 모르는 부시맨 같은 원시 부족 사람이 책상을 본다고 해도 그것을 책상으로 인식하지 못하고 이상하게 생긴 나무 덩어리로밖에 인식할 수 없는 것은 이들의 마음속에 책상이라는 이름과 형태, 즉 명색(名色)이 없기 때문이다.

우리가 존재로 인식하는 것은 이렇게 우리의 마음에 존재로 인식된 것의 이름과 모습, 즉 명색이 있기 때문이다. 이 경에서는 우리의 마음에 이러한 명색이 나타나는 까닭은 우리가 네 가지 자양분에 대하여 이것을 좋아하고 탐내는 마음, 즉 희탐(喜貪)을 가질 때 식이 사라지지 않고 머물면서 커가기 때문이라고 하고 있다. 그리고 식이 사라지지 않고 머물면서 커가기 때문에 다음 세상에 태어날 나의 존재가 커가며, 나의 존재가 자라 다음 세상에 태어나서 늙고 병들어 죽어간다는 괴로운 생각들이 모여 '함께 나타난다[集起]'는 것이다.

이 경은 이렇게 우리가 다음 세상에 태어나는 문제를 다루고 있는 중요한 경전이다. 우리가 생사의 세계에서 윤회하는 것은 식이 사라지지 않고 머물면서 커감으로써 '나'라고 하는 존재가 끊임없이 만들어지기 때문이다. 식은 이렇게 생사윤회의 근본이다. 불교에서 윤회의 주체를 식이라고 하는 것은 이런 이유 때문이다. 그런데 이것을 잘못 이해하면 식이라는 존재가 죽지 않고 생사윤회를 거듭한다고 생각하기 쉽다. 불교를 오해하는 것은 이렇게 식을 잘못 이해하기 때문이다.

우리는 나라고 하는 존재가 세상에 태어나서 죽는다고 생각한다. 이런 생각을 가진 사람을 중생이라고 부른다. 이 경에서 이런 생각을 갖도록 하는 것은 네 가지 음식[四食]이 있기 때문이라고 하고 있다. 여기에서 이야기하고 있는 단식(摶食), 촉식(觸食), 의사식(意思食), 식식(識

食)이라고 하는 네 가지 음식은 구체적으로 어떤 것일까?

단식(摶食)은 빨리어로 'kabalinkāra-āhāra'인데 'kabalinkāra'는 '덩어리로 된'이라는 의미의 형용사이고, 'āhāra'는 영양분 또는 자양분의 의미이다. 따라서 단식은 '덩어리로 된 자양분'이라는 의미이며 우리가 먹는 음식물을 의미한다. 우리의 몸은 이들 음식물을 섭취함으로써 이루어지고 유지되고 자라난다. 그런데 우리는 이 몸을 '나'라고 생각한다. 이 몸이 세상에 태어나서 늙고 병들어 죽는다고 생각하는 것이 우리 중생인 것이다. 따라서 이 경에서는 단식이 중생이 되게 하고, 세간에 머물면서 자라게 한다고 설명하고 있다.

그러나 단식은 단순히 음식물을 의미하지는 않는다. 우리는 눈, 귀, 코, 혀, 몸과 같은 감관(感官)을 통해 지각함으로써 자신의 몸을 인식한다. 우리는 몸으로 보고, 듣고, 만지는 존재이다. 따라서 몸은 지각하는 자아이다. 단식은 이러한 지각하는 자아를 형성하고 유지시키는 것을 의미한다. 지각하는 자아를 형성하고 유지시키는 것은 우리의 지각활동이다. 눈으로 보고, 귀로 듣고, 몸으로 접촉함으로써 우리는 몸이 있음을 느끼고, 이 활동이 지속되는 동안 몸이 존재한다고 생각한다. 따라서 단식이란 지각활동을 하면서 몸을 지각활동 하는 자아로 생각하는 우리의 생각을 의미한다.

우리는 이러한 우리의 몸을 물질적 요소, 즉 지수화풍(地水火風) 4대(四大)로 되어있다고 생각한다. 연기설의 입장에서 보면 4대는 물질을 구성하는 요소가 아니라 지각활동을 통해 존재로 느끼는 것이다. 그러나 중생들은 이것을 알지 못하고 그것이 실재한다고 믿는다. 따라서 단식은 중생들이 자신의 몸을 이루고 있다고 생각하고 있는 존재, 즉 6계(六界) 가운데 지수화풍 4계(四界)를 의미한다고 할 수 있다.

두 번째 음식인 촉식(觸食)은 빨리어로 'phassa-āhāra'인데, 'phassa'는 18계를 인연으로 생긴 촉이다. 따라서 촉식은 '무엇인가가 있다는 느낌', 즉 촉을 의미한다고 할 수 있다.

세 번째 음식인 의사식(意思食)은 빨리어로 'manosañcetana-āhāra' 인데, 'manosañcetana'는 마음, 즉 6입처의 의(意)를 의미하는 'mano'와 생각, 사유, 지각, 의도를 의미하는 'sañcetana'의 합성어이다. 따라서 의사식은 중생의 마음, 즉 지각과 사유, 의도를 의미한다고 할 수 있다. 그런데 전에 살펴본 바와 같이 붓다는 지각, 사유, 의도를 촉에서 발생한 수, 상, 사라고 부르고 있으므로 의사식은 수, 상, 사를 의미한다.

네 번째 음식인 식식(識食)은 빨리어로 'viññāṇa-āhāra'인데 'viññāṇa'는 6계 가운데 식(識)을 의미한다. 따라서 식식은 6계의 식이라고 할 수 있다.

이렇게 살펴볼 때 네 가지 음식은 6계의 지수화풍, 촉과 촉에서 생긴 수, 상, 사와 6계의 식을 의미한다고 할 수 있다. 그렇다면 왜 붓다는 이들을 음식, 즉 자양분이라고 했을까? 전에 살펴본 바와 같이 우리가 '나'라는 존재라고 잘못 아는 것은 색, 수, 상, 행, 식, 즉 5온이다. 우리는 육체, 감정, 이성, 의지, 의식 다섯 가지를 '나'의 존재라고 생각하고 있다. 우리는 이 다섯 가지 나의 존재가 태어나서 죽을 때까지 변함없이 존재한다고 생각한다. 그러나 5온은 우리가 태어나서 죽을 때까지 변함없이 존재하고 있는 것이 아니라 6계와 촉에서 생긴 수, 상, 사를 취하여 자기 존재라고 생각하고 있는 것이다. 우리가 몸이 변함없이 존재한다고 생각하는 것은 지각활동을 통해 계속해서 자신의 몸을 존재한다고 느끼기 때문이다. 감정이나 의지도 마찬가지다. 촉에서 생긴 수, 상, 사를 계속하여 취하고 있기 때문에 그것을 나의 존재라고 인식하게 된 것이다. 그리고 이것을 존재로 인식하는 가운데 생기는 식을 끊임없이 취하여 그것을 존재하는 나의 의식이라고 생각하고 있는 것이 중생이다. 이렇게 우리가 나의 존재라고 생각하고 있는 5온은 촉을 통해 형성된 질료를 취한 결과 이루어진 것이다. 나무가 수분이나 자양분을 취하여 존재하고 자라나듯이 5온은 6계와 수, 상, 사를 자양분으로 취하여 존재하면서 자라난다. 이렇게 6계와 수, 상, 사는 5온을 존재하게 하고 자라나게 하는 자양분과 같다고 해서 이들을 음식이라고 부른다.

2) 5온(五蘊)의 성립

우리가 중생의 상태를 벗어나지 못하고 살아가는 것은 단식, 촉식, 의사식, 식식이라는 네 가지 자양분이 있기 때문이다. 이 네 가지 자양분을 탐내어 좋아하면 식이 사라지지 않고 머물면서 커가고, 이렇게 식이 커갈 때 명색(名色)이 나타나며, 명색이 나타날 때, 행(行)이 자라나고, 행이 자라날 때 미래의 나의 존재가 자라나서 미래의 나의 존재가 다시 태어나서 늙고 병들어 죽는다는 망상이 계속된다는 것이 위에서 살펴본 『잡아함 374경』의 내용이다.

네 가지 자양분을 탐내어 좋아하면 식이 사라지지 않고 머물면서 커간다고 하는 말은 어떤 의미일까? 식(識)은 사물을 분별하여 인식하는 의식인데 이것은 12입처를 인연으로 생긴 것이다. 즉, 12입처에서 연기한 허망한 의식이다. 그런데 우리는 이 식이 우리의 몸속에 변함없이 존재한다고 믿고 있다. 이렇게 우리의 믿음 속에서 사라지지 않고 머무는 것을 붓다는 식이 머물고 있다고 이야기한 것이다. 이 식은 머물고만 있는 것이 아니다. 우리가 살아가는 동안 끊임없이 생기는 식은 삶을 통해 성장한다. 어릴 때는 좁은 세계를 인식하지만, 어른이 되면 폭넓은 인식을 하게 되는 것은 식이 성장하고 있다는 증거이다. 이렇게 우리의 삶을 통해 의식 세계가 성장하는 것을 붓다는 식이 커간다고 이야기한 것이다.

그렇다면 우리의 의식 세계는 왜 성장하는 것일까? 그것은 우리가 삶을 통해 끊임없이 새로운 인식을 함으로써 형성된 의식이 모이기[集] 때문이다. 우리는 지각활동을 하면서, 지각되는 것을 밖에 존재하는 대상으로 느끼고, 생각하고, 그 대상에 대하여 의도를 가지고, 인식하면서 살아간다. 이러한 삶은 일회적이 아니라 끊임없이 지속된다. 날마다 보고, 느끼고 생각하고, 행동하고 인식하는 것이 우리의 삶이다. 우리는 이러한 삶을 몸과 감정과 이성과 의지와 의식으로 이루어진 나라고 하는 존재가 외부에 존재하는 대상을 지각하고, 외부에 존재하는 즐겁거나 괴로운 대상을 감정으로 느끼고, 길거나 짧은 대상을 이성으로 판단하고, 좋거나 나쁜 일을 의지로 선택하면서, 외부의 존재를 인식한다고 생각한다. 그러나 나의 존재나 외부의 존재는 촉을 통해 느끼고 있는 허망한 느낌이다. 이렇게 허망한 것을 참된 존재로 인식하는 것이 중생들의 식(識)이다. 따라서 중생들의 식은 지각활동을 하면서, 촉을 통해 외부에 사물이 존재한다고 생각하고, 그 존재에 대하여 고락을 느끼고, 생각하고, 의도하고, 인식함으로써 성장하고 있다고 할 수 있다. 앞에서 살펴보았듯이 우리의 지각활동이나 느끼고, 생각하고, 의도하고, 인식하는 일은 우리에게 그것에 대한 욕구가 있을 때 나타나는 현상이다. 욕구가 다르면 지각하고, 느끼고, 생각하고, 의도하고 인식하는 것도 달라진다. 그래서 붓다는 네 가지 자양분에 대하여 좋아하고 탐내면 식이 사라지지 않고 머물면서 커간다고 이야기한 것이다.

식이 자라날 때 명색이 나타난다는 말의 의미를 생각해 보자. 명색은 우리가 사물을 인식하는 이름과 형태이다. 따라서 식이 자랄 때 명색이 나타난다는 것은 새로운 식이 형성될 때 새로운 이름과 형태의 사물이 존재하는 것으로 인식됨을 의미한다. 즉, 식을 자라나게 하는 네 가지 자양분이 식의 성장과 함께 이름과 형태를 지닌 존재로 인식된다는 것이다. 우리가 이름과 형태를 지닌 존재로 인식하는 모든 사물은 이렇게 식의 성장을 통해 존재로 인식된 것이다. 예를 들어 무지개를 처음 보았을 때는 무지개를 분별하는 식이 없지만 누군가가 그것의 이름이 무지개라는 것을 알려주면 무지개를 분별하여 인식하는 의식이 새롭게 생긴다. 즉, 식이 자라난다. 이렇게 식이 자라나면 여러 가지 색이 층을 이루어 반원의 형태로 하늘에 걸려있는 것[色]을 무지개[名]라고 인식할 수 있게 된다. 이와 같이 우리가 인식하는 모든 존재는 명색이다.

명색이 우리가 존재로 인식하는 것이라면 그것은 곧 5온이라고 할 수 있다. 왜냐하면, 중생들이 존재라고 생각하는 것은 모두 5온이기 때문이다. 『잡아함 298경』에서는 명색을 다음과 같이 설명하고 있다.

> 식(識)을 인연으로 명색(名色)이 있다. 어떤 것이 명(名)인가? 수음(受陰), 상음(想陰), 행음(行陰), 식음(識陰) 이들 4무색음(四無色陰)[68]을 말한다. 어떤 것이 명인가? 4대(四大)와 4대로 만들어진 색을 색이라고 부른다. 이 색과 앞에 이야기한 명, 이것을 명색이라고 한다.[69]

68 음(陰)은 온(蘊)을 의미한다.
69 『대정장』 2, p. 85ab의 필자 번역.

식식(識食)이 자라남으로써 명색이 나타난다는 것을 이 경에서는 명색은 식을 인연으로 한다고 표현하고 있다. 그리고 5온의 수, 상, 행, 식이 명(名)이고, 6계의 지수화풍 4대와 4대로 만들어진 것이 색(色)이라는 것이다. 식의 성장을 통해 네 가지 자양분이 5온이라는 존재로 인식되며, 이것이 명색이다. 식이 머물면서 자라날 때 명색이 나타난다는 말은 식이 머물면서 자라나기 때문에 중생들이 이름과 형태로 된 허망한 존재의 세계로 빠져든다는 것을 의미한다고 할 수 있다.

여기에서 주목해야 할 것은 나의 존재나 세계의 존재와 같은 존재의 세계를 허구적으로 만드는 주도적인 역할을 하는 것이 식이라는 사실이다. 즉, 5온은 식에 의해 성립된다는 것이다. 촉을 통해 '있다'고 느껴질 뿐 아직 구체적인 존재로 인식되고 있지 않은 6계와 수, 상, 사는 식을 통해 이름과 형태를 지닌 구체적인 존재로 인식되는 것이다. 즉, 식이 네 가지 자양분에 의해 성장하면서 이들을 질료로 이름과 형태를 지닌 인식의 대상으로 만들어 인식하는 것이다.

5온은 이렇게 식에 의해 실재하는 대상으로 인식되고 있는 '나의 존재'와 '세계의 존재'이다. 식은 촉을 통해 형성된 의식을 존재하는 대상으로 인식하면서 인식하는 자신까지 대상화한다. 우리가 '대상을 인식하는 의식이 존재하고 있다'라고 말하는 것은 식이 대상을 인식하고 나서 대상을 인식하는 식 자신을 대상으로 인식하기 때문이다. 우리는 이러한 의식을 다른 무엇보다 더 확실한 존재로 생각한다. 만약 '인식하는 존재인 의식이 없다면 어떻게 다른 것을 인식할 수 있을까'라고 생각하는 것이다. 모든 것을 의심하고 나서 의심하고 있는 정신은 사유하는 실체로 존재한다고 생각했던 데카르트가 그 예이다.

식이 자신을 인식의 대상으로 인식할 수 있는 것은 다른 대상을 인식하고 있기 때문이다. 인식의 대상이 없다면 그것을 인식하는 의식은 생길 수 없다. 식이 존재로 인식되기 위해서는 반드시 식이 인식하는 대상이 먼저 있어야 한다. 이렇게 식이 다른 것을 인식함으로써 그 대상을 인식하는 자신을 대상으로 인식한 것이 5온의 식온이다. 따라서 5온이 성립한 순서로 본다면 식은 맨 마지막이 된다. 5온의 순서는 이렇게 5온이 성립하는 순서로 되어있다.

3) 5온(五蘊)의 순서

5온의 순서는 5온이 성립하는 과정을 보여준다. 그렇다면 왜 5온의 순서에 색이 맨 앞에 위치하고, 다음으로 수, 상, 행이 위치하는 것일까?

우리의 삶을 관찰해보면 우리는 보고, 듣고, 냄새 맡고, 맛보고, 만지면서 색깔과 모습, 소리, 향기, 맛, 촉감을 지각한다. 이러한 지각이 생기면 우리는 보는 것은 나의 눈이고, 보이는 것은 외부의 색이며, 듣는 것은 나의 귀이고, 들리는 것은 외부의 소리이며, 만지는 것은 나의 몸이고, 만져지는 것은 외부의 사물이라고 생각하게 된다. 이렇게 생각하면서 눈, 귀, 코, 혀, 몸으로 외부의 사물을 인식하는 것은 나의 마음이고, 이 마음으로 인식되는 것은 외부의 사물, 즉 법(法)이라고 생각한다. 이렇게 해서 눈, 귀, 코, 혀, 몸은 물질로 된 나의 육체이고, 색깔, 소리, 냄새, 맛, 촉감은 물질로 된 외부의 사물이라고 우리는 생각한다. 12입처 가운데 안, 이, 비, 설, 신은 나의 몸을 이루는 물질로 인식되고, 색, 성, 향, 미, 촉은 외부에 존재하는 사물을 이루고 있는 물질로 인식되는 것이다. 이렇게 나의 몸을 이루는 물질과 외부의 사물을 이루고 있는 물질로 인식되는 것이 5온의 색이다. 이와 같이 식에 의해 맨 처음 존재로 인식된 것은 색이므로 색이 5온의 순서에서 맨 앞에 자리하게 된다.

우리의 마음이 이렇게 나의 몸은 공간 속에서 외부의 물질을 지각하고 있다고 느끼게 되면 이 물질에 대하여 자신의 몸에 이로운 것은 즐겁고 아름답게 느끼고, 해로운 것은 괴롭고 보기 싫다고 느끼게 된다. 그리고 이것을 다른 것과 비교하여 사유하고, 이것에 대하여 의도를 갖게 된다. 이것을 촉에서 수(受: 느낌), 상(想: 사유), 사(思: 의도)가 생긴다고 말한다.

느낌과 사유와 의도는 이렇게 외부에 사물이 존재한다는 느낌, 즉 촉에서 함께 생기는 것이기는 하지만, 구체적인 내용을 보면 그렇지만은 않다. 사유와 의도의 내용을 살펴보면 사유는 단순히 외부의 존재에 대한 사유가 아니라 촉에서 생긴 느낌을 포함한 사유이다. 그리고 의도도 사유한 내용을 토대로 하고 있다.

예를 들어 사과가 있다고 느꼈다고 하자. 사과가 있다는 느낌은 촉이다. 그리고 이 사과는 빛도 좋고, 크기도 좋다고 느낀다면 이것은 촉에서 수(受)가 생긴 것이다. 이렇게 사과가 좋다고 느끼면 이 사과의 값이 다른 사과에 비해 값이 싼 것인지 비싼 것인지를 생각하게 된다. 즉, 값과 품질을 다른 사과와 비교해 보는 것이다. 그래서 값은 다른 사과보다 비싸지만, 품질이 좋으므로 결코 비싼 것이 아니라고 판단한다면 이것을 '좋다는 느낌'을 인연으로 해서 생긴 상(想)이라고 할 수 있다. 따라서 이때의 상은 수를 인연으로 해서 생긴다고 하지 않을 수 없다.

우리는 이러한 판단을 토대로 이 사과를 살 것인지 말 것인지를 결정하게 된다. 또 이 사과를 내가 먹을 것인지 다른 사람에게 선물할 것인지도 결정하게 될 것이다. 이렇게 사과에 대한 의도는 사과에 대한 사유를 토대로 이루어진다. 따라서 의도, 즉 사(思)는 상을 인연으로 생긴다고 할 수 있다.

이와 같이 우리는 어떤 것이 존재한다고 인식되면 그 존재에 대하여 느낌이 생기고, 그 느낌을 바탕으로 사유하게 되고, 사유를 바탕으로 의도를 갖게 된다. 따라서 촉에서 수가 생기면 수를 인연으로 상이 생기고, 상이 생기면 상을 인연으로 사가 생긴다고 할 수 있다. 『잡아함 214경』에서 붓다는 다음과 같이 이야기한다.

> 안(眼)과 색(色)을 인연으로 안식(眼識)이 생긴다. 안은 무상(無常)하고 유위(有爲)이며 마음을 인연으로 하여 생긴 것이다. 색과 안식도 무상하고 유위이며 마음을 인연으로 하여 생긴 것이다. 이 세 가지의 화합이 촉(觸)이다. 촉이 생기면 느끼고[受], 느끼면 사유하고[想] 사유하면 의도한다[思].[70]

이 경은 촉에서 수(受), 상(想), 사(思)가 발생하지만, 이들은 서로 무관하게 생기는 것이 아니라 먼저 느낌[受]이 생기고, 그 느낌이 생기면, 사유[想]가 생기고, 사유가 생기면 의도[思]가 생긴다는 것을 이야기한 것이다. 5온의 수(受), 상(想), 행(行)은 이렇게 차례로 발생한 수, 상, 사가 존재로 인식된 것이다. 따라서 수, 상, 행으로 되어 있는 5온의 순서는 촉에서 이들이 발생한 순서에 따른 것이라고 할 수 있다.

70 『대정장』 2, p. 54a.

4

◆

5온(五蘊)의 의미

1) 색온(色蘊)의 의미

5온은 우리가 생각하고 있는 나와 세계를 이루는 존재의 모습이다. 우리는 눈, 귀, 코, 혀, 몸으로 된 육신을 나라는 존재라고 생각한다. 이와 같은 나의 존재가 살고 있는 외부 세계에는 빛, 소리, 냄새, 맛, 촉감이 있다. 우리는 외부의 세계가 빛, 소리 냄새, 맛, 촉감으로 이루어졌다고 생각하는 것이다. 우리는 우리의 육신과 육신이 살고 있는 세계를 물질이라고 부른다. 그리고 물질은 4대와 같은 요소가 모여있는 것이라고 생각한다. 5온 가운데 색온은 우리가 4대와 같은 요소로 구성되어 있다고 생각하는 나의 육신과 세계를 이루고 있는 물질을 의미한다.

우리는 물질로 된 나의 육신을 '자아'라고 생각한다. 그래서 이 육신이 죽지 않고 오래 살기를 바라고, 이 육신의 삶을 위해서 힘든 노동을 하고, 남과 투쟁하고, 약자를 착취하고, 다른 생명을 죽이기도 한다. 그러나 육신은 결국은 죽게 된다. 우리가 생로병사의 괴로움을 느끼는 것은 이렇게 나의 존재와 세계가 물질로 되어있다고 생각한 결과이다. 만약 이러한 우리의 생각이 진실이라면 우리는 생로병사의 괴로움에서 벗어날 수 없다.

붓다는 이러한 우리의 생각이 잘못됐다는 사실을 깨달았다. 그래서 이러한 잘못된 생각을 버리게 하기 위해 『잡아함 61경』에서 다음과 같이 말한다.

> 어떤 것을 색수음(色受陰, 色取蘊)이라고 하는가? 모든 색은 4대와 4대로 만들어진 것이다. 이것을 색수음이라고 부른다. 그런데 그 색은 무상하고 괴로움이며, 변역(變易)하는 법(法)이다. 만약 저 색수음을 영원히 끊어서 남음이 없게 하고, 마지막까지 버리고 떠나 멸진하며, 그것에 대한 욕탐을 버리고 마음을 고요히 하면 다른 색수음이 다시 상속하지 않고, 생기지 않고, 나타나지 않는다. 이것을 이름하여 미묘하다고 하고, 고요해졌다고 하고, 버리고 떠났다고 하고, 일체의 남은 탐애(貪愛)가 다하여 욕탐(欲貪)이 없이 멸진(滅盡)한 열반(涅槃)이라고 부른다.[71]

이 경에서 붓다가 끊어 없애라고 하는 색수음(色受陰, 色取蘊)이 우리가 생각하는 물질로 된 육신이라고 한다면 이 경의 말씀은 육신을 없애라

71 『대정장』 2. p. 15c의 필자 번역.

는 말이 되고 만다. 열반은 곧 육신의 죽음을 의미하게 되는 것이다. 그런데 붓다는 색취온은 4대와 4대로 만들어진 물질을 의미한다고 이야기하고 있다. 그리고 이것을 끊어 없애라고 하시니, 정말 붓다는 모든 괴로움이 사라진 열반은 죽음이라고 생각한 것일까?

우리는 이 경에서 이야기하는 색온에 두 가지 의미가 있음을 알아야 한다. 하나는 중생들이 생각하는 의미의 색온이고, 다른 하나는 붓다가 깨달은 색온의 실상을 의미하는 색온이다. 그러니까 4대와 4대로 만들어진 색은 중생들이 생각하고 있는 색온을 의미하고, 그것은 무상하고 변역하는 법이라고 하신 색온은 색온의 실상을 의미하는 것이다. 따라서 이 경을 좀 더 알기 쉽게 풀어본다면 다음과 같다.

> 육신(색수음)이란 4대와 4대로 만들어진 존재라고 중생들은 생각한다. 그런데 내가 깨닫고 보니 물질은 존재하고 있는 것이 아니라 12입처라는 허망한 마음에서 생긴 무상한 것이다. 중생들은 이 무상한 육신을 태어나서 죽을 때까지 변함없이 존재하는 나의 육신이라고 생각하기 때문에 모든 괴로움이 생긴다. 그러나 육신은 존재가 아니라 연기하는, 즉 인연 따라 변화하고 있는 법(法)이다. 그러므로 나를 이루고 있는 존재가 육신이라는 잘못된 생각을 없애고, 그런 생각을 남김없이 끝까지 버려야 한다. 이런 잘못된 생각이 나타나는 것은 마음에 욕탐이 있기 때문이다. 마음에서 욕탐을 버리고 마음을 고요하게 하면 그런 잘못된 생각이 다시는 나타나지 않을 것이다. 이것을 열반이라고 한다.

이렇게 이해하기 쉽게 풀어서 보면 이 경에서 붓다는 육신의 소멸이 열반이라고 하지 않았음을 알 수 있다. 열반은 잘못된 생각이 사라져 다시는 나타나지 않는, 참된 생각으로 살아가는 진실된 삶을 의미하는 것이다.

색온에 대하여 좀 더 자세히 살펴보자. 이미 살펴보았듯이 붓다가 말하는 4대는 외도들이 주장하는 물질을 구성하는 요소로서의 4대가 아니라 6계의 4계이다. 외도들이 생각하는 요소로서의 4대와 6계의 4계는 큰 차이가 있다. 외도들의 4대는 상주불변 하는 실체이지만 6계의 4계는 18계라고 하는 의식이 촉에 의해 존재로 인식된 것이다. 따라서 외도의 4대는 상주불멸 하는 것이고, 6계의 4계는 마음에서 연기한 무상한 것이다. 외도들이 주장하는 4대는 실재하는 것이 아니다. 단지 외도들이 물질의 실상을 모르고 그런 존재가 있다고 생각할 뿐이다. 따라서 외도의 4대는 중생의 잘못된 생각으로 본 물질의 요소이고, 6계의 4계는 4대의 참모습이라고 할 수 있다.

붓다는 『잡아함 46경』과 이에 상응하는 『쌍윳따 니까야 22. 79. Khajjani(먹힘)』에서 우리가 물질, 즉 색(色)이라고 생각하는 것이 무엇인지를 다음과 같이 이야기하고 있다.

> 비구들이여 그들은 무엇을 색(色)이라고 하는 것일까? 비구들이여, 거리낀다. 그러면 거기에서 색이라는 말이 사용된다. 무엇이 거리끼는가? 차가움이 거리끼고, 뜨거움이 거리끼고, … 촉감이 거리낀다. 이와 같이 거리끼면 거기에서 색이라는 말이 사용된다.[72]

72 『대정장』 2. p. 11bc와 『쌍윳따 니까야』 vol. 3. p. 86을 대조한 필자 번역.

우리가 존재하고 있다고 생각하는 물질은 모두가 거리낌이 있을 때 사용되는 언어일 뿐이라는 것이다. 이 경에서 거리낀다고 하는 것은 보고, 듣고, 냄새 맡고, 맛보고 만지는 것을 의미한다. 본다는 것은 여러 가지 색이 거리끼는 것이고, 듣는다는 것은 소리가 거리끼는 것이고, 만진다는 것은 촉감이 거리끼는 것을 의미하기 때문이다. 따라서 거리낄 때 색이라는 말이 사용된다고 하는 것은 보고, 듣고, 냄새 맡고, 맛보고 만질 때 물질이라는 말이 사용된다는 의미이다. 우리가 물질이라고 생각하는 눈과 빛은 볼 때 사용되는 말이고, 귀와 소리는 들을 때 사용되는 말이며, 코와 냄새는 냄새 맡을 때 사용되는 언어이지 실재하는 물질이 아니라는 것이다. 우리는 지금까지 우리의 삶에서 경험된 내용이 어떤 과정을 통해 5온이라는 존재로 인식되게 되는지를 살펴보았는데, 이 경에서는 그것을 이야기하고 있다.

보고, 듣고, 만지는 삶 속에는 본래 나와 세계가 따로 존재하지 않는다. 그런데 우리는 탐욕에 의해 집기(集起)한 12입처라는 허망한 생각으로 보고, 듣고, 만지기 때문에 나와 세계를 분별하는 식(識)이 생겨서 '나라고 하는 언어'와 '세계라고 하는 언어', 즉 이름을 만들어 놓고 나와 세계가 개별적으로 존재한다고 인식하는 것이다. 이렇게 식에 의해 분별되는 것을 명색(名色)이라고 한다. 12연기에서 식을 연하여 명색이 있다고 하는 것은 이것을 이야기한 것이다.

식이 보고, 듣는 삶을 나와 세계로 분별하기 때문에 색도 나를 이루는 색과 세계를 이루는 색으로 나누어진다. 색에는 나를 이루는 색과 세계를 이루는 색이 있는 것이다. 눈, 귀, 코, 혀, 몸은 나를 이루는 색이고, 빛, 소리, 향기, 맛, 촉감은 세계를 이루는 색이다.

다른 5온도 마찬가지다. 우리의 삶은 보고, 듣고, 만지는 것이 전부가 아니다. 보거나 들으면 느끼게 되고, 느끼면 생각하게 되고, 생각하면 의도하게 되고, 의도한 것을 인연으로 인식하게 된다. 이렇게 보고, 느끼고, 생각하고, 의도하고 인식하는 삶 가운데서 보고, 느끼고, 인식하는 것과 보이고, 느껴지고, 인식되는 것을 식이 분별하여 보고, 느끼고, 인식하는 것은 '나'이고 보이고, 느껴지고, 인식되는 것은 '세계'라고 분별하여 이들에 나와 세계라는 이름을 붙여놓고 개별적으로 존재한다고 인식하는 것이다. 이와 같이 5온에는 나를 이루고 있는 5온과 세계를 이루고 있는 5온이 있게 된다. 붓다는 이러한 두 가지 5온을 구별하기 위하여 우리가 나를 이루고 있다고 생각하고 있는 5온을 5취온(五取蘊, 五受陰)이라고 부른다. 5취온은 중생들이 자기의 존재로 '취하고 있는 5온'이라는 의미이다.

우리가 생각하고 있는 나와 세계는 이렇게 동일한 5온의 구조로 되어 있다. 이것은 5온이라는 존재가 있어서 나와 세계를 이루고 있기 때문에 그런 것이 아니라, 연기법의 진리에 무지한 상태에서 살아가는 가운데 식이라고 하는 분별심이 생겨서, 본래는 개별적으로 존재하지 않는 나와 세계를 분별하여 인식하기 때문에 그런 것이다. 보고, 느끼고, 생각하고, 의도하고 인식하는 삶을 보는 존재와 보이는 존재, 느끼는 존재와 느껴지는 존재, 의도하는 존재와 의도되는 존재, 인식하는 존재와 인식되는 존재로 분별하여 전자를 나라고 생각하고, 후자를 세계라고 생각하기 때문에 나와 세계는 항상 동일한 구조를 가질 수밖에 없는 것이다.

만약 우리 삶의 형태 가운데 느끼는 삶이나 생각하는 삶이 없다면, 우리는 나와 세계를 이루고 있는 존재를 5온이 아닌 3온이나 4온으로 생각하게 될 것이다. 5온은 우리의 삶이 실체화한 것이라고 할 수 있다.

이 점은 앞으로 다른 온의 의미를 살펴보는 가운데 더욱 분명하게 드러날 것이다.

2) 수온(受蘊)의 의미

우리는 육신만을 나의 존재라고 생각하지는 않는다. 보고, 듣고, 만지는 육신 이외에도 즐거움을 느끼고 괴로움을 느끼며, 아름다움을 느끼고 추함을 느끼는 나의 존재가 있다고 생각한다. 한편 이 세상에는 우리에게 느껴지는 즐거운 것, 괴로운 것, 아름다운 것, 미운 것이 있다고 생각한다. 느끼는 감정은 나의 존재이고, 느껴지는 즐겁고 괴로운 것은 외부의 세계에 존재한다고 생각하는 것이다. 5온 가운데 수온(受蘊)은 이렇게 우리가 나의 존재라고 생각하고 있는 느끼는 감정과 외부에 존재한다고 믿고 있는 괴롭거나 즐거운 느낌을 의미한다.

우리는 느끼는 감정을 나의 존재라고 생각하기 때문에 외부에 존재한다고 믿고 있는 아름답고, 즐거운 것은 되도록 많이 소유하여 즐기려고 하고, 괴롭고 미운 것은 버리고 피하려고 한다. 그래서 아름답고 즐거운 것을 구하기 위해 힘든 일을 하기도 하고, 남의 것을 빼앗기도 하고, 남을 해치기도 한다.

우리는 자신이 아무리 많은 즐거움을 소유하고 있어도 남이 나보다 더 많은 즐거움이 있다고 생각되면 그 사람을 질투하고 괴로워한다. 즐거움은 항상 내가 남보다 더 많이 있다고 생각될 때 느껴진다. 그리고 한 번 느낀 즐거움은 다음에 느낄 때는 전과 같은 즐거움이 되지 못한다. 그래서 우리는 아무리 많은 즐거움을 소유해도 만족을 모르고 더 많은 즐거움, 새로운 즐거움을 찾아 헤맨다.

우리가 느끼는 즐거움과 괴로움은 외부에 존재하는 즐거운 것과 괴로운 것이 주는 게 아니라 우리가 비교를 통해 느끼는 우리의 느낌이다. 우리의 감정이 느끼는 즐거움은 순간적이기 때문에 이 순간적인 즐거움이 사라지면 이보다 훨씬 크고 긴 괴로움이 찾아온다. 우리가 끊임없이 갖가지 괴로움을 느끼는 것은 나의 감정과 감정에 느껴지는 것이 존재한다고 생각한 결과이다. 만약 이러한 우리의 생각이 진실이라면 우리는 결코 괴로움에서 벗어날 수가 없다.

붓다는 이러한 우리의 생각이 잘못이라는 사실을 깨달았다. 이러한 잘못된 생각을 버리게 하기 위해 『잡아함 61경』에서 다음과 같이 이야기한다.

> 어떤 것을 수수음(受受陰)이라고 하는가? 6수신(六受身)을 말한다. 어떤 것을 6수(六受)라고 하는가? 안촉(眼觸)에서 생긴 수(受)와 이촉(耳觸), 비촉(鼻觸), 설촉(舌觸), 신촉(身觸), 의촉(意觸)에서 생긴 수를 말한다. 이것을 수수음이라고 부른다. 그런데 그 수는 무상하고 괴로움이며, 변역하는 법이다. 만약 저 수수음을 영원히 끊어서 남음이 없게 하고, 마지막까지 버리고 떠나 멸진하며, 그것에 대한 욕탐을 버리고 마음을 고요히 하면 다른 수수음이 다시 상속하지 않고, 생기지 않고, 나타나지 않는다. 이것을 이름하여 미묘하다고 하고, 고요해졌다고 하고, 버리고 떠났다고 하고, 일체의 남은 탐애가 다하여 욕탐이 없이 멸진한 열반이라고 부른다.[73]

73 『대정장』 2. p. 15c의 필자 번역.

이 경에서 붓다가 끊어 없애라고 하는 수(受)가 우리가 생각하는 감정이라고 한다면 이 경의 말씀은 감정을 없애라는 말이 되고 만다. 열반은 곧 아무것도 느끼지 못하는 상태가 되는 것이다.

이 경에서 이야기하는 수온(受蘊)에도 색온(色蘊)과 같이 두 가지 의미가 있다. 하나는 중생들이 생각하는 의미의 수온이고, 다른 하나는 붓다가 깨달은 수온의 실상을 의미하는 수온이다. 우리의 몸속에 존재하고 있다고 생각하는 감정은 중생들이 생각하는 수온을 의미하고, 붓다가 무상하고 변역하는 법이라고 한 수온은 수온의 실상을 의미하는 것이다. 이 경을 좀 더 알기 쉽게 풀어본다면 다음과 같다.

> 중생들이 몸 안에 있는 자기 존재라고 생각하는 감정이란 6촉에서 생긴 6수이다. 감정은 존재하고 있는 것이 아니라 욕탐에 의해 모여있는 12입처라고 하는 허망한 마음에서 생긴 무상한 느낌인 것이다. 중생들은 이 무상한 느낌을 태어나서 죽을 때까지 변함없이 존재하는 나의 감정이라고 생각하기 때문에 모든 괴로움이 생긴다. 그러나 감정은 존재가 아니라 연기하는, 즉 인연 따라 변화하고 있는 법이다. 그러므로 감정을 나의 몸속에 있는 나의 존재라고 생각하는 잘못된 생각을 없애고, 그런 생각을 남김없이 끝까지 버려야 한다. 이런 잘못된 생각이 나타나는 것은 마음에 욕탐이 있기 때문이다. 마음에서 욕탐을 버리고 마음을 고요하게 하면 그런 잘못된 생각이 다시는 나타나지 않을 것이다. 이것을 열반이라고 한다.

열반은 목석처럼 무감각한 상태를 의미하는 것이 아니라 잘못된 생각이 사라져 다시는 나타나지 않는 참된 생각으로 느끼며 살아가는 진실된 삶이라는 것을 이 경은 이야기하고 있다.

수온에 대하여 좀 더 자세히 살펴보자. 붓다는 『잡아함 46경』과 이에 상응하는 『쌍윳따 니까야 22. 79. Khajjani(먹힘)』에서 다음과 같이 이야기하고 있다.

> 비구들이여 그들은 무엇을 수(受)라고 하는 것일까? 비구들이여, 느낀다. 그러면 거기에서 수라는 말이 사용된다. 무엇을 느끼는가? 괴롭다고 느끼고, 즐겁다고 느끼고, 괴롭지도 즐겁지도 않다고 느낀다. 이와 같이 느끼면 거기에서 수라는 말이 사용된다.[74]

삶 속에서 고락을 느끼는 것은 너무나 당연한 일이다. 그러나 느끼는 삶 속에는 본래 나와 세계가 따로 존재하지 않는다. 그런데 우리는 탐욕에 의해 집기한 12입처와 허망한 분별심인 6식으로 보고, 듣고, 만지기 때문에 촉이 발생하여 느끼는 나와 느껴지는 세계가 개별적으로 존재한다고 생각하게 된다. 그래서 즐거운 느낌을 주는 것은 자기의 것으로 만들고 싶고, 괴로운 느낌을 주는 것은 피하려 한다.

오늘날 우리가 즐거움을 추구하면서도 갈수록 괴로운 세계를 만들고 있는 것은 참으로 가치 있는 것을 소중하게 느끼지 못하고, 눈에 비치고, 귀에 들리는 감각적인 즐거움을 소중한 것으로 생각하기 때문이다. 붓다가 없애야 한다고 하는 수(受)는 이렇게 감각적인 욕망을 가지고 느끼는 감정이다. 우리가 욕망을 없애고 참된 지혜를 가지고 느낀다면 우리는 감각적인 즐거움을 위하여 소중한 공기, 물, 땅을 오염시

74 『대정장』 2. p. 11bc와 『쌍윳따 니까야』 vol. 3. p. 86을 대조한 필자 번역.

키는 어리석은 행동을 하지는 않을 것이다. 우리의 삶에 진정한 가치가 있는 것을 소중하고 아름답게 느끼기 위하여 우리는 허망한 느낌인 수온을 없애야 한다. 이것이 열반이다.

3) 상온(想蘊)의 의미

인간은 이성의 동물이라고 한다. 다른 동물은 이성을 가지고 있지 않지만, 사람만은 이성을 가지고 있다는 것이다. 이성이란 사유하는 능력이다. 우리는 이러한 사유하는 능력인 이성이 우리의 몸속에 존재한다고 생각한다.

그렇다면 이성은 구체적으로 어떤 정신 능력을 말하는 것일까? 우리는 사물을 놓고 비교할 수 있다. 예를 들어 나무로 된 책상과 의자가 있다고 하자. 이 두 사물을 비교해 보면 책상과 의자가 나무로 되어있다는 것은 동일하다. 그러나 형태는 다르다. 우리는 이렇게 비교를 통해 의자와 책상의 같은 점과 다른 점을 찾아서 다른 점은 버리고 같은 점을 취해서 의자와 책상을 나무라고 부른다.

이번에는 나무로 된 책상과 철로 된 책상을 비교해 보자. 이 두 책상은 재료는 다르지만, 책상이라는 점에서는 같다. 이때 우리는 같은 점만을 취하여 '이 두 물건은 책상이다'라고 말한다. 이성은 이렇게 개념을 가지고 사물을 비교하여 판단하는 우리의 사유능력을 말한다.

이성은 개념을 가지고 비교하여 판단할 뿐 아니라 추상하고 총괄하여 새로운 개념을 만들기도 한다. 모든 존재에는 이름이 있다. 나무, 책상, 의자, 책꽂이 등등은 모두 사물에 붙여진 이름이다. 이 이름들은 본래부터 사물이 가지고 있는 것이 아니라 사람들이 만든 개념이다.

우리는 어떻게 해서 개념을 만드는 것일까? 나무와 강철로 만든 책상이 있다고 하자. 우리는 먼저 두 사물을 비교해 본다. 두 사물을 비교해 보면 재료가 다르다. 그러면 우리는 다른 점은 일단 배제하고 다시 비교해 본다. 색깔도 다르고, 형태도 다르고, 감촉도 다르다. 이렇게 비교를 통해서 나타나는 다른 점을 제거하면, 바닥이 평평하다는 점과 높이가 비슷하다는 점, 다리가 달려있다는 점 등등의 같은 점만 남게 될 것이다. 이렇게 다른 점은 버리고 같은 점을 모으는 것을 추상(抽象)한다고 한다.

이처럼 같은 점들이 모이면 이들을 총괄하여, 이 물건은 높이와 평평함이 책을 놓고 보기에 알맞다고 판단한다. 그러면 이것을 책상이라고 부르게 된다. 우리가 서로 다른 사물에 같은 이름을 붙이는 것은 이러한 추상을 통해 같은 점을 모아서 총괄하기 때문이다. 이와 같이 모든 사물의 이름은 우리가 추상하고 총괄하여 만든 개념이다.

그런데 비교하고 추상하여 총괄하는 우리의 사유작용은 항상 욕탐의 지배를 받는다. 비교하고 추상하여 총괄하는 동기가 욕구에 있는 것이다. 책상은 우리가 책을 놓고 보려는 욕구를 가지고 비교하고 추상한 것을 총괄하여 만든 이름이다. 따라서 욕구가 달라지면 같은 사물에 다른 이름을 붙일 수도 있다. 나무로 된 책상은 우리가 불을 때려는 욕구로 사유하면 땔감이라는 이름을 갖게 되고, 밥을 놓고 먹으려는 욕구로 사유하면 밥상이라는 이름을 갖게 된다. 우리는 욕탐을 가지고 추상하고 총괄하여 만든 이름을 욕탐을 충족시키는 사물에 붙이고 있는 것이다.

이성은 이렇게 욕탐을 가지고 비교하고 추상하여 총괄하는 정신작용이다. 붓다는 이것을 상(想)이라고 부른다. 상의 빨리어는 'saññā' 인데, 이 말은 '함께'라는 의미의 'sam'과 '알다'라는 의미의 'jñā'가 결합한 합성어이다. 그러므로 이 말은 '같은 점을 함께 모아놓고, 같은 것이라고 안다'는 의미를 갖는다. 여러 사물을 비교하여 같은 점만을 뽑아 함께 모아 놓고, 이것을 같은 이름으로 인식한다는 의미이다. 따라서 'saññā(想)'는 비교, 추상, 총괄하는 이성을 의미한다고 할 수 있다.

이성에 의한 이러한 사유는 책상이나 의자와 같은 물건만을 대상으로 하는 것이 아니다. 선, 악, 정의, 불의, 용기, 자유, 평등, 정신 이런 것들도 모두 이성의 사유에 의해 붙여진 이름이다. 우리는 이러한 사유하는 이성이 우리의 내부에 존재한다고 생각한다. 이성을 자기 존재라고 생각하는 것이다. 그리고 외부에는 이러한 이성에 의해 사유되고 있는 사물이 실재한다고 생각한다. 이름이 사유작용에 의해 만들어진 것임을 알지 못하고, 본래부터 이름을 가지고 있는 사물이 외부에 존재한다고 생각하는 것이다. 이러한 잘못된 생각에서 갖가지 의혹과 사견이 일어난다. '세계는 영원한가, 무상한가?' '영혼은 죽지 않는가, 육신과 함께 죽는가?' 이러한 의문은 모두 상(想)의 실상을 모르기 때문에 나타난 것이다. 세계나 영혼은 이름이다. 이 이름은 상을 통해 만들어진 것이다. 따라서 욕구가 다르면 같은 이름도 각기 다른 의미를 갖게 된다. 그런데 우리는 이름에 상응하는 세계와 영혼이 외부에 실재한다고 믿기 때문에 붓다가 침묵했던 모순된 주장을 하면서 사상적으로 대립하고 있는 것이다.

앞서 살펴본 『장아함 청정경』에서 모든 사견에는 결사, 즉 무지와 욕망이 있다고 한 까닭이 여기에 있다. 우리는 이러한 사실을 모르고 사견을 고집하면서, 자신의 생각이 진리이고, 다른 사람의 생각은 거짓이라고 생각한다. 그래서 다른 생각을 지닌 사람과 투쟁하고, 적대시하며, 때로는 살인도 불사한다.

붓다는 이와 같은 우리의 생각이 잘못된 것이라는 사실을 깨달았다. 그래서 이러한 잘못된 생각을 버리게 하기 위해 『잡아함 61경』에서 이렇게 이야기한다.

어떤 것을 상수음(想受陰)이라고 하는가? 6상신(六想身)을 말한다. 어떤 것을 6상(六想)이라고 하는가? 안촉에서 생긴 상과 이비설신의촉에서 생긴 상을 말한다. 이것을 상수음이라고 부른다. 그런데 그 상은 무상하고 괴로움이며, 변역하는 법(法)이다. 만약 저 상수음을 영원히 끊어서 남음이 없게 하고, 마지막까지 버리고 떠나 멸진하며, 그것에 대한 욕탐을 버리고 마음을 고요히 하면 다른 상수음이 다시 상속하지 않고, 생기지 않고, 나타나지 않는다. 이것을 이름하여 미묘하다고 하고, 고요해졌다고 하고, 버리고 떠났다고 하고, 일체의 남은 탐애가 다하여 욕탐이 없이 멸진한 열반이라고 부른다.[75]

이 경에서 이야기하는 상온에도 두 가지 의미가 있다. 하나는 중생들이 생각하는 의미의 상온이고, 다른 하나는 붓다가 깨달은 상온의 실상을 의미하는 상온이다. 우리가 인간의 본질이라고 생각하는 이성은 중생들이 생각하고 있는 상온을 의미하고, 붓다가 무상하고 변역하는 법이라고 한 상온은 상온의 실상을 의미하는 것이다. 이 경을 좀 더 알기 쉽게 풀어보면 다음과 같다.

---

75 『대정장』 2. p. 15c의 필자 번역.

중생들이 몸 안에 있는 자기 존재라고 생각하고 있는 이성이란 6촉에서 생긴 6상이다. 이성은 존재하고 있는 것이 아니라 욕탐에 의해 모여서 나타난 12입처라고 하는 허망한 마음에서 생긴 무상한 사유작용이다. 중생들은 이 무상한 사유작용을 태어나서 죽을 때까지 변함없이 존재하는 나의 이성이라고 믿기 때문에 모든 괴로움이 생긴다. 그러나 이성은 존재가 아니라 연기하는, 즉 인연 따라 변화하고 있는 법(法)이다. 그러므로 이성을 나의 몸속에 있는 나의 존재라는 잘못된 생각을 없애고, 그런 생각을 남김없이 끝까지 버려야 한다. 이런 잘못된 생각이 나타나는 것은 마음에 욕탐이 있기 때문이다. 마음에서 욕탐을 버리고 마음을 고요하게 하면 그런 잘못된 생각이 다시는 나타나지 않을 것이다. 이것을 열반이라고 한다.

열반은 목석처럼 아무것도 생각하지 못하는 상태를 의미하는 것이 아니라 촉에서 생긴 잘못된 생각이 사라져 다시는 나타나지 않는, 참된 생각으로 사유하며 살아가는 진실된 삶이라는 것을 이 경은 이야기하고 있다.

상온에 대하여 좀 더 자세히 살펴보자. 붓다는 『잡아함 46경』과 이에 상응하는 『쌍윳따 니까야 22. 79. Khajjani(먹힘)』에서 다음과 같이 이야기하고 있다.

비구들이여 그들은 무엇을 상(想)이라고 하는 것일까? 비구들이여, 사유한다. 그러면 거기에서 상이라는 말이 사용된다. 어떻게 사유하는가? 적다고 생각하고, 많다고 생각하며, 한량없이 있다고 생각하고 아무것도 없다고 생각한다. 이와 같이 사유하면 거기에서 상이라는

말이 사용된다.[76]

우리가 살아가면서 사유한다는 것은 너무나 당연한 일이다. 그리고 사유하는 삶 속에는 본래 나와 세계가 따로 존재하지 않는다. 그런데 우리는 탐욕에 의해 집기한 12입처와 허망한 분별심인 6식으로 보고, 듣고, 만지기 때문에 촉이 발생하여, 사유하는 나와 사유되는 세계가 개별적으로 존재한다고 생각하게 된다. 그래서 갖가지 사견을 일으켜 사상적으로 대립하고 있다. 붓다는 이렇게 나와 세계를 구별하는 사유를 무명이라고 하였다.

반야(般若), 즉 지혜는 이러한 잘못된 사유가 사라져, 모든 것은 연기하기 때문에 공(空)이며 무아(無我)라는 것을 깨닫는 사유이다. 진정한 사유를 통해 연기법이라는 진리를 발견하는 것이 반야인 것이다. 반야도 비교하고 추상하여 총괄하는 사유작용이다. 우리의 마음이 탐욕에 물들지 않고 사유한다면 모든 사물에서 하나의 공통점을 찾게 될 것이다. 그것은 모든 것은 인연 따라 나타났다가 인연 따라 사라진다는 것이다. 따라서 모든 것은 연기하고 있을 뿐 실체가 없다는 확실한 인식이 있게 될 것이다. 반야는 이와 같이 탐욕이 사라진 청정한 마음으로 연기(緣起), 공(空), 무아(無我)를 깨닫는 사유인 것이다.

모든 존재는 인연 따라 나타나는 실체 없는 현상에 사유를 통해 만든 이름을 붙여놓은 것이다. 붓다는 인연 따라 나타나는 것, 즉 연기하는 것을 법(法, Dharma)이라고 부른다. 그리고 실체가 없는 현상을 공(空)이라고 부르며, 여기에 붙여진 이름을 가명(假名)이라고 부른다. 사물

76 『대정장』 2. p. 11bc와 『쌍윳따 니까야』 vol. 3. p. 86을 대조한 필자 번역.

의 이름은 편의상 붙인 이름일 뿐이라는 것이다. 모든 존재를 이렇게 보는 것을 중도라고 하며, 중도에서 본 것이 모든 존재의 실상이다.

용수보살은 『중론(中論)』에서 이와 같은 중도실상(中道實相)의 모습을 다음과 같이 노래한다.

> 연기(緣起)하는 법(法)을
> 우리는 공(空)이라고 말한다네.
> 그리고 또 가명(假名)이라고 하나니
> 이것이 중도(中道)의 의미라네.[77]

연기(緣起), 공(空), 가명(假名)은 모두 중도실상을 의미하는 말이다. 중도실상에서 보면 실체론에 근거하는 모든 사상적 대립은 무명에서 비롯된 분별이며 착각이며 망상이다.

4) 행온(行蘊)의 의미

우리의 삶은 의지에서 비롯된다. 가령 책을 보고 싶다, 극장에 가고 싶다, 부모님을 보고 싶다, 저 보석을 갖고 싶다. 이렇게 무엇을 하고 싶다는 의도를 갖게 되는 것은 우리에게 의지가 있기 때문이다. 의지는 어떤 사물을 가지고 싶어 하거나 어떤 행동을 하고 싶어 하는 의욕을 의미하는 것이다. 이렇게 의욕을 가지고 의도하는 것이 의업(意業)이다.

---

77 "衆因緣生法 我說卽是無 亦爲是假名 亦是中道義"(觀四諦品 第18偈)

우리는 의욕을 가지고 있으면 그것을 행동으로 옮기게 된다. 책을 보고 싶으면 책을 보고, 보석을 갖고 싶으면 보석을 산다. 이렇게 의도하는 것을 몸으로 실행하는 것이 신업(身業)이다.

우리는 말을 통해 의욕을 충족시키기도 한다. 화가 나면 욕을 한다. 사랑하는 사람에게는 부드럽게 말한다. 필요에 따라서는 거짓말을 하기도 하고, 의도적으로 남을 속이기도 한다. 이렇게 자신의 의도를 입으로 실행하는 것이 구업(口業)이다.

우리가 이렇게 마음과 몸과 입으로 업을 짓는 것, 다시 말해서 살아가는 것은 우리에게 의지가 존재하기 때문이라고 생각한다. 5온의 행온은 몸과 마음과 입을 통해 업을 짓는 우리의 의지를 의미한다.

우리의 삶은 어쩌면 이러한 의지의 욕구를 충족시키는 것인지도 모른다. 삶은 업을 통해서 이루어지는데, 모든 업은 의지의 욕구를 충족시키기 위한 것이기 때문에 살아간다는 것은 욕구를 충족시키는 것이라고 할 수 있다. 우리는 이러한 삶의 근원이 되는 의지, 즉 행(行)이 우리의 내부에 존재한다고 믿고 있고, 행의 대상은 외부에 존재한다고 믿고 있다. '나는 무엇을 하고 싶다'라는 말은 의지[行]를 나의 존재라고 생각하기 때문에 나온 말이다. 무엇을 하고 싶어 하는 나의 존재가 내 몸속에 있고, 보고 싶은 책이나, 갖고 싶은 보석은 외부에 있기 때문에 책을 보고 싶어 하고, 보석을 갖고 싶어 한다고 생각하는 것이다.

이러한 생각을 가지고 있기 때문에 우리는 욕구를 충족시켜야 행복을 느낀다. 책을 보고 싶을 때는 책을 보아야 행복하고, 보석을 갖고 싶을 때는 보석을 가져야 행복하다. 만약 보고 싶은 책을 보지 못하거나 갖고 싶은 보석을 갖지 못하면 괴로움을 느낀다. 그래서 우리는 어떻게든 의지의 욕구를 충족시키려고 한다. 자신의 노력으로 욕구를 충족시키려 하기도 하고, 남의 물건을 훔치거나, 빼앗기도 하고, 다른 사람을 속이거나 때로는 죽이면서까지 자신의 욕구를 충족시키려고 한다.

붓다는 이러한 우리의 생각이 잘못된 것이라는 사실을 깨달았다. 그래서 이러한 잘못된 생각을 버리게 하기 위해 『잡아함 61경』에서 이렇게 이야기한다.

> 어떤 것을 행수음(行受陰)이라고 하는가? 6사신(六思身)을 말한다. 어떤 것을 6사(六思)라고 하는가? 안촉(眼觸)에서 생긴 사(思)와 이촉(耳觸), 비촉(鼻觸), 설촉(舌觸), 신촉(身觸), 의촉(意觸)에서 생긴 사를 말한다. 이것을 행수음이라고 부른다. 그런데 그 행은 무상하고 괴로움이며, 변역하는 법(法)이다. 만약 저 행수음을 영원히 끊어서 남음이 없게 하고, 마지막까지 버리고 떠나 멸진(滅盡)하여, 그것에 대한 욕탐을 버리고 마음을 고요히 하면 다른 행수음이 다시 상속하지 않고, 생기지 않고, 나타나지 않는다. 이것을 이름하여 미묘하다고 하고, 고요해졌다고 하고, 버리고 떠났다고 하고, 일체의 남은 탐애가 다하여 욕탐이 없이 멸진한 열반이라고 부른다.[78]

이 경에서 이야기하는 행온(行蘊)에도 두 가지 의미가 있다. 하나는 중생들이 생각하는 의미의 행온이고, 다른 하나는 붓다가 깨달은 행온의 실상을 의미하는 행온이다. 우리가 존재한다고 생각하는 의지는 행온을 의미하고, 붓다가 무상하고 변역하는 법이라고 한 행온은 행온의 실상을 의미한다. 따라서 이 경을 좀 더 알기 쉽게 풀어보면 다음과 같이 된다.

---

78 『대정장』 2. p. 15c의 필자 번역.

중생들이 몸 안에 있는 자기의 존재라고 생각하고 있는 의지란 6촉에서 생긴 6사(六思)이다. 의지는 존재하고 있는 것이 아니라 욕탐에 의해 모여서 나타난 12입처라는 허망한 마음에서 생긴 무상한 의지작용이다. 중생들은 이 무상한 의지작용을 태어나서 죽을 때까지 변함없이 존재하는 나의 의지라고 믿기 때문에 모든 괴로움이 생긴다. 그러나 의지는 존재가 아니라 연기하는, 즉 인연 따라 변화하고 있는 법(法)이다. 그러므로 의지를 나의 몸속에 있는 나의 존재라고 생각하고 있는 잘못된 생각을 없애고, 그런 생각을 남김없이 끝까지 버려야 한다. 이런 잘못된 생각이 나타나는 것은 마음에 욕탐이 있기 때문이다. 마음에서 욕탐을 버리고 마음을 고요하게 하면 그런 잘못된 생각이 다시는 나타나지 않는다. 이것을 열반이라고 한다.

열반은 목석처럼 아무것도 의도하지 않는 상태를 의미하는 것이 아니라 촉에서 생긴 잘못된 의도가 사라져 다시는 나타나지 않는, 참된 생각으로 의도하며 살아가는 진실된 삶이라는 것을 이 경에서 이야기하고 있다.

행온에 대하여 좀 더 자세히 살펴보자. 붓다는 『잡아함 46경』과 이에 상응하는 『쌍윳따 니까야 22. 79. Khajjani(먹힘)』에서 다음과 같이 이야기하고 있다.

비구들이여 그들은 무엇을 행이라고 하는 것일까? 비구들이여, 유위(有爲)를 조작한다. 그러면 거기에서 행이라는 말이 사용된다. 어떤 유위를 조작하는가? 지각하는 성질을 가지고 색(色)이라는 유위를 조작하고, 느끼는 성질을 가지고 수(受)라는 유위를 조작하고, 사유하는 성질을 가지고 상(想)이라는 유위를 조작하고, 유위를 조작하는 성질을 가지고 행(行)이라는 유위를 조작하고, 분별하여 인식하는 성질을 가지고 식(識)이라는 유위를 조작한다. 비구들이여, 이와 같이 유위를 조작하면 거기에서 행이라는 말이 사용된다.[79]

이 경에서는 행의 실상을 보다 분명하게 이야기하고 있다. 우리는 의지라는 존재가 우리 내부에 존재하면서 의지작용을 일으키는 것으로 생각한다. 그러나 우리가 나의 존재라고 알고 있는 의지는 유위를 조작할 때 사용되는 언어에 지나지 않는다는 것이다. 우리는 유위를 조작하는 삶을 살아가면서 유위를 조작하는 존재가 있다고 생각하여 그것을 행(行)이라고 부르고 있다는 것이다.

그렇다면 유위를 조작한다는 것은 구체적으로 어떤 의미일까? '유위(有爲)'는 'saṅkhāta'의 한역으로서 '조작된 것'이라는 의미다. 그리고 '행'은 전술했듯이 'saṅkhāra'의 한역으로서 '무엇인가를 모아서 만드는 작용', '조작하는 작용'을 의미한다. '유위'는 '행'에 의해 조작된 것을 의미하고, '행'은 '유위'를 조작하는 작용을 의미하는 것이다. 행과 유위는 이렇게 조작하는 것과 조작된 것의 관계에 있다.

그렇다면 우리의 의지작용을 의미하는 행이 유위를 조작한다는 것은 어떤 의미일까? 우리가 존재로 인식하는 모든 것은 이름과 형태를 가지고 있다. 책상은 책상이라는 이름과 책상의 모습을 가지고 있는 것이다. 이렇게 이름과 형태를 가진 책상을 명색(名色)이라고 하며 이것이 곧 유위이다. 그러므로 행이 유위를 조작한다는 것은 행이 명색을

79 『대정장』 2. p. 11bc와 『쌍윳따 니까야』 vol. 3. p. 86을 대조한 필자 번역.

만들어낸다는 의미이다.

전에 살펴본 네 가지 자양분[四食]을 이야기하고 있는 경전의 내용을 다시 한번 상기해 보자. 우리가 중생의 상태를 벗어나지 못하고 살아가는 것은 단식, 촉식, 의사식, 식식이라는 네 가지 자양분이 있기 때문이다. 이 네 가지 자양분을 탐내어 좋아하면 식이 사라지지 않고 머물면서 커가고, 이렇게 식이 커갈 때 명색이 나타나며, 명색이 나타날 때, 행이 자라나고, 행이 자라날 때 미래의 나의 존재가 자라나며, 이 미래의 나의 존재가 다시 태어나서 늙고 병들어 죽는 생사윤회의 괴로움이 계속된다는 것이 전에 살펴본 『잡아함 374경』의 내용이다.

여기에서 식이 자라날 때 명색이 나타난다는 말의 의미를 생각해 보자. 명색은 우리가 인식하는 사물의 이름과 형태이다. 따라서 식이 머물면서 자라날 때 명색이 나타난다는 말은 식이 머물면서 자라나기 때문에 중생들이 이름과 형태로 된 허망한 존재의 세계를 인식하게 된다는 것을 의미한다고 할 수 있다. 촉을 통해 '있다'고 느껴질 뿐 아직 구체적인 존재로 인식되고 있지 않은 6계와 촉에서 발생한 수, 상, 사, 즉 네 가지 자양분이 질료가 되어 이름과 형태를 지닌 유위법이 만들어지면 식이 이 유위법을 이름과 형태를 지닌 존재, 즉 명색으로 인식한다.

이때 식이 인식하는 대상이 되는 유위를 만드는 것이 행이다. 즉, 단식, 촉식, 의사식, 식식이라는 네 가지 자양분을 탐내고 좋아하여 욕구의 대상으로 취하는 것이 바로 행이다. 예를 들어 책을 놓고 보려는 의도로 네 가지 자양분을 취하면 책상이 되고, 밥을 놓고 먹으려는 의도로 취하면 밥상이 되는데 이렇게 의도에 의해 취해진 책상과 밥상은 유위이고, 이러한 유위를 만드는 의도가 행인 것이다.

행에 의해 네 가지 자양분이 유위로 조작되면 식이 이것을 이름과 형태를 지닌 존재로 인식함으로써 새로운 존재를 인식할 수 있게 된다. 그 결과 우리는 명색의 세계, 즉 존재로 인식되는 세계에 빠져들게 되고, 이러한 유위의 세계에서 끊임없이 새로운 욕구를 일으켜 행이 자라나면서 항상 미래의 새로운 나의 존재를 만들어가게 된다. 행은 이렇게 욕탐을 가지고 허구적으로 미래의 새로운 나의 존재를 만들어가는 삶을 의미한다. 즉, 행은 업을 의미하는 것이다. 따라서 행이 자라면 미래의 나의 존재가 자라난다는 말은 존재의 실상을 모르는 중생들이 무명의 상태에서 업을 통해 끊임없이 자기와 자기의 세계를 허구적으로 만들면서 허망한 생사의 세계에서 윤회를 거듭한다는 의미이다.

행은 이렇게 자기의 존재와 세계의 존재, 즉 유위를 만드는 의지작용을 의미한다. 우리가 존재라고 알고 있는 모든 것은 행에 의해 조작된 유위이다. 앞에서 살펴보았듯이 존재를 조작해 내는 행은 우리의 마음속에 본래부터 있는 것은 아니다. 이것은 촉에서 생긴 것이다. 그런데 중생들은 유위를 조작하는 삶을 살아가면서 의지작용을 하는 행이 존재한다고 믿고 있다. 이렇게 중생들에 의해 의지작용을 하는 존재로 인식된 것이 5온의 행이다.

붓다는 중생들이 이처럼 존재라는 망상을 조작하는 것을 '행'이라고 부르고 있다. 모든 것이 연기한다는 사실을 모르고 있을 때, 즉 무명의 상태에 있을 때는 우리의 마음에 끊임없이 욕탐이 생겨 허망한 생각을 모아서 유위를 만드는데 이것을 '행'이라 하고, '행'에 의해 만들어진 것을 '유위'라고 하는 것이다. '유위를 조작하는 것이 행이다'라는 말은 이것을 의미한다.

식의 증장을 설명할 때 식에 의해 5온이 성립한다고 했는데, 그것은 식이 5온을 만든다는 의미가 아니다. 행은 유위를 만들고, 행이 만들어 놓은 유위, 즉 명색을 식이 인식함으로써 5온이 성립하게 된다는 의미이다. 따라서 행은 유위를 만들고, 식은 이것을 이름과 형태를 지닌 존재, 즉 5온으로 인식한다고 하는 것이 정확한 표현이다.

5) 식온(識蘊)의 의미

우리에게는 의식이 있다. 우리가 사물을 인식하는 것은 의식이 있기 때문이다. 우리는 이러한 의식이 우리의 몸속에 존재하고 있다고 생각한다. 눈으로 사물을 볼 때 우리는 눈이 사물을 보는 것이 아니고, 눈을 통해 의식이 본다고 생각한다. 보고, 듣고, 맛보고, 만지는 것은 감관이 아니라 몸 안에 존재하는 의식이 감관을 통해 외부의 사물을 인식한다고 생각하는 것이다. 5온의 식은 이렇게 중생들이 감관을 통해 사물을 인식하는 존재로 생각하고 있는 의식을 의미한다. 이미 살펴보았듯이 붓다는 이러한 우리의 생각을 『잡아함 294경』과 『쌍윳따 니까야 12. 19. Bālena paṇḍito(현명한 사람과 어리석은 사람)』에서 다음과 같이 이야기한다.

> 비구들이여, 무명과 번뇌와 갈애(渴愛)에 묶여있는 어리석은 범부에게 몸 안에는 식(識)이 있고, 밖에는 명색(名色)이 있다는 생각이 일어난다. 이 둘을 인연으로 촉(觸)이 생긴다.[80]

80 『대정장』 2. p. 84a와 『쌍윳따 니까야』 vol. 2. p. 24를 대조한 필자 번역.

붓다는 외부의 사물을 인식하는 의식이 몸 안에 있다고 생각하는 것은 무명에 뒤덮이고 갈애에 묶여있는 어리석은 범부의 착각이라고 이야기한다. 그리고 이러한 착각에서 촉이 생긴다는 것이다. 붓다는 이러한 잘못된 생각을 버리게 하기 위해 『잡아함 61경』에서 다음과 같이 이야기한다.

> 어떤 것을 식수음(識受陰)이라고 하는가? 6식신(六識身)을 말한다. 어떤 것을 6식(六識)이라고 하는가? 안식(眼識) 내지 의식(意識)을 말한다. 이것을 식수음이라고 부른다. 저 식(識)은 무상하고 괴로움이며, 변역하는 법이다. 만약 저 식수음을 영원히 끊어서 남음이 없게 하고, 마지막까지 버리고 떠나 멸진하여, 그것에 대한 욕탐을 버리고 마음을 고요히 하면 다른 식수음이 다시 상속하지 않고, 생기지 않고, 나타나지 않는다. 이것을 이름하여 미묘하다고 하고, 고요해졌다고 하고, 버리고 떠났다고 하고, 일체의 남은 탐애가 다하여 욕탐이 없이 멸진한 열반이라고 부른다.[81]

이 경에서 이야기하는 식(識)에도 두 가지 의미가 있다. 하나는 중생들이 생각하는 의미의 식이고, 다른 하나는 붓다가 깨달은 식의 실상을 의미하는 식이다. 우리의 몸 안에 존재한다고 생각하는 의식은 중생들이 생각하고 있는 식을 의미하고, 무상하고 변역하는 법이라고 한 식은 식의 실상을 의미한다. 따라서 이 경을 좀 더 알기 쉽게 풀어보면 다음과 같다.

---

81 『대정장』 2. p. 15c의 필자 번역.

중생들이 몸 안에 있는 자기 자신이라고 생각하는 의식(意識)이란 12입처에서 생긴 6식(六識)이다. 의식은 존재하는 것이 아니라 욕탐에 의해 모여서 나타난 12입처를 인연으로 해서 생긴 허망하고 무상한 인식작용이다. 중생들은 이 무상한 인식작용을 태어나서 죽을 때까지 변함없이 존재하는 나의 의식이 활동하고 있는 것이라고 믿기 때문에 모든 괴로움이 생긴다. 그러나 의식은 존재가 아니라 연기하는, 즉 인연 따라 변화하고 있는 법(法)이다. 그러므로 의식을 나의 몸속에 있는 나의 존재라고 생각하고 있는 잘못된 생각을 없애고, 그런 생각을 남김없이 끝까지 버려야 한다. 이런 잘못된 생각이 나타나는 것은 마음에 욕탐이 있기 때문이다. 마음에서 욕탐을 버리고 마음을 고요하게 하면 그런 잘못된 생각이 다시는 나타나지 않는다. 이것을 열반이라고 한다.

우리는 의식 없이 살아갈 수 없다. 문제는 12입처를 인연으로 생긴 허망한 인식작용을 불멸하는 영혼이나 태어나서 죽을 때까지 몸속에 존재하는 나의 자아라고 생각하는 데 있다. 열반은 목석처럼 아무것도 의식하지 못하는 상태를 의미하는 것이 아니라 이러한 잘못된 생각이 사라져 다시는 나타나지 않는, 참된 진리를 인식하며 살아가는 진실된 삶이라는 것을 이 경은 이야기하고 있는 것이다.

식온(識蘊)에 대하여 좀 더 자세히 살펴보자. 붓다는 『잡아함 46경』과 이에 상응하는 『쌍윳따 니까야 22. 79. Khajjani(먹힘)』에서 다음과 같이 이야기하고 있다.

비구들이여 그들은 무엇을 식(識)이라고 하는 것일까? 비구들이여,

인식(認識)한다. 그러면 거기에서 식이라는 말이 사용된다. 어떻게 인식하는가? 모습을 인식하고, 소리를 인식하고, 향기를 인식하고, 맛을 인식하고, 촉감을 인식하고 법을 인식한다. 이와 같이 인식하면 거기에서 식이라는 말이 사용된다.[82]

우리가 살아가면서 인식한다는 것은 너무나 당연한 일이다. 그리고 인식하는 삶 속에는 본래 나와 세계가 따로 존재하지 않는다. 그런데 우리는 탐욕에 의해 집기한 12입처를 인연으로 생긴 허망한 분별심으로 나와 세계를 개별적인 존재로 분별하여 인식한다. 우리의 생로병사는 이러한 분별심에서 일어난다. 12입처와 6촉입처를 인연으로 해서 생긴 허망한 생각을 행이 유위로 조작해 놓으면, 식은 행에 의해 조작된 유위를 대상으로 인식하여 자신의 존재와 외부의 사물을 분별하는 것이다. 붓다는 이러한 식의 분별작용을 『잡아함 376경』에서 다음과 같이 이야기한다.

"비구여, 네 가지 자양분[四食]을 좋아하고 탐내면 식(識)이 머물면서 증장(增長)하여 큰 괴로움의 덩어리가 모이게 된다. 비유하면 다음과 같다.

비구여, 누각이나 궁전이 북쪽과 서쪽으로 길고 넓은 벽이 있고, 동쪽과 서쪽에 창문이 있어 해가 동쪽에서 떠오르면 어느 곳을 비추겠느냐?"

비구들이 부처님께 사뢰었다.

82 『대정장』 2. p. 11bc와 『쌍윳따 니까야』 vol. 3. p. 86을 대조한 필자 번역.

"서쪽의 벽을 비추겠나이다."

부처님께서 비구들에게 이르셨다.

"이와 같이 네 가지 자양분에 좋아하는 마음과 탐내는 마음을 갖게 되면 식이 머물면서 증장하여 큰 괴로움의 덩어리가 모이게 된다."[83]

이 경에서는 식(識)을 사물을 비추는 해에 비유하고 있다. 해에 비유된 식은 유위에 붙여진 이름으로 사물을 인식하는 인식작용을 의미한다고 할 수 있다. 식은 이렇게 행이 조작한 유위에 이름을 붙여서 이것을 다른 이름을 붙인 것과 분별하여 인식하는 작용을 한다. 우리에게 존재로 인식된 것은 모두 이러한 식의 작용에 의한 것이다. 우리에게는 나의 존재와 세계의 존재가 인식된다. 세계는 나의 밖에 존재하고 나는 그 세계 속에 존재한다고 생각하는 것이다. 우리는 이런 생각을 가지고 있기 때문에, '내가 세상에 태어나서 한평생을 살다가 늙고, 병들어 죽는다'고 생각하고 있다. 이러한 우리의 생각은 식에 의해 나와 세계가 분별되어 인식되고 있기 때문이다.

나와 세계는 동일한 모습으로 존재하지 않는다. 나는 무아이고, 세계는 공인 것이다. 이렇게 불교에서 무아와 공을 주장한다고 해서 나와 세계가 전혀 없다고 주장하는 것은 아니다. 만약 나와 세계가 존재한다고 주장한다면 그것은 유견(有見)이고, 상견(常見)이다. 나와 세계가 전혀 없다고 주장한다면 그것은 무견(無見)이고 단견(斷見)이다. 붓다는 이러한 모순된 두 견해를 모두 사견(邪見)이라고 배척했다. 그래서 단상중도(斷常中道)와 유무중도(有無中道)를 이야기한 것이다.

---

83 『대정장』 2. p. 102ab의 필자 번역.

나와 세계는 삶을 통해 무상하게 나타나고 있는 것이지 동일한 모습으로 존재하는 것이 아니다. 그러므로 모든 존재는 삶의 흔적이라고 할 수 있다. 나의 존재와 나의 세계는 나의 삶의 자취인 것이다. 이렇게 삶의 자취가 실체화된 것을 유위(有爲)라고 하고, 실체화되기 이전의 본래적인 삶을 무위(無爲)라고 한다. 생사(生死)는 식에 의해 분별된 유위의 세계에서 나타난 착각이다. 붓다는 유위와 무위에 대하여 『잡아함 293경』에서 다음과 같이 이야기한다.

> 유위(有爲)는 생기고, 머물고, 변하여, 없어진다. 무위(無爲)는 생기지 않고, 머물지 않고, 변하지 않고, 없어지지 않는다.[84]

유위는 생멸하고, 무위는 생멸하지 않는다고 해서 생멸하는 유위와 불생불멸하는 무위가 별개의 사물이라고 생각해서는 안 된다. 유위는 허망한 분별심인 식에 의해 존재로 인식된 것을 의미하고 무위는 연기하고 있는 나와 세계의 참모습을 의미한다.

나무로 된 책상을 예로 들어보자. 우리가 인식하는 책상은 생겨서 머물다가 변하여 없어진다. 이것이 유위이다. 그런데 사실은 생겨서 없어지는 책상은 존재하지 않는다. 책상은 책을 놓고 보기에 적합한 나무에 붙여진 이름이다. 나무가 책을 놓고 보기에 적합하게 조립되면 우리는 책상이 새로 생겼다고 이야기한다. 이 나무가 책을 놓고 볼 수 있는 상태를 유지하는 동안을 우리는 책상이 존재한다고 말한다. 나무의 형태가 처음의 상태와 달라지면 책상이 변했다고 이야기하고, 책을 놓고

84 "有爲者 若生若住若異若滅 無爲者 不生不住不異不滅" 『대정장』 2, p. 83c.

볼 수 없게 되면 책상이 없어졌다고 이야기한다. 이렇게 우리는 책상이 생겨서 없어졌다고 이야기하지만 실제로 책상은 생겨서 없어진 적이 없다. 다만 식(識)이 여러 가지 인연에 의해 나무의 형태가 달라진 것을 책상이라는 이름으로 인식함으로써 책상이 생겼다가 없어진 것으로 생각할 뿐이다.

우리의 생사도 마찬가지다. 보고, 느끼고, 사유하고, 의도하고, 인식하는 삶을 식이 5온이라는 이름으로 분별하여, 5온을 나의 존재라고 생각함으로써 내가 세상에 태어나서 죽는다고 생각하는 것이다. 이와 같이 유위는 본래 생멸이 없는 연기하는 세계를 분별심이 분별을 함으로써 나타난 착각이다. 유위가 본래 없는 것이라면 무위도 본래 있는 것이라고 할 수 없다. 이러한 유위와 무위의 모습을 용수보살은 『중론(中論)』「관삼상품(觀三相品)」에서 다음과 같이 이야기한다.

> 어떤 것이 생기고, 머물고, 없어진다는 것은
> 성립되지 않기 때문에 존재하는 유위법(有爲法)은 없다네.
> 유위법이 존재하지 않는데, 어떻게 무위법이 존재할 수 있으리.[85]

> 환상 같고, 꿈과 같고, 신기루 같아라. 생겨서 머물다 사라진다고 말하는 유위법(有爲法)의 모습은 이와 같아라.[86]

우리는 이렇게 꿈 같고, 신기루 같은 환상 속에서 생사의 괴로움을 느

85 "生住滅不成 故無有有爲 有爲法無故 何得有無爲"(第34偈)
86 "如幻亦如夢 如乾達婆城 所說生住滅 其相亦如是"(第35偈)

끼며 살고 있다. 이 허망한 꿈은 식이 분별해놓은 것이다. 불교에서 이야기하는 열반은 분별심, 즉 식(識)을 멸하여 이러한 허망한 꿈에서 깨어나는 것을 의미한다.

6) 5온(五蘊)의 종합적 이해

지금까지 5온의 의미를 개별적으로 살펴보았다. 이제는 지금까지의 이해를 바탕으로 5온을 전체적인 구조 속에서 이해해보기로 하자.

먼저 색, 수, 상, 행, 식을 왜 '온(蘊)'이라고 하는지부터 살펴보자. '온'은 빨리어 'khandha'의 한역으로서 '덩어리, 모임, 구성요소'의 의미가 있다. 한자로 온(蘊)이라고 번역한 것은 덩어리의 의미를 취한 것이다. 이것을 '음(陰)'으로 한역하여 5온(五蘊)을 5음(五陰)이라고 부르기도 한다.

'khandha'를 온(蘊)으로 번역한 것은 5온의 의미를 잘 표현한 것이라고 할 수 있다. 왜냐하면, 5온은 12입처에서 생긴 허망한 의식들이 욕탐에 의해 모여서 덩어리가 된 것이기 때문이다. 온은 '망상 덩어리'라고 할 수 있는 것이다. '음(陰)'이라는 번역에도 매우 깊은 뜻이 있다. '음'은 그림자라는 의미다. 그림자는 실체가 아니다. 5온은 실체가 아니라 실상의 그림자라는 의미에서 '음'이라고 번역한 것이다. 우리는 지금까지 5온의 의미를 살펴보면서 5온은 삶의 자취이며, 삶의 그림자라는 것을 알았다. 아마 'khandha'를 '음'으로 번역한 분들은 이러한 의미를 살리고 싶었던 것 같다.

5온은 이렇게 삶을 통해 나타난 무상한 의식들이 모여서 덩어리를 이루고 있는 '망상 덩어리'이며 '삶의 그림자'이다. 보고, 듣고, 맛보고, 만진 삶의 그림자가 모여서 색온(色蘊)을 이루고, 즐거움을 느끼고, 괴로움을 느낀 삶의 그림자가 모여서 수온(受蘊)을 이루고, 비교하고, 총괄하며 사유한 삶의 그림자가 모여서 상온(想蘊)을 이루고, 욕구를 가지고 의도한 삶의 그림자가 모여서 행온(行蘊)을 이루고, 사물을 분별하여 인식한 삶의 그림자가 모여서 식온(識蘊)을 이룬다.

이러한 5온은 우리가 과거에 경험된 내용을 토대로 미래의 자신을 만들어가는 과정에서 생긴 의식이 존재화, 실체화된 것이다. 우리는 보고, 듣고, 만진 경험을 통해 외부에 사물이 대상으로 존재하고 있고, 그것을 지각하는 감관을 지닌 육체가 존재한다고 믿게 되며, 과거로부터 느끼고, 사유하고, 의도하고, 인식한 경험을 통해 외부에 사물이 존재하고 그것에 대하여 느끼고, 사유하고, 의도하고, 인식하는 감정, 이성, 의지, 의식이 몸 안에 존재한다고 믿고 있다. 이렇게 우리가 외부에 존재한다고 믿고 있는 사물과 나의 존재라고 믿고 있는 것은 '경험 덩어리'에 지나지 않는 것이다.

예를 들어 한 권의 책을 작년에 보고 오늘 볼 경우, 우리는 두 개의 지각을 갖게 된다. 이때 우리는 동일한 책을 두 번 보았다고 말한다. 내년에 다시 이 책을 보게 된다면 우리는 동일한 책을 세 번 보았다고 이야기할 것이다. 그리고 작년에는 새 책이었는데 오늘 보니 많이 낡았다고 이야기하고, 내년에 책이 찢어져서 휴지가 되어 있다면 그때는 책이 휴지가 되어버렸다고, 다시 말해서 책이 없어지고 말았다고 이야기할 것이다.

이처럼 우리는 어제 본 책을 통해 얻은 지각의 내용과 오늘 본 지각의 내용과 내일 보게 될 지각의 내용이 분명히 시간적으로 분리되어 있고, 그 내용도 동일한 것이 아님에도 불구하고, 객관적 대상은 분리가 없는 동일한 것이라고 생각한다. 그래서 동일한 책이 새것이었다가, 낡아서 휴지가 되어 없어졌고 생각한다. 여기에서 우리는 외부의 사물은 삶을 통해 체험된 내용이 의식에 의해 통일적으로 구성되어 존재로 객관화된 것이며, 이렇게 객관화된 대상은 단순히 체험된 지각 내용의 합계가 아니라 동일한 존재라는 새로운 내용이 되어있음을 알 수 있다. 우리는 이렇게 체험된 내용을 동일한 존재로 구성하기 때문에 책이 낡아서 없어졌다고 판단하게 되는 것이다.

이러한 의식의 통일적 구성은 외부의 대상에 대해서만 이루어지는 것이 아니다. 우리는 과거에 사물을 본 눈과 현재 사물을 보고 있는 눈과 미래에 사물을 보게 될 눈에 대해서도 동일한 눈으로 과거에 보았고, 현재 보고 있으며, 미래에도 보게 될 것이라고 생각한다. 과거에 본 것도 나이고, 현재 보고 있는 것도 나이며, 미래에 보게 될 것도 나라고 생각하는 것이다. 그러나 과거의 보는 나와 현재의 보는 나와 미래의 보는 나는 결코 동일한 '나'가 아니다. 그럼에도 불구하고 이것을 동일한 나라고 생각하는 것은 체험하는 의식도 통일적으로 구성되어 존재로 객관화되고 있다는 것을 말해준다. 그리고 이러한 객관화를 통해 통일적으로 구성된 존재로서의 자아도 과거의 나와 현재의 나 그리고 미래의 내가 단순히 합해진 것이 아니라 '불변하고 동일하게 존재하는 자아'가 된다.

그 결과 우리는 불변하고 동일한 존재인 내가 나의 동일한 감관, 감정, 이성, 의지, 의식을 가지고, 동일하게 존재하는 외부의 대상에 대하여 보고, 느끼고, 사유하고, 의도하고, 인식한다고 믿게 된다. 이런 신념을 고집하는 것이 중생이다. 그리고 5온은 이러한 신념으로 살아가는 중생들에 의해 체험된 내용이 통일적으로 구성되어 존재화된 것이기 때문에 그 본질은 과거, 현재, 미래에 체험되고, 체험하고, 체험될 내용이 하나로 뭉쳐진 허망한 의식의 덩어리라고 할 수 있다. 이러한 5온의 모습을 『잡아함 8경』에서 다음과 같이 이야기한다.

> 과거의 색(色)은 무상하다. 그런데 하물며 현재의 색이 무상하지 않겠느냐. 이와 같이 관찰한 성제자(聖弟子)는 과거의 색을 돌아보지 않고, 미래의 색을 바라지 않으며, 현재의 색을 싫어하고 떠나서 바르게 없애고자 할 것이다. 이와 같이 과거 미래의 수, 상, 행, 식도 무상하거늘 하물며 현재의 수, 상, 행, 식이 무상하지 않겠느냐. 5온이 괴로움이고, 공(空)이고, 무아(無我)임도 마찬가지이니라.[87]

붓다는 이와 같이 중생들에 의해 과거, 현재, 미래에 걸쳐 불변하는 동일한 존재로 인식되고 있는 5온에 대하여, 그것이 무상한 체험 내용임을 지적한다. 그런데 이러한 이야기를 듣고도 여전히 '체험된 내용을 모아서 통일적으로 구성하고 있는 의식은 존재하지 않겠는가' 하는 의심이 남을 것이다. 붓다 당시에도 그런 의문을 가진 제자가 있었다. 전에 이야기한 네 가지 자양분이 있어서 중생이 되도록 돕고, 중생을 세상에 머물면서 자라게 한다는 법문을 들은 팍구나(Phagguna)라는 비구는 붓다에게 이 네 가지 자양분은 누가 먹느냐고 물었다. 이러한 물음에 붓다는 『잡아함 372경』에서 다음과 같이 대답한다.

87 『대정장』 2. p. 1c의 필자 번역.

"나는 식(識)을 먹는 자가 있다고 말하지 않았다. 내가 만약 식을 먹는 자가 있다고 말했다면 너는 당연히 물어야 할 것이다. 그러나 나는 식이 음식, 즉 자양분이라고 말했으므로 너는 마땅히 '어떤 인연으로 식이라는 자양분이 있게 됩니까?'라고 물어야 한다. 그러면 나는 미래를 초래하여 미래의 생을 상속하는 존재가 있기 때문에 6입처가 있고, 6입처를 인연으로 촉이 있다고 대답할 것이다."

팍구나가 다시 물었다.

"누가 접촉합니까?"

부처님께서 팍구나에게 대답하셨다.

"나는 접촉하는 자가 있다고 말하지 않았다. 나는 촉이 있다고 말했다. 그러므로 너는 '어떤 인연에서 촉이 생깁니까?'라고 물어야 한다. 그러면 나는 '6입처를 인연으로 촉이 생긴다'고 대답할 것이다."[88]

이 경에서 팍구나는 동일하게 존재하는 자아를 생각하고 있다. 따라서 붓다가 네 가지 음식을 이야기했을 때 이 음식을 먹는 존재로서의 자아가 어떤 것인가를 묻는다. 또 촉이 있다는 붓다의 말씀을 듣고, 외부의 사물을 접촉하여 인식하는 존재로서의 자아는 무엇인가를 묻는다. 우리는 누구나 팍구나와 마찬가지로 내가 음식을 먹고 살고 있고, 내가 외부의 사물을 접촉하여 그것을 인식한다고 생각한다. 이 경은 이러한 우리의 생각이 잘못된 것임을 밝히고 있다. 우리가 동일한 자아라고 생각하는 것은 촉을 통해 생긴 허망한 의식이 실체화한 것이지 실재하는 존재가 아니라는 것이다. 네 가지 음식[四食]은 은유이다. 나무가 먼저

---

88 『대정장』 2. p. 102a와 『쌍윳따 니까야』 vol. 2. p. 13을 대조한 필자 번역.

존재하면서 자양분을 섭취하는 것이 아니라, 자양분이 있을 때 나무가 존재하면서 성장하듯이, 삶을 통해 발생한 네 가지 의식이 있을 때 '자아라는 생각'이 존재하면서 커간다는 것이다. 그래서 붓다는 누가 먹는가를 묻지 말고 음식을 먹는 존재, 즉 '동일한 자아'라는 생각을 만들고 있는 네 가지 음식이 어떻게 생기는 것인가를 묻도록 한 것이다. 그리고 6입처를 인연으로 촉이 생기며, 촉을 인연으로 네 가지 음식이 있게 된다고 대답한 것이다.

이렇게 붓다는 과거 현재 미래에 동일하게 존재하는 '자아'가 있다는 팍구나의 잘못된 생각을 없애주기 위해서, 그러한 잘못된 생각이 있을 때 6입처가 사라지지 않고, 6입처를 인연으로 촉이 발생하며, 촉에서 나온 네 가지 음식을 끊임없이 '자아'로 취하기 때문에 생사의 허망한 생각이 이어진다는 것을 이야기했지만, 팍구나는 여전히 그 생각을 버리지 못하고 누가 외부의 사물에 접촉하느냐고 다시 묻고 있다. 이렇게 팍구나와 같이 '자아'의 존재가 삶을 통해 체험한 의식 내용이 통일적으로 구성된 것인 줄을 깨닫지 못하면 붓다의 설법은 왜곡될 수밖에 없다.

'자아'가 체험된 내용이 통일적으로 구성된 것이라면, 체험된 내용을 모아서 통일적으로 구성하고 있는 그 무엇은 존재해야 하지 않겠는가 하는 의심이 있을 수 있다. 이러한 의심은 음식이 있으면 그것을 먹는 존재가 있어야 하지 않은가를 묻는 것과 다름이 없다. 존재를 구성하는 의식은 항상 동일한 모습으로 존재하고 있는 것이 아니라 체험을 통해 어떤 내용이 지각되면 지각된 내용을 인연으로 생긴다. 과거에 존재를 통일적으로 구성한 의식과 현재 존재를 통일적으로 구성하는 의식과 미래에 존재를 통일적으로 구성할 의식은 동일한 의식이 아니라

매 순간 연기하는 것이다. 그런데 이것을 통일적으로 구성하여 존재로 객관화함으로써 동일한 의식이 존재한다고 생각하게 되는 것이다.

이렇게 체험된 내용을 가지고 내외의 존재를 통일적으로 구성하는 것을 유위를 조작한다고 한다. 그리고 이렇게 유위를 조작하는 작용이 실체화된 것이 5온의 행(行)이다. 이러한 행의 작용을 설명하고 있는 것이 행의 의미를 살펴볼 때 소개했던 『잡아함 46경』이다. 이 경을 다시 살펴보자.

> 비구들이여 그들은 무엇을 행이라고 하는 것일까? 비구들이여, 유위(有爲)를 조작한다. 그러면 거기에서 행이라는 말이 사용된다. 어떤 유위를 조작하는가? 지각하는 성질을 가지고 색(色)이라는 유위를 조작하고, 느끼는 성질을 가지고 수(受)라는 유위를 조작하고, 사유하는 성질을 가지고 상(想)이라는 유위를 조작하고, 유위를 조작하는 성질을 가지고 행(行)이라는 유위를 조작하고, 분별하여 인식하는 성질을 가지고 식(識)이라는 유위를 조작한다. 비구들이여, 이와 같이 유위를 조작하면 거기에서 행이라는 말이 사용된다.

행은 같은 성질, 즉 같은 욕구를 충족시켜주는 체험을 모아서 통일적으로 구성하여 5온을 조작하는 작용이다. 행은 다른 것만 조작하는 것이 아니라 자신까지도 유위로 조작한다. 체험의 내용은 이렇게 행에 의해 통일적인 존재로 구성되어 객관화되고 대상화된다. 식은 이것을 대상으로 인식한다. 5온은 이렇게 행에 의해 조작되고, 식에 의해 객관적 존재로 인식됨으로써 성립된 것이다.

9
장

12연기(十二緣起)와 4성제(四聖諦)

1

◆

유전문(流轉門)과 5온(五蘊)

붓다는 연기법을 깨달았다고 한다. 그렇다면 연기법은 무엇인가? 『잡아함 299경』에서 붓다는 다음과 같이 이야기한다.

> 연기법은 내가 만든 것도 아니고, 다른 사람이 만든 것도 아니다. 여래가 세상에 출현하든 출현하지 않든 법계(法界)는 상주(常住)하며, 여래는 이 법(法)을 자각하고 등정각을 이루어 중생들을 위해서 분별하여 연설하고 개발하여 현시하나니, 소위 이것이 있는 곳에 저것이 있고, 이것이 일어날 때 저것이 일어나는 것이다. 다시 말해서 무명을 연하여 행이 있고 내지 큰 괴로움 덩어리가 모여 나타나며, 무명이 멸

하기 때문에 행이 멸하고 내지 큰 괴로움 덩어리가 멸한다.[89]

연기법은 붓다가 깨달은 진리이다. 붓다는 이 세계가 어떤 실체에 의해 이루어진 것이 아니라 연기하고 있다는 것을 깨달은 것이다. 12연기는 이러한 연기하는 세계의 모습을 중생들을 위하여 이야기한 것이다. 즉, 중생들이 개별적으로 존재한다고 생각하는 세계와 자아는 무명에서 연기한 망념이기 때문에 이러한 망념을 소멸하여 연기하고 있는 법계의 모습을 깨닫게 하기 위해 12연기를 이야기한 것이다.

우리는 지금까지 12입처에서 5온이 성립되는 과정을 살펴보았다. 12연기는 5온의 성립과정과 5온이 끊임없이 상속되는 과정을 보여준다. 12연기는 5온이 형성되는 과정과 형성된 5온이 식의 증장을 통해 새롭게 구성되는 과정을 보여주는 것이다. 5온이 식의 증장을 통해 끊임없이 새로운 모습으로 구성되는 것을 『잡아함 39경』에서 다음과 같은 비유로 설명하고 있다.

다섯 가지 종자가 있다. 어떤 것이 다섯 가지 종자인가? 뿌리 종자, 줄기 종자, 가지 종자, 열매 종자, 씨 종자를 말한다. 이 다섯 종자가 끊어지지 않고, 파괴되지 않고, 썩지 않고, 바람에 떨어지지 않고 견실하게 익었다 할지라도, 흙은 있으나 물이 없으면 그 종자는 살아서 크게 자라지 못하며, 물은 있으나 흙이 없어도 살아서 크게 자라지 못한다. 그러나 그 종자가 흙이 있고, 물이 있으면 그 종자는 살아서 크게 자란다.

---

89 『대정장』 2. p. 85b의 필자 번역.

비구여, 저 다섯 가지 종자는 자양분이 있는 식[取陰俱識]을 비유한 것이고, 흙은 4식주(四識住)를 비유한 것이고, 물은 희탐(喜貪)을 비유한 것이다. 식(識)은 네 가지에 머물면서 그것에 반연(攀緣)한다. 어떤 것이 네 가지인가? 식은 색 가운데 머물면서 색을 반연하여 그것을 즐기면서 살아가며 커간다. 식은 수, 상, 행 가운데 머물면서 수, 상, 행을 반연하여 그것을 즐기면서 살아가며 커간다.[90]

이 경에서 다섯 가지 종자는 5온으로 구성될 요인을 의미한다. 뿌리, 줄기, 가지, 열매, 씨앗은 각각 5온의 색, 수, 상, 행, 식을 비유한 것이다. 뿌리 종자는 뿌리가 될 종자, 즉 5온의 색이 될 요인을 비유하고, 줄기 종자, 가지 종자, 열매 종자, 씨앗 종자는 각각 5온의 수, 상, 행, 식이 될 요인에 비유한 것이다. 뿌리나 줄기가 될 요인이 개별적으로 존재하고 있는 것이 아니라 하나의 씨앗 속에 들어 있듯이 5온의 식 속에는 미래에 5온으로 성립될 요인이 종자처럼 들어 있다.

이 경에서 이야기하는 다섯 종자는 이렇게 다섯 가지로 만들어질 요인을 속에 담고 있는 하나의 볍씨와 같은 식(識)을 의미한다. 붓다는 이러한 볍씨와 같은 씨앗을 자양분이 있는 식을 의미한다고 이야기하고 있다. 우리는 전에 식을 증장하게 하는 단식, 촉식, 의사식, 식식이라는 네 가지 자양분에 대하여 살펴본 바 있다. 전에 살펴본 바와 같이 네 가지 자양분은 5온으로 구성될 5온의 질료이다. 이 경에서 이야기하고 있는 '자양분을 갖고 있는 식(識)'은 5온의 질료가 될 네 가지 자양분을 취하여 자신 속에 간직하고 있는 식을 의미한다. 그래서 한역 『잡아

90 『대정장』 2. pp. 8c~9a와 『쌍윳따 니까야』 vol 3. p. 54를 대조한 필자 번역.

함경』에서는 취음구식(取陰俱識), 즉 '5온을 취하여 함께 있는 식'이라고 되어있는데, 이에 상응하는 『쌍윳따 니까야』에는 자양분이 있는 식(viññānam sāhāram)으로 되어있다.

이와 같이 식은 그 속에 5온으로 구성될 요인을 가지고 있다. 그리고 그 요인은 중생의 삶을 통해 형성된 것이다. 중생들의 삶을 통해 형성된 경험의 내용들은 5온으로 구성될 요인이 되어 식 속에 종자로 간직되는 것이다. 그러다가 인연을 만나면 식 속의 종자가 새로운 5온으로 구성된다.

이것은 대승불교 유식사상(唯識思想)의 핵심이론인 종자설(種子說)과 다름이 없다. 아뢰야식 속에는 종자가 있는데 그 종자는 현실적인 삶을 통해서 형성되고, 이렇게 삶에 의해 형성되어 아뢰야식 속에 간직된 종자는 인연을 만나면 현실적인 삶으로 나타난다는 것이 유식사상의 종자설이다. 이것을 '현행은 종자를 훈습하고, 종자는 현행을 낳는다(現行熏種子 種子生現行)'라고 하는데, 바꾸어 말하면 중생이 지은 업은 종자가 되어 아뢰야식 속에 보관되었다가 인연을 만나면 새로운 업으로 나타난다는 것이다. 이와 같이 근본불교의 식증장설(識增長說)은 유식사상의 근거가 되고 있다.

하나의 씨앗 속에 간직된 다섯 종자는 흙과 물이라고 하는 두 가지 인연을 만나야 뿌리, 줄기, 가지가 나오고 열매를 맺어 새로운 종자가 된다. 만약 두 가지 인연 가운데 하나만 없어도 종자는 자랄 수 없다. 이와 마찬가지로 식 속에 간직된 5온의 종자, 즉 네 가지 자양분은 4식주(四識住)와 희탐(喜貪)이라는 두 가지 인연을 만나야만 식이라고 하는 씨앗이 자라나 그 속의 다섯 종자가 5온으로 새롭게 구성된다고 하는 것이 이 경의 내용이다.

4식주란 5온 가운데 색온(色蘊), 수온(受蘊), 상온(想蘊), 행온(行蘊)을 의미한다. 전에 살펴본 바와 같이 식은 무상한 분별심이다. 따라서 스스로는 사라지지 않고 머물고 있을 수가 없다. 그런데도 중생의 마음 속에서 사라지지 않고 머물면서 자라나는 것은 그것이 머물 장소가 있기 때문이다. 마치 태양의 빛은 스스로 머물 수는 없으나 벽이 있으면 벽에 의지하여 머물듯이 5온의 색, 수, 상, 행이 식이 머무는 장소가 되는 것이다. 그래서 색, 수, 상, 행을 식이 머무는 장소라는 의미에서 4식주라고 한다.

중생들은 삶을 통해 체험된 내용을 통일적으로 구성하여 5온이라는 존재로 객관화시켜놓고, 이렇게 5온으로 존재화된 세계 속에서 식을 인식의 주체, 즉 나의 존재라고 생각하며 살아간다. 중생들이 인식의 주체라고 생각하고 있는 식 속에는 삶을 통해 형성된 체험의 내용이 5온의 종자가 되어 들어 있다. 중생의 세계는 이러한 식 속의 종자들이 존재로 객관화된 것이다. 중생들은 이렇게 객관화된 존재의 세계에 머물면서 인식되는 존재를 반연하여 희탐, 즉 욕구를 일으킨다. 그러면 그 욕구에 의한 삶을 통해 체험된 내용은 욕구에 상응하는 새로운 존재로 구성된다. 이렇게 새롭게 구성된 존재를 새로운 이름으로 인식함으로써 식은 새로운 모습으로 증장한다. 식이 새롭게 증장하면 중생의 삶은 새로운 식을 토대로 새롭게 전개된다. 이것이 중생의 윤회이다. 식은 5온에 머물면서 희탐이 있으면 증장하고, 식이 증장하면 기존의 5온을 토대로 미래의 5온이 구성되고, 미래의 5온이 구성되면 증장된 식은 다시 이 5온에 머물면서 증장하고, 이렇게 식의 증장을 통해 끊임없이 새로운 5온이 상속하는 것이다.

식이 색, 수, 상, 행온에 머물면서 증장한다는 것은 식이 색, 수, 상,

행온에 의존하여 새로운 모습으로 나타나고 있다는 것을, 즉 5온에 의존하여 연기하고 있다는 것을 의미한다. 12입처에 의존하여 식이 연기하고, 식이 생겨서 18계의 상태가 된 마음에 의존하여 촉이 연기하고, 촉에 의존하여 외부에 사물이 있다는 생각, 즉 색이 연기하고, 그 색에 의존하여 수가 연기하고, 수에 의존하여, 상이 연기하고, 상에 의존하여 사가 연기하고, 색, 수, 상, 행에 의존하여 새로운 식이 형성된다. 12입처라는 허망한 생각이 있으면 그 생각에 근거를 두고 5온이 끊임없이 함께 나타나는 것을 식의 증장이라고 한다.

이와 같이 5온에는 발생의 측면과 증장의 측면이 있다. 식은 발생의 측면에서 보면 12입처를 인연으로 해서 생긴 것이다. 그러나 증장의 측면에서 보면 식을 제외한 다른 5온에 의존하여 연기한다. 수, 상, 행은 발생의 측면에서 보면 촉을 인연으로 해서 생긴다. 그러나 증장의 측면에서 보면 수는 촉에서 존재로 느껴진 색에서 연기하고, 상은 수에서 연기하며, 행은 상에서 연기한다. 이와 같이 5온은 인연에 의해 발생하고, 인연에 의해 발생한 5온은 무명과 욕탐이라는 인연이 있으면 사라지지 않고 그 5온에 의지하여 새로운 5온이 연기한다.

이러한 5온의 연기 구조를 정리하면 색에서 수가 연기하고, 수에서 상이 연기하며, 상에서 행이 연기하여 이들을 유위로 조작한다. 이렇게 유위를 조작하면 식은 이것을 명색으로 분별한다. 그러면 식은 이 명색을 의존하여 머물면서 증장한다. 식이 증장하면 새로운 색이 연기하고, 수, 상, 행이 차례로 연기하여 새롭게 유위를 조작하면 식은 다시 새로운 이름으로 이것을 인식하고, 이것에 머물면서 증장한다. 이러한 5온의 연기 구조를 더 간단히 정리하면 식에서 명색이 연기하고, 명색에서 새로운 식이 연기하며, 새롭게 증장한 식에 의존하여 새로운 명색이 연기한다고 할 수 있다.

이러한 식과 명색의 순환적인 연기를 통해서 중생의 생사가 끊임없이 반복되는 것을 보여주는 것이 12연기이다. 『잡아함 288경』은 식(識)과 명색(名色)의 순환적 연기가 어떻게 생사의 모습으로 나타나는가를 잘 보여주고 있다. 이 경은 사리불과 구치라의 문답을 기록한 것인데 그 내용을 간단히 정리하면 다음과 같다.

> "노사(老死)는 생(生)에 의존하여 나타납니다. 이와 같이 생(生), 유(有), 취(取), 애(愛), 수(受), 촉(觸), 6입처(六入處), 명색(名色)은 식(識)에 의존하여 나타납니다. 식은 다시 명색에 의존하여 나타납니다."
>
> 존자 사리불이 존자 마하 구치라에게 물었다.
>
> "앞에서는 명색이 식에 의존하여 나타난다고 하고서, 이번에는 다시 명색이 식의 연(緣)이라고 하시는데, 이것은 어떤 의미입니까?"
>
> 존자 마하 구치라가 대답했다.
>
> "이번에는 비유로 이야기하겠습니다. 세 개의 갈대를 땅 위에 세우면 서로 의지하여 설 수 있으나 하나를 제거하면 나머지 둘이 설 수 없고, 둘을 제거하면 하나가 설 수 없는 것과 같습니다. 이들은 서로 의지함으로써 서 있을 수 있습니다. 식이 명색을 의존하는 것도 이와 같아서 서로 의지하여 살면서 자라납니다."[91]

이 경에서는 구체적으로 식과 명색의 순환적 연기의 모습을 보여주고 있지는 않지만 서로 의지하면서 자라난다는 것은 명색에 의존하는 식

91 『대정장』 2. p. 81의 필자 번역.

의 증장을 의미하는 것이다. 그러므로 이 경은 식과 명색의 순환적 연기에 의해 12연기 가운데 6입처에서 노사에 이르는 연기가 이루어진다는 것을 보여준다고 할 수 있다.

5온에는 발생의 측면과 증장의 측면이 있는데 이 경의 연기설은 이 두 가지 측면을 결합한 것이다. 이 경에서 식과 명색의 순환적 연기는 5온의 증장의 구조를 보여주고, 6입처에서 촉, 수, 애, 취, 유까지는 5온의 발생의 측면을 보여준다고 할 수 있다. 식이 명색에 의존하면서 증장하는 가운데 6입처에서 새롭게 발생한 촉에 의해 수, 상, 사가 발생하면 애탐하는 것을 취하여 유, 즉 새로운 5온을 구성함으로써 생, 노사의 괴로움이 생긴다는 것을 이 경은 이야기하고 있는 것이다.

이것이 5온을 자기 존재로 취하여 살아가는 중생의 삶의 모습이다. 붓다는 보리수 아래서 자신의 삶이 이렇게 식과 명색의 순환적 연기 구조 속에 있음을 자각했다. 그래서 식과 명색의 순환적 연기는 무엇 때문에 그치지 않고 계속되는가를 생각했다. 그 결과 식과 명색이 행에 의해 조작된 유위임을 깨달았고, 이러한 유위를 조작하는 행은 일체의 법이 연기한다는 사실의 무지에서 비롯되고 있음을 깨달았던 것이다.

12연기의 다양한 해석 가운데 삼세양중인과설(三世兩重因果說)은 전통적으로 12연기에 대한 가장 완전한 해석으로 인식되어 왔다. 삼세양중인과설이란 12지(支) 가운데 무명(無明)과 행(行)을 과거의 두 가지 인(因)으로 보고, 식(識)에서 수(受)까지를 현재의 다섯 가지 과(果)로 보며, 애(愛), 취(取), 유(有)를 미래의 세 가지 인(因)으로 보고, 생(生), 노사(老死)를 미래의 두 가지 과(果)로 보는 12연기의 해석이다. 12연기는 미혹한 상태에서 업을 지어 괴로운 과보를 받는 중생의 삶이 과거, 현재, 미래로 끊임없이 이어지고 있음을 보여주는 것이라고 해석한 것이 삼세양중인과설인 것이다.

삼세양중인과설에 의하면 무명은 과거의 미혹(迷惑, 惑)이고 행(行)은 과거의 업(業)이다. 무명과 행은 과거 미혹한 상태와 그 상태에서 지은 업을 의미하는 것이다. 이 두 가지 과거의 원인에 의해 현재의 식이 형성되며, 그 식에 의해 이름과 형태를 지닌 존재의 세계, 즉 명색이 나타난다. 그리고 이렇게 존재의 세계를 상대로 보고, 듣고, 냄새 맡고, 맛보고, 만지고, 생각하면서 보이고, 들리고, 만져지고, 생각된 것을 외부에 존재하는 사물로 생각하는 가운데 괴로움과 즐거움을 느끼는 것이 식(識), 명색(名色), 6입처(六入處), 촉(觸), 수(受)이다. 식(識), 명색(名色), 6입처(六入處), 촉(觸), 수(受)는 과거의 두 가지 원인에 의해 그 결과로 나타난 현재 중생의 다섯 가지 삶의 모습이라는 것이다.

중생들은 이렇게 과거의 업에 의해 형성된 식을 토대로 살아가면서 삶을 통해 형성된 체험의 내용에 애탐을 일으키고, 애탐에 상응하는 것을 취하여 자기의 존재를 구성한다. 여기에서 애탐을 일으켜 취하는 것, 즉 애(愛)와 취(取)는 미혹(迷惑)이고, 자기의 존재를 구성하는 것, 즉 유(有)는 업(業)이다. 이러한 애, 취, 유는 미래의 새로운 생, 노사를 일으킨다. 따라서 애, 취, 유는 미래의 생을 일으키는 세 가지 원인이 되고, 그 결과 나타난 생, 노사는 미래의 과보가 된다.

이와 같이 과거의 인(因)에 의해 현재의 삶이 나타나고, 현재의 삶에서 미혹을 벗어나지 못하고 애탐을 일으키고 취착하여 미래의 자기 존재를 구성하면 이것이 미래의 삶의 원인이 되어 다시 태어나 늙어 죽는 생사윤회가 끝없이 반복된다는 것이 삼세양중인과설이다. 이러한 삼세양중인과설을 현대의 학자들은 대부분 부당하다고 주장한다. 그 이유는 불교는 무아설인데 삼세양중인과는 윤회를 인정하고 있기 때문이라는 것이다. 이러한 생각의 저변에는 사람은 죽으면 그만이라는 현대의 과학적 사고방식이 자리 잡고 있는 것 같다. 그리고 무아설을 주장한 붓다는 이러한 과학적 사고방식을 가지고 있었지만, 사람들을 착하게 살게 하기 위한 방편으로 업보윤회설을 이야기했으리라고 생각하는 것 같다. 이러한 생각은 붓다가 가장 우려한 단견(斷見)이다. 물론 죽지 않고 생사윤회하는 자아가 존재한다는 상견(常見)도 잘못된 것이지만 죽으면 그만이라는 단견은 더욱 잘못된 생각이다.

앞서 이야기했듯이 무아설과 업설은 별개의 이론이 아니다. '업보(業報)는 있으나 작자(作者)는 없다'는 것이 불교의 업설이며 무아설이다. 12연기는 이러한 무아설과 업설이 잘 조화된 연기설이다. 그리고 삼세양중인과설은 근본경전에 충실한 12연기의 해석이다. 12지(支)를 삼세에 나누어서 중첩되는 인과관계로 12연기를 해석한 삼세양중인과설은 우리가 이미 살펴본 식의 증장설과 일치하고 있다. 12연기는 과거, 현재, 미래라는 시간 속에서 나의 존재가 세상에 태어나 죽는다는 중생들의 인식이 근본적으로 무명에서 비롯된 착각[妄念]임을 설명하는 교리이다. 이러한 착각의 세계에서는 증장하는 식이 윤회의 주체가 되는 '자아'로 인식되고, 그 '자아'가 과거, 현재, 미래라는 삼세에 걸쳐 끊임없이 새로운 모습으로 태어나 죽어가는 존재로 인식되지 않을 수 없다. 이렇게 끊임없이 생사의 세계에 유전한다고 생각하는 것이 중생이고, 이것을 설명하는 것이 12연기이므로 삼세양중인과설은 12연기의 지극히 당연한 해석이라고 할 수 있다.

그러나 이러한 중생의 생사의 세계는 실상의 세계가 아니라 망념의 세계이다. 삼세에 걸쳐 생사를 거듭한다는 중생들의 생각은 연기법의 진리를 모르는 무명의 상태에서 탐욕과 애착을 일으켜 유위를 허구적으로 조작함으로써 나타난 착각이다. 이러한 중생들의 허망한 생사유전의 실상을 보여주는 것이 12연기의 유전문이다. 무명이 있으면 생, 노사가 있다고 설해지는 연기설은 12연기의 유전문인 것이다. 따라서 삼세양중인과설은 엄밀히 말하면 12연기 전체에 대한 해석이 아니라 유전문(流轉門)에 대한 해석이다.

주지하듯이 12연기에는 유전문과 환멸문(還滅門)이 있다. 중생의 생사유전이 어떻게 나타나고 있는가를 보여주는 것이 유전문이고, 허망한 생사의 세계를 멸하여 본래적인 삶으로 환원하는 길을 보여주는 것이 환멸문이다. 붓다가 12연기를 설한 목적은 환멸문에 있다. 중생들의 생사윤회가 착각이라는 것을 밝혀, 그러한 허망한 생각에서 벗어나도록 하려는 것이 붓다의 근본 취지이다. 따라서 12연기의 이해는 유전문에서 끝나는 것이 아니다.

12연기의 이해는 유전문과 환멸문의 이해가 병행되어야 한다. 지금까지의 12연기에 대한 이해는 유전문에 한정되었기 때문에 많은 오해가 생겼다고 생각된다. 12연기의 유전문에는 과거, 현재, 미래라는 시간성이 분명히 존재한다. 그러나 환멸문에서는 시간성이 사라진다. 왜냐하면, 무명이 멸하면 12지가 모두 멸하기 때문이다. 무명에서 비롯된 삼세(三世), 즉 과거, 현재, 미래라는 시간의 분별도 무명이 사라지면 사라지는 것이다.

그렇다면 시간은 없는가? 시간은 중생들의 생각 속에서는 존재한다. 그러나 시간의 실상은 존재의 실상과 마찬가지로 공(空)이다. 시간은 없는 것도 아니고, 그렇다고 있는 것도 아니다. 시간의 이해도 유무(有無) 2견을 떠나 중도에서 이해해야 한다. 우리가 느끼는 과거, 현재, 미래라는 시간은 시간의 실상을 알지 못하는 우리의 어리석은 마음에서 연기한 것이다.

시간은 항상 사물과 함께 존재한다. 만약 사물이 없다면 시간도 없다.[92] 시간은 존재가 아니라 흐름이다. 흐르는 시간을 묶어두는 것이 사물이다. 시간은 어떤 사물이 '지속하는 동안'을 의미한다. 촛불이 한 시간 동안 탔다는 말은 촛불이 한 시간 동안 존재했다는 것을 의미한다. 그리고 우리가 이렇게 촛불이 한 시간 동안 존재했다고 말할 때 시간도 한 시간이 존재했다고 생각하게 된다. 그래서 우리는 시간이 존재한다는 생각을 하게 된다. 그러나 시간을 잘 살펴보면 존재하고 있지 않고 무상하게 흘러간다. 과거는 이미 흘러간 시간이므로 존재하는 시간이 아니다. 미래는 아직 오지 않은 시간이므로 존재하는 시간이 아니다. 현재는 과거와 미래 사이의 시간이다. 그리고 과거와 미래가 존재하지 않으므로, 과거와 미래 사이, 즉 현재는 있을 수 없다. 따라서 현재도 존재한다고 할 수 없다. 이것이 시간의 실상이다. 그렇다고 시간이 없다고 할 수는 없다. 이와 같이 시간의 실상은 공(空)이다.

과거, 현재, 미래라는 시간 속에서 태어나서 죽어가는 중생들의 생사윤회는, 무상한 체험의 내용을 자아와 세계의 존재로 실체화함으로써 과거, 현재, 미래라는 시간을 분별하여 나타난 착각이다. 유전문은 이러한 착각의 세계를 설명하고 있으므로 12지(支)가 시간적 연기 관계를 갖게 된다. 그러나 환멸문에서는 이러한 착각이 사라지므로 시간의 분별도 사라진다.

---

92 "因物故有時 離物何有時 物尙無所有 何況當有時"(『中論』第19 觀時品 第6偈)

2

◆

환멸문(還滅門)과 8정도(八正道)

12연기는 유전문과 환멸문을 함께 살펴보아야 바르게 이해할 수 있다. 붓다가 깨달은 진리는 12연기의 유전문만이 아니라 환멸문도 포함하고 있다. 12연기의 유전문은 고성제와 집성제를 이루고, 환멸문은 멸성제와 도성제를 이루어 불교의 진리체계인 4성제(四聖諦)를 이룬다.

유전문은 이미 살펴보았듯이 중생들이 삼세(三世)에 걸쳐 윤회하는 모습을 밝힌 것이고, 삼세양중인과설은 이것을 설명한 것이다. 따라서 삼세양중인과설이 삼세와 자아의 존재를 인정하여 불교의 무아설에 어긋난다고 할 수는 없다. 무아의 실상을 깨닫지 못한 상태에서 자아와 세계가 허구적으로 조작되고 있는 것을 12연기의 유전문이 보여주기 때문에 삼세양중인과설은 유전문의 해석으로는 나무랄 데가 없다.

삼세양중인과설을 부정하는 사람들은 붓다가 말씀하신 '무아'를 '자아는 존재하지 않는다'고 이해한 사람이다. 그러나 '무아'는 '참된 나[眞我]'를 깨닫게 하기 위하여 시설된 것이지 단견(斷見)을 의미하는 것은 아니다. '참된 나'는 환멸문에서 나타난다.

환멸문의 이해를 위해서는 12연기의 역관(逆觀)과 순관(順觀)을 살펴보아야 한다. 12연기는 노사에서 무명까지 거꾸로 사유하는 방법이 있고, 무명에서 노사까지 순서대로 사유하는 방법이 있다. 이러한 두 가지 사유를 역관과 순관이라고 한다. 붓다는 역관을 통해 12연기의 유전문과 환멸문을 깨달았고, 순관을 통해 유전문과 환멸문을 증득했다. 역관을 통해서 12연기의 유전문과 환멸문이 진리임을 알게 되었고, 순관을 통해 그 진리를 몸소 체험하여 증득한 것이다.

이러한 자신의 체험을 그대로 우리에게 알려준 것이 12연기의 역관과 순관이며, 유전문과 환멸문이다. 따라서 12연기는 단순한 이해의 대상이 아니라 실천하여 체득해야 할 내용이다. 우리가 12연기의 역관과 순관을 알고, 유전문과 환멸문을 알아도 생사에서 벗어나 열반을 성취하지 못하는 것은 12연기의 유전문과 환멸문이 공허한 이론이 아니라 실천적 체험을 이야기한 것이기 때문이다. 따라서 붓다와 같은 사유와 실천을 하지 않으면 12연기라는 진리도 한낱 공허한 이론에 머물게 될 뿐이다.

12연기의 유전문과 환멸문을 면밀하게 살펴보면, 이것은 역관, 순관과 함께 4성제(四聖諦)를 구성하고 있음을 발견할 수 있다. 유전문의 역관은 고성제(苦聖諦)를 의미하고, 순관은 집성제(集聖諦)를 의미하며, 환멸문의 순관은 멸성제(滅聖諦)를 의미하고, 역관은 도성제(道聖諦)를 의미한다.

붓다는 늙고 죽는 괴로움에서 벗어나기 위해 그 원인을 사유해 갔다. 그 결과 무명이라는 괴로움의 뿌리에 도달한다. 붓다는 무명에서 노사에 이르는 모든 것이 괴로움이라는 것을 깨닫게 된다. 이것이 유전문의 역관이며 고성제이다.

붓다는 이러한 깨달음을 토대로 무명의 상태에서 어떻게 늙고 죽는 괴로움이 이루어지는가를 살펴보았다. 그 결과 무명의 상태에서 삶을 통해 형성된 허망한 생각들이 욕탐에 의해 모여서[集] 이름과 형태를 지닌 존재로 조작되고 있다는 것을 깨달았다. 이것이 유전문의 순관이며 집성제이다.

붓다는 늙고 죽는다는 것이 허망한 생각이라면 이 허망한 생각을 없애기 위해서 어떤 것을 없애야 하는지를 차례로 사유하여 무명을 없애면 더 이상 없앨 것이 없다는 것을 깨달았다. 이것이 환멸문의 역관이며 멸성제(滅聖諦)이다.

이러한 깨달음에 의지하여, 즉 무명을 멸하여[正見] 사유하니[正思惟] 차례로 12지가 멸하여 늙어 죽는다는 허망한 생각이 완전히 사라지는 것을 체험했다. 이것이 환멸문의 순관이며 도성제, 즉 8정도(八正道)이다.

이와 같이 4성제는 연기의 도리를 깨닫는 실천적 교리이다. 연기설이라는 이론적 교리는 4성제라는 실천적 교리의 실천을 통해 공허한 이론이 아닌 체험되는 진리가 되는 것이다. 붓다는 『초전법륜경(初轉法輪經)』으로 불리는 『잡아함 379경』에서 다섯 비구에게 맨 처음 자신의 깨달음을 술회하면서 과거에 누구에게서도 들어본 적이 없는 4성제에 대하여 바르게 사유하고 이해하여 실천한 결과 안목이 생기고, 알게 되고, 지혜가 생기고, 마음이 밝아져, 깨달았다고 이야기하고 있다.[93] 붓다는 12연기라는 진리를 4성제의 실천을 통해 깨달았던 것이다.

이렇게 생각할 때 12연기의 환멸문은 4성제의 도성제인 8정도와 동일한 것이라고 할 수 있다. 실제로 이들을 비교해 보면 8정도는 12연기의 환멸문이라는 것을 알 수 있다.

무명(無明)은 정견(正見)에 의해서 없어진다. 따라서 무명이 멸한다는 것은 정견이 생겼다는 것을 의미한다.

정견이 생기면 바르게 생각하고, 바르게 말하고, 바르게 행동할 것이다. 이것이 8정도의 정사유(正思惟), 정어(正語), 정업(正業)이다. 따라서 무명에서 연기한 신구의(身口意) 3행(三行)은 정견에서 비롯된 바른 삶, 즉 정사유, 정어, 정업에 의해 사라지게 된다.

12연기의 식과 명색은 분별심에 의해 새로운 명색이 나타나 식이 증장하는 중생들의 삶의 구조를 의미한다. 이러한 잘못된 삶의 구조는 바른 삶을 열심히 실천하는 가운데 사라진다. 이것이 8정도의 정명(正命)과 정정진(正精進)이다. 따라서 식(識)과 명색(名色)의 멸(滅)은 정명과 정정진을 의미한다고 할 수 있다.

8정도의 정념(正念)은 4념처(四念處)의 실천을 의미한다. 4념처는 6입처에서 유(有), 생(生), 노사(老死)에 이르는 소위 6촉연기(六觸緣起)의 환멸문이다. 신(身), 수(受), 심(心) 법(法)을 여실하게 관찰함으로써 6입처, 촉, 수, 애, 취, 유를 멸하는 수행법이 4념처인 것이다. 따라서 12연기의 6입처(六入處)에서 유(有)까지는 정념을 통해서 사라진다는 것을 알 수 있다.

93 『대정장』 2. pp. 103c~104a 참조.

8정도의 정정(正定)은 태어나서 늙어 죽는다는 허망한 생각이 사라진 멸진정(滅盡定), 즉 열반을 의미한다. 따라서 12연기의 생, 노사는 정정의 성취를 통해 사라진다고 할 수 있다.

이와 같이 12연기의 환멸문은 8정도를 의미한다. 따라서 우리가 아무리 무명이 멸하면 생, 노사가 멸한다고 알고 있어도, 정견으로 부지런히 살아가는 8정도의 실천이 없으면 무명이 멸하지도 않고, 생사의 괴로움에서 벗어날 수도 없다.

정견에 의해서 본다면 존재와 시간은 연기한 것이지 실체가 있는 것이 아니다. 붓다는 이렇게 실체 없이 연기하는 것을 공(空)이라고 설했다. 진리, 즉 연기법을 아는 정견에서 보면, 모든 존재는 연기한 것이므로 공이고, 존재가 공이기 때문에 존재로 인해 생긴 시간도 공이다. 8정도는 공의 세계에서 무아로 살아가는 진실된 삶의 모습이며 이것이 환멸문이다. 용수보살은 『중론(中論)』「관시품(觀時品)」에서 이러한 공의 세계를 다음과 같이 이야기한다.

과거의 시간 속에
미래와 현재가 들어 있지 않다면
미래와 현재의 시간이
어떻게 과거를 원인으로 한다고 할 수 있으리.[94]

과거의 시간을 원인으로 하지 않는다면,
미래의 시간은 있을 수 없고

94 "若過去時中 無未來現在 未來現在時 云何因過去" (第2偈)

현재의 시간도 있을 수 없다.
그러므로 미래와 현재라는 두 시간은 있을 수 없다.[95]

시간은 머물 수 없고,
시간은 갈 수도 없다.
시간을 있다고 할 수 없다면
어떻게 시간의 모습(과거, 현재, 미래)을 이야기할 수 있으리.[96]

사물로 인해서 시간은 존재하나니,
사물을 떠나서 어떻게 시간이 존재할 수 있으리.
사물도 오히려 존재하지 않는데,
하물며 어떻게 시간을 존재한다고 할 수 있으리.[97]

존재도 시간도 마음에서 연기한 것임을 알고 공의 세계에서 나와 남을 분별하지 않고 살아가는, 무분별의 진실된 삶이 실현되는 무아의 삶, 이것이 8정도이며 12연기의 환멸문이다.

---

95 "不因過去時 則無未來時 亦無現在時 是故無二時"(第3偈)
96 "時住不可得 時去亦叵得 時若不可得 云何說時相"(第5偈)
97 "因物故有時 離物何有時 物尙無所有 何況當有時"(第6偈)

3

◆

연기(緣起)의 의미

'연기(緣起)'는 빨리어 'paticcasamuppada'를 번역한 말인데, 의지하여(paticca) 함께(sam) 나타남(uppada)의 의미이다. 그리고 연기라는 개념을 설명하기 위하여 '차유고피유(此有故彼有, imasmin sati idam hoti), 차기고피기(此起故彼起, imassuppada idam uppajjati)'라고 이야기한다. 이 말에 대한 해석은 사람마다 다른데 '차유고피유(此有故彼有), 차기고피기(此起故彼起)'를 나는 '이것이 있는 곳에 저것이 있고, 이것이 나타날 때 저것이 나타난다'라고 해석하는 것이 옳다고 생각한다.

'차유고피유(此有故彼有), 차기고피기(此起故彼起)'를 이렇게 번역하면 연기의 원어 'paticcasamuppada'의 의미를 충실하게 보여준다. 'paticcasamuppada'를 분석하면 'paticca'와 'samuppada'로 나누어진다. 이 가운데 'paticca'는 '의지하고 있음'을 의미한다. 여기에서 의지하고 있다는 것은 전에 살펴본 식(識)과 명색(名色)이 세 개의 갈대처럼 서로 '의존하고 있음'을 의미한다. 식과 명색은 공간 속의 두 존재가 아니다. 마음속에서 식은 명색을 인식함으로써 존재하게 된 것이고, 명색은 식에 의해 인식됨으로써 존재하게 된 것이다. 따라서 이들의 의존관계는 공간 속에서 서로 다른 위치를 점하고서 서로 의존하고 있는 관계가 아니라, 마음속에서 인식의 주체와 대상으로 나타나 있는 것이다. 다만 중생들은 이러한 연기의 도리를 알지 못하고, 몸속에는 식(識)이 존재하고, 몸 밖의 공간에는 명색이 존재한다고 착각하고 있을 뿐이다. 따라서 'paticca'는 '식이 있는 마음속에 명색이 있다'는 의미이므로, '차유고피유(此有故彼有)'는 '이것이 있는 곳에 저것이 있다'라고 번역하는 것이 옳다.

전에 살펴본 바와 같이 식과 명색의 의존 관계는 단순한 상호 의존 관계가 아니라 식이 명색에 머물면서 증장하는 관계이다. 욕탐이 있으면 식은 명색의 세계에서 끊임없이 증장하면서 새로운 망념을 일으킨다. 이렇게 새롭게 생긴 망념은 이것을 생기게 한 식의 증장과 함께 나타난다. 'samuppada'는 '함께 나타남'을 의미한다. 함께 나타난다는 것은 식이 증장하면서 생긴 망념이 증장하는 식과 함께 나타난다는 의미이다. 함께 나타난다는 것은 인연이 되는 것과 그것에 의지하여 생긴 것이 시간적으로 분리되어 있지 않음을 의미한다. 우리의 마음은 과거, 현재, 미래로 분리되어 있지 않다. 그래서 『금강경』에서는 "과거의 마음도 파악할 수 없고, 미래의 마음도 파악할 수 없으며, 현재의 마음도 파악할 수 없다"[98]라고 설명한다. 새로운 망념의 발생은 이와 같이 시간

98 "過去心不可得 未來心不可得 現在心不可得"(金剛般若波羅密經 第18 一體同觀分)

으로 분리될 수 없는 마음에서 일어나는 것이지 과거, 현재, 미래로 분리된 시간 속에서 시간적 전후 관계를 이루며 나타나는 것이 아니다. 따라서 'samuppada'를 설명하는 '차기고피기(此起故彼起)'는 '이것이 나타날 때 저것이 나타난다'라고 번역하는 것이 옳다.

시간은 무상하게 쉬지 않고 흘러간다. 그런데 한 시간, 두 시간이라는 시간이 마치 존재하는 것처럼 생각되는 것은 시간 자체가 한 시간, 두 시간 동안을 존재해서가 아니라, 어떤 사물이 동일성을 유지하고 있다고 인식될 때, 그 존재가 동일성을 유지하는 동안 시간도 존재했다고 생각하기 때문이다. 우리가 이야기하는 과거, 현재, 미래는 이와 같이 존재를 통해서 분리된 시간이다. 그리고 이러한 시간의 분리는 존재가 동일성을 지니고 존재할 때만 가능하다. 그러나 모든 존재는 무상한 체험의 내용이 마치 동일성을 가지고 있는 것처럼 통일적으로 구성된 것이다.

예를 들어 촛불은 동일성을 가지고 존재하고 있는 것이 아니다. 그런데 우리가 촛불을 동일한 존재로 느끼는 것은 우리의 눈에 촛불이 동일한 모습으로 지각되기 때문이다. 우리는 동일하게 지각된 모양을 모아서 이것을 통일적으로 구성하여 동일한 촛불로 인식하고 있는 것이다. 이렇게 인식의 대상이 동일한 존재로 구성되면, 인식하는 주관도 동일한 존재로 구성된다. 그래서 '내가 과거에는 타는 촛불을 보았고, 현재는 꺼진 촛불을 보고 있으며, 미래에는 다시 타는 촛불을 보게 될 것이다'라고 생각하게 된다. 즉, 나의 존재도 촛불과 함께 과거의 나, 현재의 나, 미래의 나, 즉 시간 속의 존재로 인식되는 것이다.

이와 같이 시간은 존재를 통해 나타나고, 시간이 나타나면, 존재는 이 시간 속의 존재로 인식된다. 그런데 존재는 이렇게 우리가 허망하게 구성한 것이기 때문에 존재라고 할 수 없다. 따라서 우리가 분별하는 존재와 시간은 모두 진실이 아니다.

이와 같이 우리의 삶을 통해 연기하는 모든 법은 본래는 공간의 구분도 없고, 시간의 구분도 없는 우리의 마음에서 나타나고 있다. 연기는 이렇게 마음이라는 한 곳에서 동시에 모든 법이 나타난다는 것을 의미하는 말이다. 이러한 연기하는 법계에 살면서도 중생들은 그 법계의 실상을 알지 못하고 망념을 일으켜 존재와 시간을 조작해 놓고, 모든 존재가 공간적으로는 각기 다른 위치에 존재하고, 시간적으로는 과거, 현재, 미래라는 시간 속에서 생멸하고 있다고 생각하고 있다. 중생들이 이렇게 생각하는 까닭은 마음속에서 연기한 법이 무명에서 비롯된 욕탐에 의해 모여 존재로 인식되기 때문이다. 이것을 집(集, samudaya)이라고 한다. 중생들이 느끼는 생사의 괴로움의 원인이라고 하는 4성제의 집성제(集聖諦)는 이것을 의미한다.

이와 같이 집성제는 중생들이 살아가는 세계는 마음에 연기한 법을 욕탐으로 모아놓은 것에 지나지 않는다는 것을 보여주는 교리이며 이것을 관찰하는 것이 유전문(流轉門)의 순관(順觀)이다. 유전문의 순관을 통해 연기한 법이 욕탐에 의해 모이기 때문에 생사의 세계가 나타난 것이라는 집성제를 깨닫고, 환멸문의 순관인 도성제, 즉 8정도를 수행하여 욕탐을 멸하면 집(集)이 일어나지 않아 생사(生死)가 그대로 열반(涅槃)이 된다. 연기의 실상을 알아서 무명이 소멸하면, 무명이 멸하여 노사가 멸하는 과정에는 시간이 없다. 즉, 일정한 시간 동안 수행하면 생사가 사라지고 열반이 나타나는 것이 아니라, 생사가 본래 없다는 것을 깨달음으로써 생사에서 벗어나 열반을 증득하는 것이다. 비유하면, 등불을 켜면 어둠이 일시에 사라지듯이, 연기의 진리를 깨달아 무명이 멸하면 마음속에서 허망한 생각이 일어나지 않게 되는 것이다.

이와 같이 연기하는 법계에는 존재와 시간의 분별이 없다. 그렇다고 아무것도 없는 허무의 세계는 아니다. 법계는 모든 것이 우리의 마음에서 연기하는 진실된 삶의 세계다. 이러한 법계의 모습을 의상 조사는 「법성게(法性偈)」에서 다음과 같이 노래한다.

> 연기하는 법계는 둘이 없는 한마음
> 모든 법은 생멸 없어 본래부터 열반이라.
> 이름 없고, 모습 없어 일체 분별 끊겼나니,
> 깨닫지 않고서 어찌 알리오.
> 하나의 티끌은 시방세계 품고 있고,
> 일체의 티끌 속도 이와 같아라.
> 멀고 먼 무량겁이 한 생각이요,
> 한 생각이 그대로 무량겁이다.
> 처음 발심하는 때에 정각을 이루나니,
> 생사와 열반은 항상 함께한다.[99]

99 "法性圓融無二相 諸法不動本來寂 無名無相絶一切 證智所知非餘境 一微塵中含十方 一切塵中亦如是 無量遠劫卽一念 一念卽是無量劫 初發心時便正覺 生死涅槃常共和"

10장

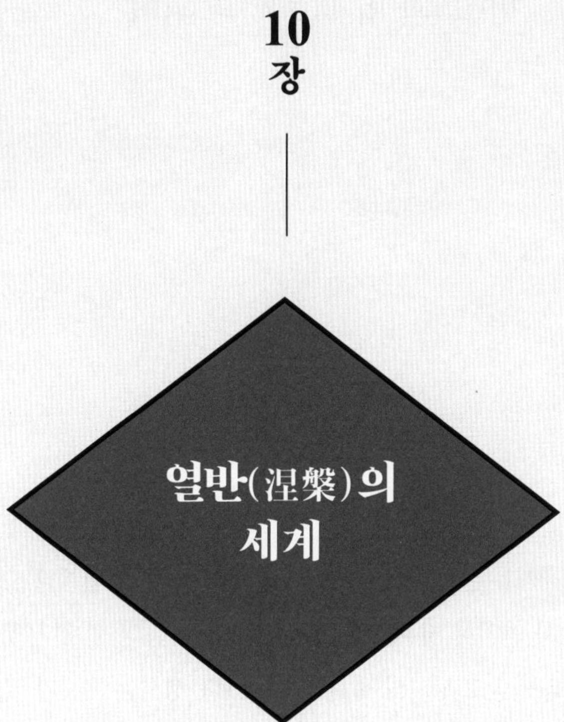

1

◆

법(法)과 법계(法界)의 의미

우리가 사는 세계는 존재의 세계가 아니라 법의 세계, 즉 법계다. 그리고 '법은 마음에서 연기한 것'이기 때문에 법계는 마음의 세계다. 붓다는 이러한 법계를 깨닫고 생사의 세계를 벗어났다. 생사는 존재가 있을 때 나타난다. 존재가 있어야 그 존재의 생사도 있다. 그런데 존재는 중생들이 허망하게 조작해 놓은 유위다. 따라서 생사는 허위이며 착각이다.

존재의 실상은 연기하는 법(法)이다. 그리고 법은 연기한 것이기 때문에 실체가 없는 공(空)이다. 공은 생사나 생멸이 없다. 『반야심경』에서 "모든 법은 공이기 때문에 불생불멸의 모습이다(諸法空相 不生不滅)"라는 것은 이것을 의미한다. 중생들은 이러한 불생불멸의 법을 존재로 착각하여 생사의 세계에 빠져있다. 붓다는 이러한 사실을 깨닫고서 생사의 세계를 벗어났다. 생사의 세계와 열반의 세계는 따로 존재하는 것이 아니라 연기하는 법계의 실상을 알지 못하고 살아가면 그것이 생사의 세계이고, 법계를 깨달아 여법(如法)하게 살아가면 생사의 세계가 그대로 열반이다.

붓다는 『잡아함 299경』에서 자신이 깨달은 법계에 대하여 다음과 같이 이야기한다.

> 연기법(緣起法)은 내가 만든 것도 아니고, 다른 사람이 만든 것도 아니다. 여래(如來)가 세상에 나오든 나오지 않든 법계(法界)는 상주(常住)하며, 여래는 이 법을 스스로 깨달아 정등각(等正覺)을 이루어 중생들을 위해서 분별하여 연설하고 개발(開發)하여 현시(顯示)하니라. 소위 이것이 있는 곳에 저것이 있고, 이것이 나타날 때 저것이 나타난다고 하는 것이니, 말하자면 무명(無明)을 연하여 행(行)이 있고, 내지 큰 괴로움 덩어리가 모이며, 무명이 멸하면 행이 멸하여 내지 큰 괴로움 덩어리가 멸한다.[100]

붓다가 깨달은 것은 항상 머무는 법계와 이 법계를 이루는 법칙, 즉 연기법이다. 붓다는 우리가 시간과 공간 속에 존재한다고 생각하는 세계가 마음에서 연기하고 있는 법계라는 것을 깨닫고, 중생들을 위하여 그들이 살고 있는 생사의 세계도 실상은 어리석은 마음인 무명에서 연기한 법계라는 것을 깨우치기 위하여 12연기를 설하였다.

그렇다면 붓다가 깨달은 상주하는 법계는 어떤 것일까? 『쌍윳따니까야』 12.20에서 붓다는 다음과 같이 이야기한다.

---

100 『대정장』 2. p.85b의 필자 번역.

비구들이여, 연기(緣起)란 무엇인가? 여래(如來)가 나타나든 나타나지 않든 생(生)을 연(緣)하여 노사(老死)가 나타난다. 그 계(界, dhatu)뿐만 아니라 법칙(法則)의 항주성(常住性, dhamma-tthitata)과 법칙의 정확성(確定性, dhamma-niyamata)과 이것의 조건성(條件性, idappaccayata)도 상주(常住)한다. 여래는 이것을 깨닫고, 증득했다.[101]

붓다는 세상의 모든 것은 연기하고 있다는 사실과 연기한 법계는 상주한다는 사실, 그리고 연기법이라는 법계의 법칙은 불변의 확정된 법칙이며, 그것은 조건 아래서 작용하는 조건성의 특징을 가지고 있다는 사실을 깨달았다. 법계가 상주한다는 말은 '연기하는 법의 세계는 연기법이라고 하는 불변의 확정된 법칙에 의해 조건에 의존하는 상태로 항상 나타나고 있다'는 의미이다.

그렇다면 연기는 어떤 것일까? 앞에 소개한 『쌍윳따 니까야』에서는 다음과 같이 이야기하고 있다.

비구들이여, 무명(無明)을 조건으로 하는 행(行), 실로 그곳에 있는 것은 진여(眞如, tathata)이며, 진실성(眞實性, avitathata)이며, 불변이성(不變異性, anannathtata)이며, 조건성(條件性, idappaccayata)이다. 비구들이여, 이것을 연기라고 부른다.[102]

이 경에서 붓다는 '무명을 조건으로 하는 행(行)', '그곳에 있는 것'을 진

101 『쌍윳따 니까야』 vol. 2, p. 25의 필자 번역.
102 같은 책.

여(眞如)라고 이야기하고 있다. 그렇다면 무명을 조건으로 하는 행이 있는 그곳은 어떤 곳일까? 그곳은 법계, 즉 마음이다. 행은 어리석은 마음인 무명에서 연기한 법이다. 따라서 행이 있는 곳은 마음이다. 법계, 즉 마음의 세계는 연기하는 세계이다. 무명이 있으면 그 무명을 조건으로 행이 있고, 무명이 사라지면, 조건이 사라지므로 행도 사라진다. 이렇게 조건에 의해 연기하는 세계가 법계이므로 법계에는 연기라고 하는 진리가 있다. 붓다가 말하는 진여는 법계의 진리인 연기를 의미한다.

연기의 법칙은 진실되고, 변함없고, 같은 조건 아래서 항상 같은 결과를 가져다주는 진리이다. 그리고 법은 이러한 연기의 법칙에 의해 조건에 따라 나타나는 현상을 의미한다. 붓다는 연기의 법칙에 의해 나타난 현상을 법(法)이라고 불렀다. 법이라는 개념은 일차적으로 법계의 법칙, 즉 연기법을 의미하고, 다음으로는 연기한 현상을 의미한다.

붓다는 법에 유위법(有爲法)과 무위법(無爲法)이 있다고 말한다. 12입처에서 의(意)의 대상이 되는 법은 유위법을 의미한다. 12입처는 마음이 욕탐에 묶여있는 상태다. 욕탐에 묶여있는 마음이 욕탐에 상응하는 궤범(軌範), 즉 범주를 만들어 그 범주로 인식한 법이 12입처의 법이다. 그러나 연기하는 현상을 의미하는 법은 연기하는 현상 그대로를 의미하기 때문에 이것을 무위법이라고 부른다.

연기라는 법칙은 연기하는 법과 별개의 현상이 아니다. 연기하는 법, 그곳에 진여인 연기가 있다고 하듯이 연기하는 현상인 법과 그 현상이 있게 한 법칙인 연기의 법칙은 분리되어 있지 않다. '연기를 보면 법을 보고 법을 보면 연기를 본다'는 붓다의 말씀과 같이 연기라는 법칙을 보게 되면 모든 현상이 그 법칙에 의해 나타나고 있다는 것을 알게 되고, 그 현상에 연기라는 법칙이 있음을 알게 된다.

법의 이러한 두 측면, 즉 법칙으로서의 법과 현상으로서의 법을 대승불교의 화엄사상에서는 이(理)와 사(事)라고 한다. 연기의 법칙은 이이고, 연기하는 현상은 사가 되는 것이다. 이러한 이와 사는 본래는 분별할 수 없다. 이것이 법계의 모습이다. 의상 조사는 「법성게」에서 다음과 같이 노래한다.

> 이(理)와 사(事)가 그윽하여 분별이 없는 법계,
> 시방세계 부처님과 보현보살 경계라네.[103]

이렇게 이사(理事)의 분별 없이 연기하는 법계에서 모든 법, 즉 현상은 함께 연기하고 있다. 하나의 법 속에 일체의 법이 들어 있고(一中一切), 일체의 법 속에 하나의 법이 들어 있으므로(多中一), 그야말로 일체의 분별이 용납되지 않는다. 법 속에 법계가 들어 있고, 법계 속에 법이 들어 있는 이러한 세계가 우리가 사는 법계의 모습이다.

103 "理事冥然無分別 十佛普賢大人境"

2

◆

중생의 5취온(五取蘊)과 여래의 5분법신(五分法身)

연기하는 법계는 자타(自他)의 분별 없이 함께 어울려 살아가는 한 생명, 한마음의 세계이다. 이 한마음의 세계를 알지 못하고 분별심을 일으켜 5온(五蘊)을 자기 존재로 취하고 있는 '허망한 자아'를 5취온(五取蘊), 즉 5온환신(五蘊幻身)이라 하고, 분별심을 멸하여 한 생명으로 살아가는 '참된 나'를 5분법신(五分法身)이라고 한다. 5분법신은 계신(戒身), 정신(定身), 혜신(慧身), 해탈신(解脫身), 해탈지견신(解脫知見身)을 말하는데, 이것은 사찰에서 예불할 때 염송하는 「오분향례(五分香禮)」에 잘 나타나 있다.

계(戒), 정(定), 혜(慧), 해탈(解脫), 해탈지견(解脫知見)의
법신향(法身香)으로

지혜의 광명과 공덕의 구름을 일으켜

온 법계를 두루 장엄하여

시방세계 무량한 불·법·승 삼보님께 공양합니다.[104]

「오분향례」의 계향(戒香), 정향(定香), 혜향(慧香), 해탈향(解脫香), 해탈지견향(解脫知見香)은 5분법신으로 살아가는 맑고 향기로운 삶을 의미한다. 나와 남을 분별하지 않고 한 생명의 법계에서 한마음으로 살아가는 '참된 나'는 계, 정, 혜 삼학(三學)을 실천함으로써 모든 번뇌에서 해탈하여 법계의 실상을 깨닫고 살아간다. 이러한 삶은 주변의 세계를 맑고 향기롭게 하기 때문에 5분법신을 '오분향(五分香)'이라고 한다.

진리는 우리가 그것을 알든 모르든 변치 않고 존재한다. 다만 진리를 아는 사람은 진리에 따라서 살아가고, 진리를 모르면 진리에 어긋나게 살아갈 뿐이다. 열반의 즐거움은 진리를 따르는 삶 속에 나타나고, 생사의 괴로움은 진리에 어긋난 삶 속에 나타난다. 5취온의 존재 방식은 진리를 알지 못하고 진리에 어긋나게 살아가는 삶의 방식이다. 이것이 4성제의 고성제이며, 이러한 존재 방식의 원인이 허망한 망념의 집(集)임을 밝힌 것이 집성제다. 본래 무아(無我)인 것을 알지 못하고 자기 존재라는 허망한 생각을 집착하면서 살아가는 삶이 생사인 것이다.

붓다는 『잡아함 270경』에서 다음과 같이 5온이 무상한 것임을 생각하여 무아라는 생각에서 살아가면 그대로 열반을 얻을 수 있다고 이야기한다.

104 "戒香 定香 慧香 解脫香 解脫知見香 光明雲臺周遍法界 供養十方無量佛法僧"

세존께서 비구들에게 말씀하셨다.

"무상(無常)하다는 생각을 닦아 익히고, 많이 닦아 익히면 능히 일체의 욕애(欲愛)와 색애(色愛)와 무색애(無色愛)와 들뜬 교만과 무명을 끊을 수 있다. 비유하면 농부가 초가을에 밭을 깊이 갈아 풀뿌리를 뽑아내어 잡초를 없애는 것과 같다. … 만약 비구가 들판에서든 숲속에서든 바르게 잘 사유하되, 색(色)이 무상함을 관(觀)하고, 수(受), 상(想), 행(行), 식(識)이 무상함을 관하면, 이와 같은 사유가 일체의 욕애(欲愛)와 색애(色愛)와 무색애(無色愛)와 들뜬 교만과 무명(無明)을 끊어 없애게 된다. 왜냐하면, 무상하다는 생각이 무아(無我)라는 생각을 일으켜 세우기 때문이다. 거룩한 제자가 무아라는 생각으로 살아가면, 마음이 아만(我慢)에서 멀어져 순조롭게 열반을 얻는다.[105]

5온을 무상하다고 관하는 것은 5온이 연기하고 있는 법이라는 것을 반야(般若)로 통찰함을 의미한다. 이러한 통찰을 통해 일체의 존재에 대한 욕탐과 애착을 끊고 무명을 멸하여 살아갈 때 열반의 즐거움을 얻게 된다는 것이다. 반야에 의한 이러한 통찰은 6촉입처(六觸入處)에서 행해진다. 전에 살펴보았듯이 5온을 실체화하여 인식하는 출발점은 촉(觸)이다. 연기의 도리를 알지 못하고 보고, 듣고, 냄새 맡고, 맛보고, 만지고, 생각하는 가운데, 외부에는 인식되는 사물, 즉 명색(名色)이 존재하고 있고, 내부에는 인식하는 식(識)이 존재한다는 생각을 일으켜서 삶을 통해 체험된 의식을 실체화한 것이 5온이다. 따라서 5온의 근본을 통찰하는 지혜, 즉 반야는 촉입처(觸入處)에서 작용하게 된다. 붓다

105 『대정장』 2, pp. 70c~71a의 필자 번역.

는 이것을 『잡아함 63경』에서 다음과 같이 이야기한다.

> 무명촉(無明觸)에서 외부에 사물이 존재한다고 느끼는 어리석은 범부들은 '나는 미래에 존재할 것이다'라고 말하기도 하고, '나는 미래에 존재하지 않을 것이다'라고 말하기도 한다. 비구여, 다문성제자(多聞聖弟子)는 6촉입처(六觸入處)에 머물지만 무명(無明)을 염리(厭離)함으로써 능히 명(明)이 생기게 하나니, 그는 무명의 상태에서 욕탐을 떠남으로써 명이 생기게 한다. 그는 '나는 미래에 존재할 것이다'라고 말하거나, '나는 미래에 존재하지 않을 것이다'라고 말하지 않는다. 이와 같이 통찰하면 전에 일어난 무명촉이 멸한 후에 명촉(明觸)이 나타난다.[106]

6촉(六觸)은 보고, 듣고, 냄새 맡고, 맛보고, 만지고, 생각하면서 살아가는 우리의 삶이다. 이러한 삶은 중생의 삶이나 부처님의 삶이나 다를 바 없다. 다른 점은 무명의 상태에서 살아가느냐, 반야로 법을 통찰하면서 살아가느냐의 차이일 뿐이다. 중생들은 무명으로 살아가기 때문에 미래의 자기 존재에 대하여 문제 삼는다. 그래서 보고, 느끼고, 사유하고, 의도하고, 인식하는 삶을 5온으로 실체화하여 자기 존재로 취하게 된다. 중생들은 이렇게 실체화한 자기의 존재가 내세에도 존재할 것인가, 아니면 내세에는 존재하지 않을 것인가를 문제 삼으며, 이것이 생사윤회이다. 반야로 살아간다고 해서 보고, 느끼고, 사유하고, 의도하고, 인식하는 삶이 사라지는 것은 아니다. 반야로 살아가는 사람은

106 『대정장』 2, p. 16bc의 필자 번역.

실체화한 존재 자체가 허구라는 것을 알기 때문에 삶을 실체화하지 않는다. 따라서 미래의 자기 존재를 문제 삼지 않는다. 이 경에서는 이러한 삶이 나타나는 것을 명촉(明觸)이 나타난다고 하고 있다. 이렇게 명촉이 나타나는 삶의 모습이 5분법신(五分法身)이다.

5분법신은 5취온과 본질적으로 다르지 않다. 무명의 상태에서 삶을 통해 지각되는 지각의 내용을 실체화하여 자신의 몸으로 생각하고서, 자신의 몸을 유지하려는 욕탐을 일으켜 살생, 투도, 사음, 망어 등의 악행을 하는 것이 5취온의 색(色)이라면, 색이 무상하게 연기하는 법이라는 것을 반야로 통찰하여 욕탐을 버리고, 자신의 행복이 이웃의 행복과 함께 연기한다는 연기의 도리에 따라 이웃의 행복을 위해 악행을 멀리하는 것이 5분법신의 계신(戒身)이다.

5취온의 존재방식으로 살아가면서 감각적인 쾌락을 추구하기 때문에 고락의 감정에 흔들리고 있는 산란한 마음이 5취온의 수(受)이고, 욕탐을 버리고 계율을 지니고 살아가면서 항상 고요한 마음으로 생활하는 것이 5분법신의 정신(定身)이다.

무명의 상태에서 체험의 내용을 비교하고, 추상하고, 총괄하는 사유작용이 5취온의 상(想)이라면, 모든 법이 연기한다는 것을 알아서 자아와 세계는 무아이며 공이라는 것을 지혜롭게 통찰하는 것이 5분법신의 혜신(慧身)이다.

욕탐으로 유위를 조작하여 그것을 소유하려고 하는 것이 5취온의 행(行)이라면, 지혜로 행위와 행위의 결과를 통찰하여 가장 가치 있는 행위를 자유롭게 선택하여 실천하는 것이 5분법신의 해탈신(解脫身)이다.

행에 의해 조작된 유위를 대상으로 인식하는 가운데 존재의 생멸과 자신의 생사를 인식하는 것이 5취온의 식(識)이고, 연기하는 일체의 법은 무아이고 공이기 때문에, 다시 말해서 업보(業報)만 있을 뿐 작자는 없기 때문에 자신은 본래 생사에서 해탈해 있음을 확실하게 인식하는 것이 5분법신의 해탈지견신(解脫知見身)이다.

요약하면 보고, 느끼고, 사유하고, 의도하고, 인식하는 삶을 통해서 체험한 내용을 실체화하여 자기 존재로 삼고, 이를 유지하기 위하여 끊임없이 자아를 취하는 삶의 방식이 5취온을 자아로 생각하는 중생의 삶이다. 이와 달리 계율을 지키고, 마음을 고요하게 안정시켜, 지혜롭게 사유하고, 바른 행위를 선택하여 실천함으로써 본래 생사가 없는 자신의 참모습을 실현하는 삶의 방식이 열반을 성취한 5분법신의 삶이다.

3

◆

3독심(三毒心)과 보리심(菩提心)

우리의 인생은 어떤 초월적인 능력을 지닌 신에 의해 좌우되는 것도 아니고, 태어나면서 지닌 숙명에 의해 전개되는 것도 아니다. 그렇다고 우연한 것은 더욱 아니다. 우리의 인생은 우리가 지은 업에 의해서 전개된다. 열반도 업에 의해 성취된다.

5분법신의 삶은 계행(戒行)에서 시작된다. 계(戒)의 원어 'sila'는 '습관(習慣)'을 의미한다. 중생들은 연기법을 알지 못하는 무명의 상태에서 진리에 어긋나게 살아가는 습관에 길들어 있다. 연기법의 진리에 의하면 주관과 객관은 함께 연기하면서 공존하고 있다. 12입처의 관계를 보면 우리는 그것을 알 수 있다. 눈이 없으면 색(色)이 있을 수 없고, 색이 없으면 눈이 있을 수 없다. 실제로 우리는 빛이 없는 곳에서 사는 두더지나 박쥐 등의 눈이 퇴화해서 없어져 버린 현상을 볼 수 있다.

이와 같이 눈과 색은 개별적으로 존재하는 존재가 아니라 본다는 행위 즉, 업을 통해 연기하고 있는 현상이다.

이와 같이 업보의 세계 즉, 무아의 세계에서는 주관과 객관이 분리될 수 없다. 무명의 상태에서 분리된 존재로 인식되는 주관과 객관은 반야로 통찰할 때 업을 통해 통일된 것으로 인식된다. 계(戒)는 주관과 객관을 분별하지 않고 진리에 따라 살아가는 습관을 익히도록 시설된 것이다. 다른 생명은 나의 생명과 더불어 하나의 삶을 이루고 있으므로 다른 생명이 곧 나의 생명이다. 따라서 불살생은 다른 생명과 나의 생명이 한 생명이라는 진리에 순응하는 삶의 태도다. 도둑질이나 거짓말도 마찬가지다. 모든 존재는 곧 나의 존재이므로 훔칠 것도 없고, 속일 것도 없다. 우리는 이러한 진리에 순응하는 삶을 살기 위하여 계율을 익히지 않으면 안 된다. 이렇게 계율을 익혀서 계율이 자신의 삶이 된 것을 계신(戒身)이라고 부른다.

우리가 고락의 감정을 느끼고, 그로 인해서 마음이 산란해지는 것은 잘못된 습관으로 살아가기 때문이다. 주관과 객관을 분별하여 자기 존재에 애착을 가지고 있기 때문에 괴로움과 즐거움을 느끼며, 괴로운 것을 만나면 번민하고, 즐거운 것을 만나면 흥분한다. 이러한 산란한 마음은 계율을 익혀서 진리에 순응하는 습관이 길러지면 고요하게 안정된다. 이렇게 안정된 마음으로 살아가는 삶을 정신(定身)이라고 부른다.

우리의 마음이 욕탐에서 해탈하면 마음이 명경지수(明鏡止水)와 같이 고요해져서 삶을 통해 연기하는 법을 여실하게 관찰할 수 있게 된다. 즉, 연기법에 의한 업보의 인과관계를 지혜롭게 사유하게 되는 것이다. 욕탐에 묶여있을 때 삶을 통해 체험된 내용은 욕탐에 물든 사유작용, 즉 상(想)에 의해 비교되고, 추상되고, 총괄되어 실체화한다. 그러나 욕탐에서 해탈하면 법을 여실하게 관찰하여 업보를 사유하게 되는 것이다. 이것을 반야라 하고 반야에 의해 사유하는 삶을 혜신(慧身)이라고 부른다.

유위를 조작하는 행(行)은 무명의 상태에서 사유할 때 발생한다. 따라서 상이 반야로 전환되면 행도 변화한다. 무명의 상태에서는 욕탐에 상응하는 존재를 구성하여 소유하려는 의지작용 즉, 행은 이제 반야에 의해 파악된 업보의 인과율에 따라 삶을 추구하게 된다. 해탈신(解脫身)은 이렇게 욕탐에서 벗어난 의지로 살아가는 삶을 의미한다. 욕탐을 축으로 소유하려는 의지를 행이라고 부르고, 욕탐에서 벗어나 원(願)을 축으로 바르게 살려는 의지를 해탈신이라고 부르는 것이다.

행에 의해 허구적으로 조작된 존재를 분별하여 인식하던 인식 작용은 해탈신을 성취하면 무아를 체험하게 된다. 우리의 삶에는 업보만 있고, 작자는 없다는 사실을 명증하게 자각하게 되는 것이다. 이러한 자각은 모든 것은 업을 통해 연기하고 있는 하나의 법계라는 사실의 인식이다. 이와 같은 체험적 인식은 우리에게 항상 법계와 하나가 되는 삶을 살아가게 한다. 자신의 존재가 곧 법계와 둘이 아니라는 인식, 따라서 본래 생사가 없는 한 생명이라는 사실의 인식, 이것을 해탈지견신(解脫知見身)이라고 부른다.

이와 같이 5분법신의 삶은 주관과 객관을 분별하지 않고, 법계를 자신의 몸으로 삼아 살아가는 삶을 의미한다. 그래서 이것을 법신(法身)이라고 부른다. 법신은 법계신(法界身)을 줄인 말이다. 이러한 5분법신은 모두가 5온으로부터 해탈한 몸이다. 계신(戒身)은 색(色)에서 벗어난 몸이고, 정신(定身)은 수(受)에서 벗어난 몸이며, 혜신(慧身)은 상(想)에서 벗어난 몸이고, 해탈신(解脫身)은 행(行)에서 벗어난 몸이며, 해탈지견신(解脫知見身)은 식(識)에서 벗어난 몸이다. 무명과 욕탐에 결박된 마음이 5온이고, 무명과 욕탐에서 벗어난 마음이 5분법신인 것이다. 마음이 결박에서 벗어나면 5온이 멸하여 해탈한다는 것은 이렇게 5분법신을 성취하게 된다는 것을 의미한다.

5취온으로서의 삶과 5분법신으로서의 삶은 마음이 욕탐과 무명에 결박되어 있느냐, 욕탐과 무명에서 벗어나 있느냐에 따라서 결정된다. 따라서 해탈에는 욕탐에서 마음이 벗어나는 심해탈과 무명에서 벗어나는 혜해탈이 있고, 이러한 해탈을 얻기 위하여 공부하는 것이 계정혜(戒定慧) 3학(三學)이다. 5취온의 존재 방식은 계정혜 삼학이라는 수행을 통해서 5분법신의 존재 방식으로 전환된다. 즉, 5온을 떠나 따로 5분법신이 존재하는 것이 아니라 수행을 통해 반야를 성취하면 5온의 실상이 5분법신임을 자각하게 된다. 이것을 『잡아함 901경』에서는 다음과 같이 이야기하고 있다.

> 비유하건대 세간에서 만들어지는 것은 모두 땅에 의지하여 건립되듯이 일체의 선법(善法)은 내6입처(內六入處), 외6입처(外六入處), 6촉입처(六觸入處), 5온(五蘊)에 의지하여 건립된다.[107]

이 경에서 이야기하고 있는 선법(善法)은 5분법신을 의미한다. 땅이 모든 것이 건립되는 바탕이 되듯이 6입처와 5온과 같은 중생신(衆生身)이 5분법신의 바탕이 된다는 것이다. 이와 같이 생사와 열반, 중생과 부처는 결코 별개의 존재가 아니다. 무명의 상태에서 욕탐을 일으켜 살아가

107 『대정장』 2, p. 225c의 필자 번역.

면 생사의 세계가 벌어지고, 반야의 지혜로 원을 일으켜 살아가면 우리의 보고, 느끼고, 사유하고, 의도하고 인식하는 삶이 그대로 열반이 된다. 『중론(中論)』에서는 다음과 같이 이야기한다.

> 여래의 자성이 그대로 세간의 자성이다.
> 여래의 자성이 없으니 세간의 자성도 없다.[108]

> 열반은 세간(생사윤회)과 조금도 구별되지 않는다.
> 세간도 열반과 조금도 구별되지 않는다.[109]

5온을 떠나 따로 5분법신이 있는 것은 아니다. 중생을 떠나 따로 부처나 보살이 있는 것도 아니다. 어떤 마음으로 어떻게 살아가느냐에 따라 중생이라고 불리고, 부처라고 불릴 뿐이다. 탐진치(貪瞋癡) 3독심(三毒心)이 중생의 마음이다. 그러나 이 마음을 떠나서 따로 부처의 마음을 구할 수 없다. 어리석은 마음이 지혜가 되고, 탐내는 마음이 원력이 되며, 성내고 사나운 마음이 자비심이 된다. 어리석은 마음이 진리를 깨달으면 그대로 지혜가 된다. 허망한 자아를 위해 일으킨 의욕이 탐욕이고, 모든 생명이 한 생명이라는 것을 깨달아 일체중생을 위해 일으킨 의욕이 원(願)이다. 탐욕에 묶이면 마음에 화가 끓고, 원력(願力)을 가지면 마음은 자비로워진다. 사나운 마음과 자비로운 마음은 본래가 한마음이다. 수행은 3독심을 버리는 것이 아니고, 3독심을 보리심(菩提心)

---

108 "如來所有性 卽是世間性 如來無有性 世間亦無性" (觀如來品 第16偈)
109 "涅槃與世間 無有少分別 世間與涅槃 亦無少分別" (觀涅槃品 第19偈)

으로 바꾸어 쓰는 것이다. 우리의 마음은 바르게 쓰면 원력과 자비와 지혜가 충만한 보리심이 되고, 잘 못 쓰면 탐욕과 분노와 어리석음으로 불타는 중생의 3독심이 된다. 수행을 통해 새롭게 얻을 것은 아무것도 없다. 다만 행복하게 살 수 있을 뿐이다. 『화엄경』에서는 다음과 같이 이야기한다.

> 마음은 화가처럼
> 갖가지 5온을 그려내나니
> 일체 세계 가운데
> 마음이 만들지 않은 것은 없다네.
> 마음처럼 부처도 역시 그렇고
> 부처처럼 중생도 그러하다네.
> 그러므로 마음과 부처와 중생,
> 이 셋은 차별이 없는 것이네.
> 모든 부처님들은 알고 계시지.
> 일체가 마음에서 나온다는 것을.
> 이와 같이 이해할 수만 있다면,
> 그 사람이 부처를 본 것이라네.[110]

---

110 "心如工畵師 畵種種五陰 一切世界中 無法而不造 如心佛亦爾 如佛衆生然 心佛及衆生 是三無差別 諸佛悉了知 一切從心轉 若能如是解 彼人見眞佛" 『대정장』 9, pp. 465c~466a.

4

◆

무아(無我)와 열반(涅槃)

열반이란 새로운 것을 얻는 것이 아니라 우리의 삶이 바른 삶으로 전환되는 것을 의미한다. 열반에 대한 오해는 붓다 당시에도 있었다. 붓다 당시에 염마카라는 비구는 열반에 대하여 오해하고 있었다. 『잡아함 104경』에는 이러한 염마카와 사리불의 대화가 있다.

> 그때 염마카라는 비구가 못된 사견(邪見)을 일으켜 "내가 부처님의 설법을 이해한 바에 의하면, 번뇌가 다한 아라한은 몸이 무너져 수명을 마치면 다시는 아무것도 존재하지 않게 된다는 것이다"라고 주장했다. … (중략) …
>
> 사리불이 다시 물었다.
>
> "5온(五蘊)을 떠나 따로 여래(如來)가 있는가?"

"아닙니다."

"5온 가운데 여래가 있는가?"

"아닙니다."

"이와 같이 염마카여, 여래는 법(法)을 여실하게 보고서 무소득(無所得)에 여법(如法)하게 머물라고 하신 것일 뿐 따로 시설하신 바가 없다."[111]

열반은 5온, 즉 중생의 몸을 떠나 다른 존재가 되는 것이 아니라 진실을 바로 보고 살아가는 삶을 의미한다. 지금까지 살펴본 바와 같이 나와 세계는 시공을 초월하여 불가분의 관계로 맺어진 하나의 법계다. 우리는 이러한 법계에 살고 있다. 열반은 법계를 바로 보고, 나와 세계를 분별하지 않고 한 몸으로 살아가는 여법한 삶을 의미한다.

법계는 실체의 세계가 아니라 공(空)·무아(無我)의 세계이며, 업보(業報)의 세계다. 우리의 행위의 결과는 개인적으로 나타나는 것이 아니라 항상 법계의 모습으로 나타난다. 하나의 돌이 호수의 수면에 떨어지면 호수의 모든 수면으로 물결이 퍼져 나가듯이, 우리가 짓는 업은 온 법계를 새로운 모습으로 변화시킨다. 법계는 우리의 업을 인연으로 연기하고 있는 것이다. 한편 우리의 삶은 법계를 인연으로 연기한다. 내가 남을 속이면 남도 나를 속이게 되고 그 결과 법계는 불신(不信)의 세계가 된다. 이렇게 불신의 세계에 사는 사람들은 남을 믿지 못하게 된다. 이것이 인과이며, 이러한 인과관계 속에서 법계와 우리는 함께 연기하고 있다. 이와 같이 법계와 중생은 둘이 아니다. 의상(義湘) 조사

111 『대정장』 2, pp. 30c~31ab의 필자 번역.

(祖師)가 「법성게(法性偈)」에서 '법성원융무이상(法性圓融無二相)'이라고 한 것은 이것을 의미한다. 법의 본성은 업보로 원융하게 인과를 이루어 둘이 아니라는 것이다.

인과는 불변의 법칙이지만 일률적인 것은 아니다. 사랑이 사랑을 낳고, 미움이 미움을 낳는다는 것은 불변의 법칙이지만 사랑을 미움으로 변화시키고, 미움을 사랑으로 변화시키는 법칙도 있다. 어떤 법칙을 따르는가는 전적으로 우리의 마음에 달려있다. 우리 속담에 '미운 사람 떡 하나 더 준다'는 말이 있다. 미운 사람은 나의 사랑이 부족한 사람이다. 지혜로운 사람은 미운 사람을 미워하지 않고 더욱 사랑함으로써 사랑하는 사람으로 변화시킨다.

미운 사람도 업의 결과이고, 사랑스러운 사람도 업의 결과다. 미운 사람이 가득 찬 세계로 만들 것인가, 사랑하는 사람으로 가득 찬 세계로 만들 것인가는 어떤 업을 선택하느냐에 달려있다. 내가 사랑하면 사랑스러운 세계가 되고, 나 자신이 사랑받는 존재가 된다. 내가 미워하면 미운 세계가 되고, 나 자신이 미움받는 존재가 된다. 나와 세계는 이렇게 나의 업에 의해 그 과보로 나타난다. 이것이 작자는 없고 업보만 있는 무아와 공의 세계이다.

우리가 살고 있는 세계의 진실된 모습은 이러한 공의 세계다. 그런데 연기법의 진리에 무지한 중생들은 공의 세계에서 살아가면서도 세계의 실상을 보지 못하고 욕탐으로 허망한 존재를 조작하여 존재의 세계로 인식한다. 허위의 세계인 존재의 세계에서 '행위하는 자아'는 '존재하는 자아'로 전락한다. 이렇게 되면 우리의 행위는 자유를 상실한다. 미운 존재에 대해서는 미워할 수밖에 없고, 사랑스러운 존재에 대해서는 사랑할 수밖에 없게 되는 것이다. 그 결과 미움은 더욱 큰 미움으로 커가고, 사랑은 더욱 큰사랑으로 자라난다. 이렇게 되면 미워하는 사람은 만나는 것 자체가 괴로움이 되고, 사랑하는 사람은 떨어져 있는 것 자체가 괴로움이 된다. 이렇게 존재의 세계에서는 자유가 상실될 뿐 아니라 우리의 모든 행위가 괴로움으로 귀착된다. 어떤 사람을 사랑하면 그 사람과 헤어지는 괴로움이 있게 되고, 어떤 사람을 미워하면 그 사람과 만나는 괴로움이 있게 되는 것이다. 그리고 결국은 가장 사랑하는 자기 자신의 존재와 이별하게 되는 죽음을 피할 수 없게 된다.

가치의 선택에서도 마찬가지다. 우리는 외부에 존재하는 사물에 대하여 '이것은 가치 있는 것이고, 저것은 가치 없는 것이다'라고 분별하여 가치 있는 것은 소유하려고 하고, 가치 없는 것은 버리려고 한다. 그러나 가치는 행위에 있는 것이지 존재에 있는 것이 아니다. 가치 있는 존재를 많이 소유하고 있다고 해서 행복해지는 것은 아니다. 소유하고 있는 존재가 많을수록 걱정과 근심도 많아진다. 그러나 가치 있는 행위는 많이 할수록 큰 행복을 느끼게 된다. 우리의 행복은 존재에서 오는 것이 아니라 행위에서 온다.

무아는 '실체로서 존재하는 자아'를 부정하는 말임과 동시에 '행위하는 자아'를 의미하는 말이다. 이러한 무아의 자각은 실체로서의 자아가 상실한 자유를 회복하게 한다. 어떤 사람이 나를 미워하는 것은 내가 미운 존재여서가 아니라 내가 미움받을 일을 했기 때문이다. 이러한 사실을 안다면 우리는 그 사람을 미워할 것이 아니라 나의 행동을 변화시켜야 한다. 여기에서 자유로운 선택의 길이 열린다. 나를 미워하기 때문에 그 사람을 미워할 수밖에 없는 것이 아니라 사랑받을 수 있는 행위를 지혜로 통찰하여 선택할 수 있는 것이다.

공의 세계, 무아의 세계에서 살아가는 사람은 기존의 가치 있는 존재를 소유하려 하지 않고 가치 있는 행위를 통해 새로운 가치를 창조한다. 나를 미워하고 멸시하는 사람을 사랑하고 존경함으로써 함께 사랑과 존경을 나눌 수 있다면 이것이 새롭게 창조된 가치다. 가치는 존재하는 것이 아니라 행위를 통해 창조되는 것이기 때문에 자신의 노력에 따라 얼마든지 많은 가치를 창조할 수 있으며, 많은 가치를 창조할수록 나와 남이 모두 행복해진다. 공의 세계에서는 이렇게 자리(自利)와 이타(利他)가 대립하지 않고 자신의 이익이 곧 남의 이익이 된다. 이것이 보살행이며, 6바라밀(六波羅蜜)은 바로 이러한 보살행을 의미한다.

공의 세계에서 무아의 삶을 사는 사람에게는 이 세상의 모든 것이 평등하다. 미운 사람 고운 사람이 따로 있을 수 없다. 나의 행위에 따라 미운 사람도 되고 고운 사람도 될 뿐이다. 실로 이 세계의 모든 것은 공(空)하기 때문에 우리는 자유롭게 가치를 창조할 수 있다. 이렇게 법계는 본래 공하여 자유로운 선택의 장이 되고 있다는 것을 깨달아 자유롭게 원을 세워 바른 행위를 선택하는 것이 해탈의 경지다. 이러한 해탈의 경지에서 살아가는 사람은 생로병사의 괴로움을 '허망한 자아'에 집착하기 때문에 느끼는 허위일 뿐, '참된 나'는 법계와 함께 시공을 초월하여 연기하므로 본래 생사(生死)가 없음을 깨닫는다. 이것이 5분법신의 해탈지견(解脫知見)이다. 해탈지견을 성취한 사람에게 이 세상은 상주(常住)하는 법계(法界)요, 항상 고요한 열반이다. 자타의 분별이 없으므로 투쟁이 없고, 투쟁이 없으므로 언제나 평화롭다.

무한한 자유와 행복이 있으며, 절대 평등한 법계에서 원(願)대로 가치를 창조하고, 누구와도 평화롭게 공존하는 세계가 열반의 세계이며, 무아의 세계이다.

붓다의 원음

근본불교

2021년 11월 12일 초판 1쇄 발행

지은이 이중표
발행인 박상근(至弘) • 편집인 류지호 • 상무이사 양동민 • 편집이사 김선경
편집 이상근, 김재호, 양민호, 김소영, 권순범, 최호승 • 디자인 쿠담디자인
제작 김명환 • 마케팅 김대현, 정승채, 이선호 • 관리 윤정안
펴낸 곳 불광출판사 (03150) 서울시 종로구 우정국로 45-13, 3층
대표전화 02) 420-3200 편집부 02) 420-3300 팩시밀리 02) 420-3400
출판등록 제300-2009-130호(1979. 10. 10.)

ISBN 978-89-7479-954-0 (03220)

값 17,000원

잘못된 책은 구입하신 서점에서 바꾸어 드립니다.
독자의 의견을 기다립니다. www.bulkwang.co.kr
불광출판사는 (주)불광미디어의 단행본 브랜드입니다.

석학 이중표 명예교수의 불교철학 시리즈

정선 디가 니까야

이중표 역해 | 532쪽 | 28,000원

초기불교 경전 모음집 제1권으로 『디가 니까야』 가운데 가장 핵심적인 12개의 경을 선정하여 번역하고 주석과 해설을 덧붙였다. 붓다가 제자들을 비롯해 당시 사상가들과 나눈 토론이 자세히 실려있어 다양한 인도 사상과 풍습을 엿볼 수 있다. 불교 교리와 수행법을 이해하는 데 결정적인 도움을 준다.

정선 맛지마 니까야

이중표 역해 | 888쪽 | 39,000원

초기불교 경전 모음집 제2권으로 『맛지마 니까야』 가운데 가장 핵심적인 70개의 경을 선정하여 번역하고 주석과 해설을 덧붙였다. 37조도품과 9차제정 등 불교 수행의 모든 과정을 담았다. 불교가 추구하는 열반을 이루기 위한 수행법의 종류를 명징(明澄)하게 보여준다.

정선 쌍윳따 니까야

이중표 역해 | 788쪽 | 39,000원

초기불교 경전 모음집 제3권으로 『쌍윳따 니까야』에 담긴 2,889개의 경 가운데 500여 개의 경을 정선(精選)하여 취합, 정리했다. '쌍윳따'라는 말은 '주제의 묶음'을 의미하며 총 56개의 쌍윳따로 분류된다. 온(蘊)·처(處)·계(界)·연기(緣起)의 교학과 37도품(道品)의 수행 체계를 핵심 주제로 설명한다.

니까야로 읽는 반야심경

이중표 역해 | 272쪽 | 20,000원

『반야심경』에 나오는 '반야(般若)'와 '공(空)'사상의 원류를 초기경전 『니까야』에서 찾아 분석한 내용을 담았다. 『니까야』를 통해 『반야심경』의 탄생 배경과 사용된 용어들의 진의를 알 수 있다. 이 과정에서 초기불교와 대승불교의 접점을 파악할 수 있다.

붓다의 철학

이중표 지음 | 464쪽 | 27,000원

한국 불교학의 살아있는 고전 『아함의 중도체계』를 27년 만에 새롭게 개정 증보하여 『붓다의 철학』으로 발간했다. 이 책은 붓다가 깨닫고 증명한 진리 안에서 철학이 추구하는 인식론·존재론·가치론이 어떻게 논의되고 있는지, 그리고 그 문제에 대한 해답을 철학적으로 해석해 입증해내고 있다.

붓다의 연기법과 인공지능

조애너 메이시 지음 | 이중표 옮김 | 432쪽 | 22,000원

역자인 이중표 명예교수가 극찬한 생태철학자 조애너 메이시는 불교와 일반시스템이론의 사상체계를 연구하면서 상호인과율과 무아(無我)라는 공통적인 관점을 밝혀냈다. 생명·생태·윤리 문제의 해결책을 명쾌하게 제시한다.

불교와 양자역학

빅 맨스필드 지음 | 이중표 옮김 | 312쪽 | 20,000원

양자역학은 정밀도, 수학적 정확성에서 의심의 여지 없이 물리학 역사상 최고의 이론이다. 놀랍게도 불교의 공(空) 이론은 양자역학의 대체적인 윤곽뿐만 아니라, 세세한 항목에서도 너무나 흡사하다. 물리학 최고의 이론인 양자역학과 불교가 만나 과학과 종교가 어떻게 삶의 지혜로 바뀌어야 하는지 논리적으로 분석했다.